Carl Oskar von Soden. Das falsche Reich

Carl Oskar von Soden

Das falsche Reich

Recht und föderative Ordnung
Vergessene Wege aus den Irrläufen der Zeit

Herausgegeben von Wolfgang Johannes Bekh

1999
EOS-VERLAG ERZABTEI ST. OTTILIEN

Die Deutsche Bibliothek – CIP-Einheitsaufnahme

Soden, Carl-Oskar von:
Das falsche Reich : Recht und föderative Ordnung ; vergessene Wege aus den Irrläufern der Zeit / Carl Oskar von Soden. Hrsg. von Wolfgang Johannes Bekh. - St. Ottilien : EOS-Verl., 1999

ISBN 3–8306–6993–3

Gesamtherstellung: EOS-Druck, D-86941 St. Ottilien

Inhaltsverzeichnis

VORWORT DES HERAUSGEBERS

Dieses Buch wurde von dem aus Hitlers Zwangsstaat vertriebenen Priester Carl Oskar Freiherrn von Soden vor dem Ende des Zweiten Weltkriegs geschrieben.

Am 6. Juni 1898 in München geboren, am 15. Juni in der Ludwigskirche getauft, wuchs er in Berg am Würmsee auf. Als Schulpflichtiger wohnte er in der Münchner Von-der-Tann-Straße, besuchte die Volksschule in der Türkenstraße und seit 1908 das Wilhelmsgymnasium an der Thierschstraße. Er studierte an der Ludwig-Maximilians-Universität Jurisprudenz und Staatswissenschaft, wurde Referendar und Assessor. Unauslöschliche Eindrücke empfing er auf Studienreisen in die Länder der ehemaligen Donaumonarchie Böhmen und Slowakei, vor allem in Ungarn, das, wie er schreibt, »mit Bayern durch ein langes Band gemeinsamer Geschichte verknüpft ist«. In Polen verbrachte er elf Monate als Zeitungskorrespondent. In all diesen Jahren fühlte er immer stärker die Berufung zum Priester. Im Herbst 1926 schrieb er sich am Innsbrucker Canisium für das Theologiestudium ein und fand schließlich am 15. Oktober 1930 Aufnahme im Alumnat des Freisinger erzbischöflichen Klerikalseminars. Am Peter und Paulstag 1931 wurde er im Freisinger Dom zum Priester geweiht.

Als die Nazis am 9. März 1933 auch in Bayern die »Macht ergriffen«, klang sein Kommentar wie ein Aufschrei: »Somit erlebt unser Land die vollkommenste Unterwerfung seit Tassilo III.!« Hellsichtig hatte er Hitlers Wesen und Absichten bereits vom Jahre 1919 an durchschaut und unerschrocken an allen Stätten seines Wirkens gegen den Volksverführer gekämpft: in

Gelting bei Wolfratshausen (1931), in Markt Indersdorf (1931) in Geisenhausen St. Martin (1931–1933), in München St. Maximilian(1933–1936) wo er sich in betontem Gegensatz zu Baldur von Schirachs »Hitlerjugend« der katholischen Jugendarbeit widmete, und schließlich in Marzling (1936–1939).

Es gehörte wahrlich Todesmut zu öffentlich gesprochenen Sätzen wie diesem: »Unweigerlich wird es Krieg geben, und das Schlimmste ist, daß wir wünschen müssen, ihn zu verlieren!« Obwohl er sich in all seinen Predigten unmißverständlich gegen den braunen Dämon aussprach, war ihm das immer noch viel zu wenig. »Über die ganze Unmoral des ›Dritten Reichs‹ mußten wir schweigen: Seine Morde, seine unmenschlichen Grausamkeiten in den Konzentrationslagern, seine sexuelle Verkommenheit, seine Lügenpropaganda und vor allem sein Zwang, der das ganze Volk langsam zu Heuchlern und Lügnern erniedrigte, wurden in der Predigt übergangen.«

Die Frage, ob er – wie etwa der 1934 ermordete Chefredakteur des »Geraden Wegs« Fritz Gerlich – dem Martyrium gewachsen sei, war unabweisbar. So gehorchte er Kardinal Faulhaber, der ihn eindringlich vor dem Bleiben warnte. In letzter Minute gelang es ihm, dank der Mithilfe seines Freundes Joseph Panholzer, der 1937 selbst bereits drei Monate im KZ gesessen war, in die Schweiz, dann nach Brasilien und schließlich ins nordamerikanische Exil zu entkommen. Die Freunde aus Münchner Tagen trafen sich wieder in New York: Dietrich von Hildebrand, Annette Kolb, Eugen Gürster, Herzog Ludwig Wilhelm in Bayern, Oskar Maria Graf... In New York wurden von den bayerischen Emigranten Pläne für einen »Baverian Council« geschmiedet, dessen geistiges Haupt Soden werden sollte. Ziel des »Council« war die Autonomie Bayerns und die Foederalisierung Nachkriegsdeutschlands als Basis für eine Zusammenarbeit mit den United Nations, zugleich aber auch als Hemmschuh gegen die Ausbreitung des Kommunismus. Eine Denkschrift wurde erarbeitet: »A plan to prevent a recurrence of a Prussian dominated Germany«.

Carl Oskar von Soden, Jurist, theoretischer Politiker, Journalist, führender Kopf in der foederalistischen Bewegung der zwanziger Jahre, Priester in der praktischen und zumal in der Jugend-Seelsorge, hatte bereits auf Schweizer Boden begonnen, eine erste Fassung seiner testamentarischen Schrift über den BUND auszuarbeiten. In New York vollendete er auf dem Krankenlager bis knapp vor seinem Tod am 6. August 1943 die ausführlichere zweite Fassung, jedesmal ohne Zuhilfenahme von Quellen. Als Vermächtnis übergab er sie mit allen Rechten seinem Arzt Dr. Friedrich Pröwig, einem im südlichen Oberbayern aufgewachsenen, gleichfalls aus dem Hitlerstaat emigrierten Internisten.

Der Leichnam Sodens wurde am 9. August 1943 auf einem Brooklyner Friedhof bestattet. In den Grabstein sind die Worte gemeißelt: »Reverendus Dominus/ Carolus Oscarius/ Baronus de Soden/ Sacerdos Archidioecesis/ Monachi Frisingensis/ defunctus in exilio/ die sexta Augusti/ MCMXLIII/ R.I.P.« Erst am 28. Mai 1986 wurde sein Sterbliches – wie es der letzte Wunsch des viel zu früh Verstorbenen gewesen war – dank der Bemühung seiner Nichte Klara Gräfin La Rosée heimgeholt auf den kleinen Friedhof um die Pfarrkirche Mariä Himmelfahrt in Aufkirchen, nahe dem elterlichen Haus in Berg. Denn er wollte dort der Auferstehung entgegenharren, wo er »als Kind und als junger Mensch viel gebetet« und als neugeweihter Priester sein erstes Hochamt gefeiert hatte.

Dr. Friedrich Pröwig, testamentarischer Inhaber der Rechte, bemühte sich redlich um Abschrift, Verbreitung, Übersetzung für eine in Aussicht genommene amerikanische Edition und Herausgabe des Werkes. Da es dem Verfasser auf dem Sterbelager nicht mehr vergönnt gewesen war, seine Arbeit durchzusehen und zu korrigieren, gab Pröwig sie zu diesem Zweck seinem Freund Robert Neuner, Sohn eines Bürgermeisters von Bad Tölz, Sodens Mitstudent an der Ludwig-Maximilians-Universität, Professor für Internationales Recht an der deutschen Universität Prag, dann Harvard USA.

Neuner korrigierte nur sehr vorsichtig, schlug besonders die Streichung von Bezugnahmen auf frühere oder für später vorgesehene Textstellen vor. Diese auf einer in braunen Umschlag gebundenen Abschrift des handschriftlichen Originals angebrachten Korrekturen wurden später auf die sogenannte »Gießener Abschrift« übertragen, mit der Pröwig einen Historiker der Universität Gießen betraut hatte. Dieser nahm mit Hilfe einer Bibliothekssekretärin handschriftliche Kleinkorrekturen von Fehlern einer Abschreiberin vor. Verlorengegangene Seiten aus dem Abschnitt »Völkerbund« versuchte er mit ihr zusammen aus der sehr guten englischen Übertragung in Zurückübersetzung wiederherzustellen. Die für verloren gehaltenen Seiten tauchten aber schließlich in der von Neuner durchgesehenen, braun gebundenen Abschrift wieder auf. Pröwig überließ bei seinem letzten Deutschlandbesuch im Jahre 1970 sämtliche Exemplare mit allen Rechten Georg Graf von Soden-Fraunhofen, einem Vetter zweiten Grades des Verfassers.

Dieser überreichte dem Herausgeber das abschriftliche Manuskript Carl Oskar von Sodens im Juli 1989 zur weiteren Bearbeitung und Vermittlung an einen geeigneten Verlag. Auch Georg Graf von Soden-Fraunhofen ist inzwischen – am 4. Juli 1994 in Wartenberg – gestorben, durfte also das – nach vielen Hindernissen – endlich ermöglichte Erscheinen des ihm am Herzen gelegenen Buches nicht erleben.

Mit seinem buchstäblich der tödlichen Krankheit abgerungenen Manuskript zieht Soden ein Fazit seiner Erfahrung und Erkenntnis der deutschen und europäischen Geschichte. Er entwirft ein ebenso überraschendes wie eindrucksvolles Szenario unserer Rettung aus den sich »fortzeugenden« Folgen von Gottverlassenheit und Sünde. Daß der Priester, »Zeitgenosse« des bisher dunkelsten Kapitels der europäischen Geschichte, die »Stunde 0« des Jahres 1945 nicht er- und überleben durfte, nimmt dem Entwurf nichts von seiner immergültigen Aktualität und atemberaubenden Großartigkeit. Ausgehend vom »alten und neuen Bund« der Heiligen Schrift führt Soden seinen Leser in eine mögliche Zukunft der Wahrheit und Wahrhaftigkeit. Mit seinem Buch wird nicht nur eine Lücke der vielbeschworenen »Vergangenheitsbewältigung« geschlossen, sondern eines der schönsten Zeugnisse des katholischen Widerstands vorgelegt.

Bereits Johann Neuhäusler hat in seinem 1948 erschienenen Buch KREUZ UND HAKENKREUZ – DER KAMPF DES NATIONALSOZIALISMUS GEGEN DIE KATHOLISCHE KIRCHE UND DER KIRCHLICHE WIDERSTAND kurz auf Carl Oskar von Soden hingewiesen. »Tatsächlich«, schreibt er da, »wurde die katholische Friedensvereinigung schon zu Beginn der NS-Gewaltherrschaft aufgelöst und ihr Leiter, Dominikanerpater Stratmann, ins Konzentrationslager gesteckt, Kooperator von Soden verfolgt, der Verfasser selbst hierüber peinlich vernommen.«

Die Stellung Carl Oskar von Sodens im Münchner Katholischen Widerstand wurde schließlich breiter in einer Ausstellung des Münchner Rathauses vom Oktober/November 1998 gewürdigt. Nachdrücklich sei an dieser Stelle auch auf die als 25. Band der Historischen Abteilung der Münchener Theologischen Studien erschienene Biographie von Florian Trenner verwiesen: Carl Oskar von Soden. Ein Politiker-Priester in Bayern zwischen Monarchie und Diktatur. Erzabtei St. Ottilien 1986. (Darin ist ein Gesamtverzeichnis der Schriften und Predigten des Dargestellten enthalten.)

Alfred Graf Soden, entfernter Neffe des Verfassers, schrieb an den Herausgeber: »Carl Oskar von Soden war leidenschaftlicher Politiker und Journalist, stand in Verbindung mit Kaiser Karl, mit Coudenhove-Kalergi, gehörte zu den Autoren der 1933 verbotenen »Allgemeinen Rundschau«, in der Erzherzog Otto seine ersten Aufsätze publizierte, und hatte bereits 1923 öffentlich, in jugendlichem Freimut, dafür plädiert, Hitler vor der Feldherrnhalle aufzuhängen.«

Was als das eigentlich Phänomenale an der hier erstmals vorliegenden Arbeit Sodens erscheinen mag: Der Leser gewinnt den Eindruck, daß der Verfasser mit seiner kenntnisreichen Beschreibung des falschen Zweiten und Dritten Reichs die europäische Trümmerwüste der Jahrzehnte nach 1945, obwohl er diese Zeit nicht mehr erleben mußte, vorhergesehen hat. Der Gedanke des Bundes, den Soden schließlich von der Entwicklung aus dem Zentralstaat der Antike herleitet – er weist immer wieder auf das Beispiel der Schweiz hin –, ist angesichts der gegenwärtigen Entwicklung in Europa, aber auch im Osten, aktueller als noch vor wenigen Jahren.

Zeile für Zeile, besonders eindringlich im Abschnitt »Das falsche Reich«, warnt Soden vor Gefahren, die erst seit der »Wiedervereinigungsdebatte« des Jahres 1990 riesengroß am Horizont erscheinen. Als deren Folge beginnt sich im (gesteuerten) Sprachgebrauch statt der noch foederalistischen **»Bundes**republik Deutschland« der unverhohlen zentralistische Begriff »Berliner Republik« (mit den Begleitumständen einer zweifelhaften städtebaulichen Gigantomanie) und der kaum mehr abzuwehrende Anfang einer Neuauflage des »Kulturkampfes« durchzusetzen.

Als Kern des nicht nur historisch zu verstehenden Antipreußentums Carls Oskar von Sodens wird aus der vorliegenden testamentarischen Schrift zweierlei deutlich: Das Eintreten ihres Verfassers für eine europäische Friedensordnung, vor allem aber sein unerschrockener Einsatz gegen Militarismus und Imperialismus.

Wolfgang Johannes Bekh

Carl Oskar von Soden

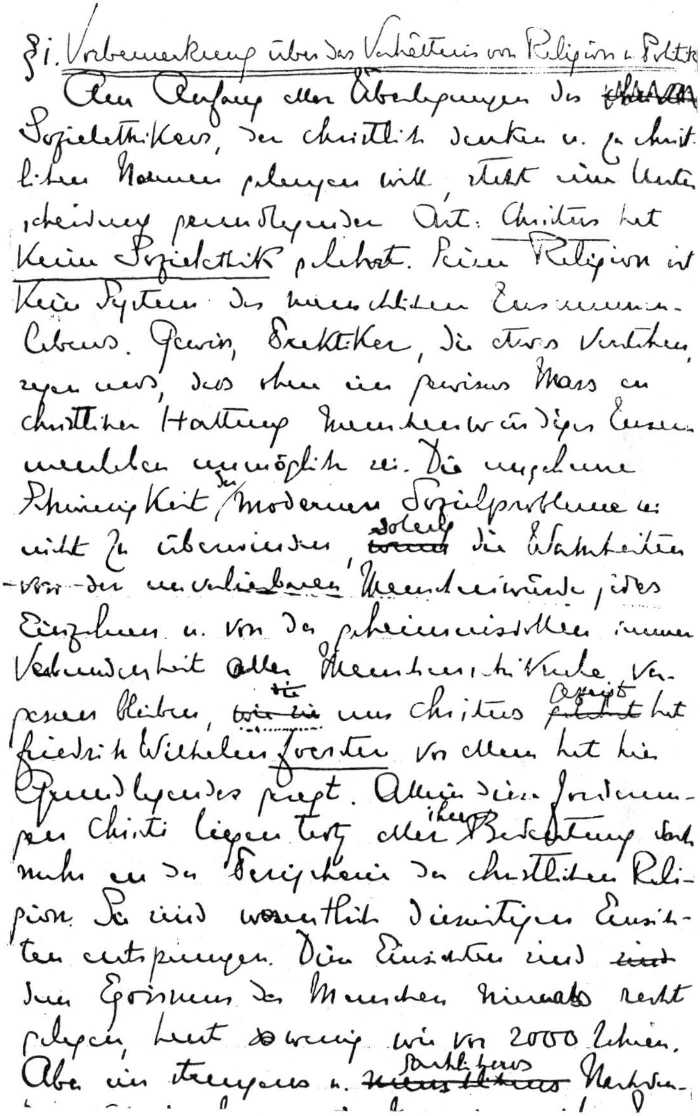
§ 1. Vorbemerkung über das Verhältnis von Religion u. Politik
Den Anfang aller Überlegungen des ~~[illegible]~~ Sozialethikers, der christlich denken u. zu christlichen Normen gelangen will, steht eine Unterscheidung grundlegender Art: Christus hat keine Sozialethik gelehrt. Seine Religion ist kein System des menschlichen Zusammenlebens. Gewiss, Skeptiker, die etwas verstehen, zeigen uns, dass ohne ein gewisses Mass an christlicher Haltung menschenwürdiges Zusammenleben unmöglich sei. Die ungeheure Schwierigkeit der modernen Sozialprobleme ist nicht zu überwinden, solange die Wahrheiten ~~von der~~ unverlierbaren Menschenwürde jedes Einzelnen u. von der geheimnisvollen inneren Verbundenheit aller Menschen in Christo vergessen bleiben, die uns Christus gezeigt hat. Friedrich Wilhelm Foerster vor allem hat hier Grundlegendes gesagt. Allein diese Forderungen Christi liegen trotz aller ihrer Bedeutung doch mehr an der Peripherie der christlichen Religion. Sie sind wesentlich diesseitigen Einsichten entsprungen. Diese Einsichten sind ~~sind~~ dem Egoismus der Menschen niemals recht gelegen, heute so wenig wie vor 2000 Jahren. Aber ein strenges u. sachliches Nachden-

Carl Oskar von Sodens Handschrift
Erste Seite des Originals, verkleinert

Vorbemerkung über das Verhältnis von Religion und Politik

Am Anfang aller Überlegungen des Sozialethikers, der christlich denken und zu christlichen Normen gelangen will, steht eine Unterscheidung grundlegender Art: Christus hat keine Sozialethik gelehrt. Seine Religion ist kein System des menschlichen Zusammenlebens. Gewiß, Praktiker, die etwas verstehen, sagen uns, daß ohne ein gewisses Maß an christlicher Haltung menschenwürdiges Zusammenleben unmöglich sei. Die ungeheure Schwierigkeit der modernen Sozialprobleme sei nicht zu überwinden, solange die Wahrheiten von der unverlierbaren Menschenwürde jedes Einzelnen und von der geheimnisvollen inneren Verbundenheit aller Menschenschicksale vergessen blieben, wie sie uns Christus gezeigt hat. Friedrich Wilhelm *Foerster*[1] vor allem hat hier Grundlegendes gesagt. Allein diese Forderungen Christi liegen trotz aller ihrer Bedeutung doch mehr an der Peripherie der christlichen Religion. Sie sind wesentlich diesseitigen Einsichten entsprungen. Diese Einsichten sind dem Egoismus der Menschen niemals recht gelegen, heut so wenig wie vor 2000 Jahren. Aber ein strengeres und sachlicheres Nachdenken über die Natur der Menschen und ihres Zusammenlebens wird diese Einsichten ernten, wie es tatsächlich zum größten Teil die biblischen Weisheitsbücher, aber auch die großen Denker der Linie Sokrates – Plato – Aristoteles oder Konfuzius getan haben. Christus hat uns diese ethischen Lehren, die wir immer wieder vergessen, ins Gedächtnis zurückgerufen, er hat die wahre Lehre wieder zurückgebracht, wie er es etwa in seiner Forderung nach der unauflöslichen Ehe selbst andeutet (Mt.

---

[1] Friedrich Wilhelm Förster, Pädagoge, Philosoph, Berlin 2.6.1869–9.1.1966 Kilchberg. (Fußnoten vom Herausgeber)

5,17 ff.).[2] Er hat das mit der göttlichen Macht seiner Sprache[3] und seiner Person getan, doch den Kern seines Werks bilden diese ethischen Sätze durchaus nicht.

Die θέωσις (Theosis)[4] dagegen, das persönliche Geschenk Christi an die Menschheit, Erlösung und Wiederherstellung des *Gnadentums,* steht über allen natürlichen Zielsetzungen der Menschen und ihres Zusammenlebens so hoch wie die Sterne des nächtlichen Himmels über der kleinen Erde. Aus ihren Elementen Folgerungen für das natürliche Leben der Menschen ziehen zu wollen, ist verfehlt. Darum ist etwa die Vollkommenheitsforderung, wie sie vor allem in den berühmten Stellen der Bergpredigt auftritt, ebenso wenig ein Stück der natürlichen Sozialordnung als etwa die Taufe oder die Sündenvergebung. Deshalb ist es auch ein Mißverständnis, aus dem Bau der Kirche Schlüsse für die Struktur des menschlichen Zusammenlebens in der Familie oder im Staat ziehen zu wollen. *Bellarmin,* von der Kirche heilig gesprochen und zum Kirchenlehrer[5] erklärt, sagt uns vielmehr, daß die göttliche Gesellschaft der Kirche und die menschliche Gesellschaft, wie wir sie in Familie und Staat finden, auf entgegengesetzten Strukturprinzipien beruhen.

---

[2] Bergpredigt: Gesetz und Propheten, Töten und Versöhnung, Ehebruch und Ehescheidung.

[3] Zweite Fassung: Seines Sprechens.

[4] Theosis-Vergöttlichung. Das durch die Sünde verdunkelte Abbild Gottes, durch Gottes Menschwerdung wiederhergestellt.

[5] Bellarmin, Robert, Jesuit, geb. 4. Okt. 1542 in Montepulciano bei Siena, 1599 Kardinal, 1602 Erzbischof von Capua, 1605 Protektor des Coelestinerordens und Inspektor des Collegium Germanicum in Rom, gest. das. 17. Sept. 1621; hervorragendster Polemiker der Gegenreformation. Hauptwerk: Disputationes de controversiis fidei adversus hujus temporis haereticos. Die Bezeichnung als Kirchenlehrer ist in Sodens zweiter Fassung mit einem Fragezeichen versehen.

Mit der »analogia entis«[6] ist uns nicht ein Mittel natürlicher Erkenntnis gegeben. Die Natur und die Gesetze ihres Lebens sind aus ihrem eigenen Wesen und dem Wirken ihrer eigenen Kräfte zu erkennen. Freilich, so blind ist kein Katholik, um zu übersehen, daß der Blick in die Geheimnisse des Gottesreiches neues Licht für so manche Fragen schenkt, die auf dieser Welt und unter uns Menschen ungelöst bleiben. Doch wir haben kein Recht, die Gnade dieses Glaubens von Gott zu verlangen, und wir haben keinen Grund, sie zu erwarten, ja wir haben nicht einmal einen Anlaß, sie zu erhoffen, solange wir nicht alle Lichter anzünden, die uns in der Natur selbst gegeben sind.

In diesem Zusammenhang klärt sich auch die bekannte Frage der *»Kurzschlüsse«*. Es ist vollkommen verfehlt, irgendein konkretes soziales Problem mit einem Text aus der Heiligen Schrift lösen zu wollen. Abgesehen davon, daß jeder Text einer genauen exegetischen Prüfung bedarf, woran es die meisten Zitationen fehlen lassen, so ist es unzulässig, in der Bibel Antworten auf sozialethische Fragen zu suchen, solang keine umfassende Analyse dieser Fragen angestellt worden ist. Wer die Verwendung der Schriftstellen in den päpstlichen Enzykliken, etwa in »Rerum novarum« oder »Quadragesimo anno« studiert, wird finden, daß sie im Allgemeinen als Bestätigung für das dienen, was durch Intuition oder durch rationale Überlegung gefunden. worden ist. Niemals aber spart sich eine Enzyklika die Mühe der eingehenden sachlichen Auseinandersetzung mit den berührten Fragen, indem sie etwa mit einem Schriftwort da anfängt, wo andere aufhören.[7]

---

6 Analogia entis – Entsprechung des Seins, Ähnlichkeit des Seienden: Die Beziehung zwischen dem ewigen Sein Gottes und dem vergänglichen Sein seiner Schöpfung. Thomas von Aquin: Summa theol. Qu. 4 act. 3.

7 Neuner: Mit dem man aufhören sollte.

Christentum ist seinem Wesen nach eine Religion, die die Person für die Ewigkeit retten und dort in das Gottesreich einbauen will. Das Gottesreich ist auf dieser Welt immer nur etwas »Kommendes«, »Beginnendes«, nie etwas »Vollendetes«. Aus der Fülle der Schriftstellen seien hier nur zwei herausgehoben: Lk. 12, 14[8] und Joh. 18, 36.[9] Die These ist ja so klar. Jeder Versuch, das christliche Ziel auf diese Erde zu verlegen, führt dazu, die christliche Religion ihres wahren Charakters zu entkleiden. Die christliche Idee von der Gleichheit aller Menschen als Brüder ist eben darin begründet, daß wir alle den gleichen Gott zum Vater haben, und daß wir alle auf gleiche Weise von Christus durch sein Opfer erlöst und so als seine Brüder zum gleichen Gottesreich bestimmt sind. Natürlich bringt uns das zu einer ganz individuellen Ethik und zu innerweltlichen Folgerungen umfassender Art. Aber die Wurzel dieser Dinge ist jenseitig und übernatürlich.

Der Versuch, natürliche Dinge mit übernatürlichen Maßstäben zu entscheiden, drängt zu jenem gefährlichen Okkasionalismus,[10] dem die französischen Restaurationsphilosophen erlegen sind und der auch in der deutschen Romantik unheilvoll gewirkt hat; Konstantin *Frantz*,[11] dessen historische Ideen den Schlüssel für so viele politischen Probleme bilden, war in seiner Philosophie nicht frei von ihm. Nur eine tiefe Anerkennung der soge-

---

[8] Fürchtet euch vor dem, der nicht nur töten kann, sondern auch die Macht hat, euch in die Hölle zu werfen.

[9] Mein Königtum ist nicht von dieser Welt.

[10] Philosophische Position, die aus der Auseinandersetzung mit Descartes' Anthropologie und Physik entstanden ist.

[11] Constantin Frantz, politischer Schriftsteller; Börneke 12.9.1817–2.5.1891 Blasewitz. Vertrat die Idee eines mitteleuropäischen Staatenbundes unter dem Hause Habsburg.

nannten »zweiten Ursachen« kann uns das Weltbild sichern, das zu einer wirklich sachlichen Sozialethik anleitet.
Ebenso ist es falsch, eine politische oder soziale Situation zuerst oder einzig unter dem kirchenpolitischen Gesichtspunkt zu entscheiden, ohne ihre natürlichen ethischen oder sagen wir »naturrechtlichen« Faktoren ins Auge zu fassen. Kirchenpolitische Maßnahmen können einen Zustand, der innerlich ethisch ungesund ist, nie gesund machen. Kirchenpolitische Zugeständnisse können nie eine innere ethische Reform ersparen. Die politischen Vertretungskörper der Katholiken haben in den letzten fünfzig Jahren gern diesen Fehler gemacht, sich mit kirchenpolitischen Zugeständnissen zufrieden zu geben und auf die notwendige ethisch-politische Reform zu verzichten. Ich habe Zentrumsleute gekannt, die glaubten, man müsse Preußens Vormacht im deutschen Reich erhalten, weil das für die Katholiken besser sei. Sie übersahen, daß der krankhafte Zustand der preußischen Hegemonie – wir werden noch davon zu sprechen haben – nie eine wirkliche und dauernde Sicherung der katholischen Interessen gewährleisten konnte. Was sachlich notwendig war, was das deutsche Nationalinteresse wirklich forderte, das konnte geschehen, ohne Rücksicht auf die kirchenpolitischen Auswirkungen, die zunächst einzutreten schienen. Die Schwäche der politischen Katholiken erklärt sich zum Teil daraus, daß seit *Kant*[12] das ethische Denken immer mehr formalisiert und der materialen Inhalte beraubt wurde; auch die Katholiken sind dieser Zeitströmung weitgehend erlegen. Im besonderen Fall der deutschen Katholiken kam noch hinzu, daß sie sich in ihrer zahlenmäßigen und auch qualitativ eingebildeten Inferiorität der

[12] Immanuel Kant, Philosoph; Königsberg 22.4.1724–12.2.1804 Königsberg.

Verantwortung für das Reich ledig fühlten. *Windthorst*[13] hatte noch abgelehnt, für das Septennat zu stimmen, obwohl *Bismarck*[14] die diplomatische Aktion des Heiligen Stuhls gegen ihn mobil zu machen suchte. Die preußisch-deutsche Aufrüstung schien ihm falsch, auch wenn sie Bismarck mit kirchenpolitischer Münze bezahlte. Später sind die Zentrumsleute in ihrem Denken und in ihrer Politik nicht mehr so stark gewesen. Die großen Päpste haben solche Fehler nie begangen. Sie haben lieber die ärgsten kirchenpolitischen Schläge ausgehalten, als sich einer Situation gefügt, die politisch und ethisch nicht gerechtfertigt werden konnte. *Alexander III.*[15] hätte ein Schisma und ein Exil vermeiden können, wenn er auf die Wünsche Barbarossas eingegangen wäre. Wieviel hätte *Pius IX.*[16] von *Cavour*[17] erreicht, wenn er seine Haltung namentlich in der Römischen Frage mehr diplomatisch gestaltet hätte!

Das Mißverständnis wiederholt und vertieft sich, wenn man die Erklärung der päpstlichen Lehrunfehlbarkeit als »kirchlichen Absolutismus« bezeichnet, wie es im 19. Jahrhundert verschiedentlich geschehen ist. *De Maistre*[18] und sein Okkasionalismus

---

[13] Ludwig Windthorst; Kaldenhof 17.1.1812–14.3.1891 Berlin; vertrat eine großdeutsch-antipreußische Politik, wurde zum wichtigen Gegenspieler Bismarcks.

[14] Bismarck, Fürst Otto von; Schönhausen 1.4.1815–30.7.1898 Friedrichsruh. Durch den Krieg gegen Österreich, Bayern, Württemberg und Baden 1866 Zerstörer des Deutschen Bundes. Kanzler des als Folge des preußisch-französischen Krieges 1870/71 von ihm gegründeten Deutschen Reichs (18.1.1871 Ausrufung Wilhelms I. zum deutschen Kaiser in Versailles).

[15] Alexander III., Papst seit 1159 (Orlando Bandinelli) † 30.8.1181.

[16] Pius IX., Papst (Giovanni Maria Mastai-Feretti) 13.5.1792–7.2.1878.

[17] Cavour, Camillo, Graf, italien. Staatsmann; Turin 10.8.1810–6.6.1861 Turin.

[18] de Maistre, Joseph Maria, Comte; Chambéry 1.4.1753–26.2.1821 Turin.

haben hier viel Verwirrung gestiftet. Auch in unseren Tagen haben sich Historiker in dieser Richtung versucht. Kirche und Staat beruhen indessen – um nochmals *Bellarmin* zu zitieren – auf entgegengesetzten Strukturprinzipien. Im Staat ist – so sagt Bellarmin – die Mehrzahl das Primäre; die Vielen schaffen die Einheit, das ist das Thema dieses Buchs. In der Kirche ist der eine Christus das Primäre. Die Kirche ist nichts anderes als sein mystischer Leib. Nur im Anschluß an ihn gewinnen wir – die Vielen – das übernatürliche Leben (Joh 15,1 ff.)[19]. Der eine Christus und sein einer Stellvertreter ist das Prinzip alles Lebens im übernatürlichen Organismus. Deshalb ist es von entscheidender Bedeutung für die Kirche, diese Einheit in immer steigendem Maß zum Ausdruck zu bringen. Im Staat dagegen muß sich die ursprüngliche Vielheit stets neu durchsetzen, soll er sich nicht in gefährlicher Weise seinen ethischen Grundkräften entfremden.

Aufgabe der Kirche ist es, menschliche Handlungen und menschliches Verhalten an den Maßstäben der Lehre Christi zu prüfen. Die Kirche hat die Sünde aufzudecken und anzuklagen. Denn Christentum ist nicht nur eine Religion des Glaubens, sondern auch der Lebensgestaltung. Als Richter über die Sünde hat die Kirche ein wichtiges Wort in überaus vielen menschlichen Angelegenheiten; sehr wenig menschliche Handlungen sind ethisch indifferent. Freilich pflegt sie dieses Wort nur zu sprechen, wenn die Lage klar ist; oft genug sind ethische Fragen durch die lange Dauer des Kampfes, der um sie geführt wird, durch das Hin und Her des Unrechts, das beide Seiten tun, durch Verjährung oder technische Einzelheiten so verwickelt worden, daß die Kirche sich scheut, die Gewissen durch einen Richtspruch zu binden. Aber grundsätzlich ist die Kirche berufen

[19] Ich bin der wahre Weinstock...

festzustellen, ob die Menschen in diesem oder jenem Fall das Gute oder das Böse tun. »Ratione peccati«, mit Rücksicht auf die Sünde, sagt *Bonifaz VIII.*[20] In der berühmten Bulle »Unam Sanctam« sind auch die Großen dieser Welt und ihre Handlügen dem Gericht der Kirche unterworfen. Der junge, sich »souverän« entwickelnde Nationalstaat hat diese Worte sehr ungern gehört, und es ist bezeichnend genug, daß er in einem seiner frühesten Vertreter, Philipp dem Schönen von Frankreich, den Angriff gerade gegen diesen Papst unternahm. Allein die Kirche hat ihr »ratione peccati« immer festgehalten. Wieder müssen wir *Bellarmin* hören. So sehr er jede »potestas directa«, jede kirchliche Herrschaff über weltliche Dinge grundsätzlich ablehnt, so sehr unterscheidet er die »potestas indirecta«, die richterliche Gewalt der Kirche über die ethische Seite der politischen und sozialen Taten und Zustände, die ihr, »ratione peccati« – mit Rücksicht auf die Sünde –, zuzusteht. Aus dieser Zuständigkeit schöpften die Päpste ihr Recht, über politische und soziale Gegenstände zu sprechen, wie es vor allem in den großen Enzykliken geschehen ist. In seiner Rundfunkansprache. vom 1. Juni 1941, die zum fünfzigsten Jubiläum der ›Rerum novarum‹ bestimmt war, hat *Pius XII.*[21] ausdrücklich auf die »moralische Kompetenz« der Kirche hingewiesen, zu entscheiden, ob die Grundlagen des sozialen Systems mit der unveränderlichen Ordnung übereinstimmen, die Gott uns im Naturgesetz und in der Offenbarung gegeben hat. Außerdem hat die Kirche die Aufgabe, die Gewissen zu bilden, daß sie den Weg zu solchen Lösungen finden.

Christentum ist seinem Wesen nach keine Sozialordnung. Die Sozialordnung ist allgemein menschlich. Ihre Normen gehören

---

[20] Bonifaz VIII., Papst (Benedetto Gaetani) 1235–11.10.1303.

[21] Offizieller Text in »New York Times« vom 2.6.1941.

dem Naturrecht an, und Naturrecht liegt *vor* aller Offenbarung. Naturrecht spricht aus der *Natur* des Menschen. Christus hat es in seine Lehre aufgenommen, so daß seine Forderungen jetzt zum Christentum gehören. Ohne die naturrechtlichen Ideale des Menschen in seiner unverlierbaren Würde, von der Menschheit als Brüderschaft, kommen wir zu keiner Verwirklichung des Christentums auf Welt. Es gibt kein Christentum ohne Naturrecht, während es lange Zeit ein Naturrecht ohne Christentum gegeben hat und vielleicht noch heut gibt. Es ist daher falsch, von einem »katholischen oder christlichen Naturrecht« zu sprechen. Wir kennen nur ein allgemein menschliches Naturrecht, wie es in den katholischen Schulen der Philosophie gelehrt wird. Allerdings ist die Rezeption des Naturrechts ins Christentum so tief, daß die Sünde gegen das Naturrecht zur Sünde gegen das Christentum wird. Daß der Mord Sünde ist, bedeutet nicht bloß eine christliche oder jüdische Lehre. Es ist Sünde längst bevor Christus gelebt hat oder bevor die Gesetzgebung vom Sinai erfolgt ist. Allein der Mörder, der nicht gebüßt hat, kann kein Glied der lebendigen christlichen Heilsgemeinschaft sein. Die Sünde gegen die Natur vernichtet den christlichen Gehalt eines Menschen. Deshalb kann die Sünde, gegen die die Kirche aufgerufen ist, nicht nur jene Verwundung der spezifisch christlichen Lehre sein, die vorliegt, wenn ein geoffenbartes Gebot verletzt wird. Sünde ist vielmehr jeder Verstoß gegen das Naturrecht. Dieses Buch will nicht christliche Theologie lehren; sein Inhalt ist Naturrecht. Aber ich glaube, daß die Zerstörung dieses Naturrechts auf die Dauer auch das christliche Leben unmöglich macht.

Der Bund

Der *Bund* ist die erste, tiefste und stärkste Organisation im ganzen Bereich des sozialen Lebens. Daß zwei oder mehr Menschen die Hände ineinander legen und sich für ein Ziel binden, das ihnen von jetzt ab als gemeinsam gilt, ist der Anfang und zwar der weiter fortwirkende Anfang aller Gemeinschaftsbildung.

Der Bund ist normativ *früher* als das Geborenwerden; der Beschluß, den Ehebund einzugehen, ist früher als die Kindeszeugung, sollte es jedenfalls sein.

Damit stoßen wir auf die ganze Kette von Antithesen, die auch im sozialen Leben das subjektiv Gewollte dem objektiv Vorgefundenen oder das Bewußte dem Unbewußten entgegenstellen. Entschluß, Wahl und Entscheidung stehen gegen das Gegebene, gegen das Geborensein und das naturhaft Vorausgesetzte. Wie im persönlichen, so haben im sozialen Leben beide Reihen von Antithesen ihren Platz und ihre Bedeutung. Jede soziale Tatsache ist der geometrische Ort beider Kausalgattungen. Das Soziale, das sich letztlich in die Gedanken und Willensakte der einzelnen Individuen auflösen läßt, ist wie diese individuellen Gedanken und Wünsche selbst nicht bloß vom bewußten individuellen Willen, sondern auch durch die unpersönlichen Voraussetzungen bestimmt. In dieser Antithese erscheint als das entscheidend Gestaltende das Individuelle – das unbewußt Gegebene, das Soziale. So gesehen, sind *Individuum und Gemeinschaft gleichzeitig.*

Die Antithesen, die *Hegel*[22] identifiziert und die in Wirklichkeit ebensowenig Antithesen als ein- und dasselbe sind, können

[22] Hegel, Georg Wilhelm Friedrich, Philosoph; Stuttgart 27.8.1770–14.11. 1831 Berlin.

nicht voneinander getrennt werden; weil Individuum nie ohne Gemeinschaft, Gemeinschaft nie ohne Individuum denkbar ist, bedeuten sie noch nicht das Gleiche. Wenn aber Individuum und **Familie** gleichzeitig sind, so sind es auch Individuum und **Staat**. Denn die Familie kann nicht ohne eine weitere, über sie hinausreichende Gemeinschaft leben, die wir Gemeinde oder Staat nennen können; am Genauesten wird ihre Bezeichnung als **politische** Organisation sein. Damit ist natürlich noch nichts darüber ausgesagt, ob Individuum und Staat ein gleichartiges Wesen haben, ob man im gleichen Sinn von ihrem Geist und ihrem Willen, ihrer Seele und ihrer Persönlichkeit sprechen darf. Wir werden später sehen, daß dem nicht so ist.
Hier interessiert uns zunächst die Frage, ob die beiden Ordnungen des Bewußten und Unbewußten, wie sie sich ontologisch gegenseitig fordern, auch **ethisch** normativ gleichgestellt sind. Auf den ersten Blick scheint das aus der berühmten Formel »Lex agendi est lex essendi«[1a] unbestreitbar hervorzugehen. Allein, der Mensch ist nur insoweit ein spirituales Wesen, als er die Potenzen aller seiner Aktuationen in sich trägt. Der ständige Übergang der Potenzen in den Akt, der möglichst ausgedehnt sein soll, macht die menschliche Existenz zu einem hochgradig **dynamischen** Sein; *Blondel*[23] hat das ganz richtig erkannt. Um allem Irrtum vorzubeugen, sei bemerkt, daß diese Dynamik, die sehr wohl in einem äußerlich völlig ruhenden Sein stecken kann, selbstverständlich nichts mit dem zu tun hat, was unsere Aktivisten »Dynamismus« nennen. Der heutige Dynamismus entspringt im Gegenteil meist der inneren Schwäche, der Unfähig-

---

[22a] Lex agendi, lex essendi – Gesetz des Tuns, Gesetz des Seins.
[23] Blondel, Maurice, franz. Philosoph, Dijon 2.11.1861–5.6.1949 Aix en Provence.

keit, Potenzen wirklich zu aktualisieren, so daß äußere Betriebsamkeit zur Kompensation herbeigerufen werden muß.
Die echte Dynamik verbirgt sich in tiefer äußerer Ruhe. Die Aktualisierung der höchsten Potenz, derjenigen zur Gottesliebe, wird von der Masse der Außenstehenden kaum bemerkt werden, und das Gebet, das zweifelsohne die stärkste aller Aktualisierungen darstellt, wird in den meisten Fällen im Zustand absoluter äußerer Ruhe verrichtet. Ziehen wir aber aus der Norm dieser Dynamik die klaren Folgerungen, so werden wir finden, daß für den Menschen seine lex essendi das Gesetz seiner zu aktualisierenden Potenzen ist. Und so sehr diese Potenzen von Anfang an im Unterbewußten ruhen mögen, zum Vorgegebenen, meinetwegen Gemeinschaftsbedingten gehören, so ist doch wenigstens **das letzte Wort ihrer Aktualisierung der bewußte freie Wille.** Die Knospe springt nicht von selbst auf, sondern der Mensch muß ein bewußtes und gewolltes Schöpfungswort sprechen.
Mag es die Menschen noch so sehr zum Bund treiben, es wird keinen Bund geben, ohne daß die Hände ineinander gelegt worden sind. Die **individuelle** Tat ist also auch im sozialen Bereich das Letzte und Entscheidende, so wie sie umgekehrt das Erste und Grundlegende bestimmt. Das Soziale **dient** dieser individuellen Tat, es ermöglicht sie. Die Gemeinschaft ist also berufen, dem Individuum zu helfen. Die Scholastik spricht sehr zutreffend von der »Ergänzungsbedürftigkeit« des Individuums durch die Gemeinschaft. Ohne Gemeinschaft kommt das Individuum nicht zur vollen Auswirkung seiner selbst. Es ist nicht in der Lage, seine Potenzen zu aktualisieren. Der Bund ist demnach ein Geschöpf der Menschen für die Menschen und ein Geschenk, das sie einander machen. Es wäre lächerlich, ihn als Übermenschen anzusehen oder anzusprechen.
Die Überwertung der Gemeinschaft im Verhältnis zum Individuum ist die große Sünde unserer Zeit. Die deutsche Staats-

rechtswissenschaft hat die Formel vom »*Mehrwert*« des öffentlichen Rechts vor dem privaten ausgedacht; sie war die letzte logische Folgerung jener unseligen Trennung von Staats- und Privatrecht, die die Rezeption des Römischen Rechts in Europa verursacht hat. Die »*Souveränität*«, von *Bodin*[24] für den absoluten Staat erfunden, ist von der deutschen Staatsrechtswissenschaft des 19. Jahrhunderts entpersönlicht worden. Mit der Organsouveränität glaubten diese Professoren liberal zu sein, aber kaum ein Gedankengebilde des 19. Jahrhunderts hat so sehr der Diktatur des 20. Jahrhunderts den Weg bahnen helfen.
Wohldenkende Kritiker haben noch in der Nachkriegsperiode gemeint, mit Schwert und Lanze gegen den Individualismus der französischen Revolution zu Feld ziehen zu müssen, obwohl die Gefahr längst zu der kollektivistischen Front hinübergeschwungen war. Selbst unsere Tage kennen solche Don Quijotes, die, auch von den Flügeln der kollektivistischen Windmühlen erfaßt und zu Boden geschleudert, vom Kampf gegen ihr Phantom nicht lassen wollen. Tatsächlich ist das Individuum in unserer Zeit geistig und moralisch überaus tief gesunken. Diktatur und Kollektivismus sind die Antwort auf diese individuelle Unfähigkeit, zu begreifen und zu werten. Es ist fast überflüssig, Fritz *Thyssens*[25] Buch durchzuschauen; wer nur ein paar von den führenden Männern kennt, staunt, »mit wie wenig Verstand die Welt regiert wird.«
Keine großen Staatsmänner und Feldherrn machen Geschichte, sondern sehr kleine, von Inferioritätsgefühlen beherrschte, ehrgeizige Streber, die begriffen haben, wie man ein Volk bei seinen Minderwertigkeitskomplexen fassen müsse, um es zu be-

---

24 Bodin, Jean, Staatstheoretiker; Angers 1530–1596 Laon.

25 Thyssen, Fritz, Sohn von August Thyssen, Mühlheim Ruhr 9.11.1973–8.2.1951 Buenos Aires. Sein Buch: »I paid Hitler« (1941).

herrschen. Das ist ein Zeichen für die allgemeine individuelle Minderwertigkeit und dafür, daß *Spengler*[26] mit seiner Diagnose nicht so unrecht hatte. Das unsichere und sich seiner selbst schämende Individuum flüchtet in die Gemeinschaft und gibt sich ihr bis zum Letzten preis. Gewiß, das deutsche Volk ist politisch dumm. Allein mit diesem intellektuellen Urteil ist nur **eine** Seite der Sache – und nicht einmal ihre wichtigste – abgetan. Bedeutsamer als die intellektuelle Schwäche auf politischem Gebiet ist das tiefe Mißtrauen des Deutschen in die eigene Persönlichkeit, ist also die psychopatische Seite des Problems.
Übrigens ist dieser Kollektivismus nicht nur eine deutsche Verirrung. **Überall**, in der **alten** und **neuen** Welt, gibt es die Fünfte Kolonne nicht bloß der überzeugten Nazisten, sondern auch der innerlich Unsicheren, derer, die ihre wirkliche Hitlerverehrung vor anderen und vor sich selbst geheim halten wollen und die bereit wären, viel zu geben, wenn sie mit ihrer Angst vor dem Individuum unter die scheinbar schützenden Flügel einer Diktatur oder eines Kollektivismus fliehen könnten. Natürlich ist diese Angst durch die Angst für den Geldbeutel und durch die Angst vor einer den Geldbeutel schröpfenden Wirtschaftspolitik verstärkt. Aber wie armselig erweist sich diese Angst, wenn man sie mit der Unwilligkeit des Liberalen im 19. Jahrhundert vergleicht, Steuern zu zahlen oder sich sein »Herr-im-Haus-sein« streitig machen zu lassen! Nein, die finanzielle Furcht unseres Jahrhunderts mit allen ihren politischen Auswirkungen ist in erster Linie krankhaft.
Selbstverständlich ist dieser Verlust an individueller Stärke religiös bedingt. Wer mit seinem christlichen Glauben das Bewußtsein von seiner christlichen Würde verspielt hat, wird eine

---

[26] Spengler, Oswald, Geschichtsphilosph; Blankenburg 29.5.1880–8.5.1936 München. Hauptwerk: Der Untergang des Abendlandes.

leichte Beute der kollektivistischen Krankheit werden. Man müßte nun fragen, wie es zu dieser Entchristlichung der Welt kam. Die Antwort, die allein von der Agitation der Religionsfeinde zu berichten weiß, ist ungenügend. Wir Christen haben unsere Religion selbst verkleinert, indem wir sie durch unser Leben zu einem spießbürgerlichen Gemisch aus Wohlverhalten und Abhaltungen von religiösen Akten herabgewürdigt haben. Wir haben der Religion in unserer Praxis ihren Charakter einer großen Entscheidung zu den Dingen dieser Welt genommen und sie dadurch dem Entscheidungsbewußtsein der Menschen entfremdet.

Es kann nicht die Aufgabe dieses Buchs sein, über diesen Gegenstand zu sprechen. Hier genügt es, klarzumachen, daß die Wiederkehr bündischen Denkens in natürlicher Sicht eine Lebensfrage der christlichen Religion ist. Nur wer sich als ein **bestimmendes Glied der Gemeinschaft** fühlt, kann in voller **Wachheit** die **Verantwortung** empfinden, die er als **Christ** trägt. Der passive Fatalismus, mit dem die Massen in den kollektivistischen Staaten, aber auch in vielen Demokratien dem Krieg und seinen Problemen gegenüberstehen, ist tief unchristlich. Unchristlich ist es auch, sich den Zeitproblemen gegenüber auf Gott und Seine Allmacht zu berufen, ohne selbst irgendwie auf ihre Lösung zu denken. Man kann die Welt nicht allein durch Gebet besser machen. Gebet kann nicht davon dispensieren, das Rechte zu tun, das von der Situation gefordert ist. Sich durch Gebet den Entscheidungen der Welt entziehen zu wollen, ist für alle, die in der Welt leben, Lippendienst, Sünde, unverzeihliche Schwäche. Solches Gebet wird nie erhört werden. »Wort ohne Tat kann nicht zum Himmel dringen.«

Aber das Bewußtsein, daß wir **Glieder** eines Bundes sind und es diesem Bund **täglich schulden,** neu Stellung zu nehmen, öffnet das Herz für unsere **tägliche Pflicht als Christen,** am Kommen

des Gottesreichs mitzuhelfen. Im Rahmen der Welt wird, wer am meisten seinem Bund gibt, auch seiner Kirche und seinem Glauben am meisten geben.
Wir sprechen hier **nicht** vom Bund als **religiöser** Erscheinung. Der Bund Gottes mit den Menschen ist von besonderer Art. Er fällt nicht unter den Begriff »Bund«, wie er hier angewendet wird. Wir werden gleich nachher sehen, daß für unseren Bund die Gleichberechtigung aller seiner Glieder wesentlich ist. Der Bund Gottes mit den Menschen kann nie auf dieser Grundlage beruhen. Wenn sich Gott »neigt«, um als ein Gleicher mit den Menschen zu verkehren, so ist das schon Gnade und reicht weit über alle Grenzen natürlicher Erfahrung und natürlicher Spekulation hinaus. Im Neuen Testament ist nur an vier Stellen die Rede von der διαθήκη,[27] vom Bund: Einmal enthalten die Einsetzungsworte das Versprechen des Bunds (Mt. 26,28; Mk. 14,24; Lk. 22,20; 1. Cor. 11,25).[28] Dieser Bund ist ebenso gnadenhaft wie das Sakrament selbst. Dann bezieht sich der hl. Paulus auf seine Stellung als Diener des neuen Bunds (2. Cor. 3,5);[29] daß dieser Bund aus der Gnade stammt und nur von Gott kommt, wird in den vorausgehenden Worten ausdrücklich erklärt. Endlich gebraucht der Hebräerbrief zweimal das Wort vom Bund. Das erstemal (Hebr. 8,8)[30] handelt es sich um ein Zitat aus dem alten Testament, das zweitemal (Hebr. 12,24)[31] erscheint der Bund als das Werk Christi. Der Bund Gottes mit den Menschen ist ebenso wie »das Zelt Gottes unter den Menschen«

---

[27] Bund (Anordnung, Testament, Vertrag).
[28] Das ist mein Blut, das Blut des Bundes/ das für viele vergossen wird zur Vergebung der Sünden. Der Bund wird an allen erwähnten vier Stellen fast gleichlautend definiert.
[29] Unsere Befähigung stammt von Gott.
[30] Gott schließt mit dem Haus Juda einen neuen Bund.
[31] Jesus, der Mittler des neuen Bundes.

(Offb. 21,3)[32] von jenem übernatürlichen Gesetz beherrscht, das wir als das Gesetz der Kirche im ersten Abschnitt kennengelernt haben.

Zu den beiden Reichen sowohl der Übernatur wie der Natur gehört die *Ehe*. Sie ist ihrem Wesen nach ein Bund im vollen Sinn, den das Wort unter uns Menschen hat. Denn sie ist zwischen Menschen völlig gleichen Rechts geschlossen. Aber sie ist von Christus zum Sakrament erhoben und dadurch in die Gnadenordnung hinein gestellt worden. Sie teilt diesen sakramentalen Charakter mit keinem anderen Bund. Keinem der politischen Bünde ist eine solche Gnade zuteil geworden. Das wirft ein Licht auf die ausgezeichnete Stellung, die der Ehe und der aus ihr erwachsenden Familie in der göttlichen Schöpfungsordnung eingeräumt ist.

Selbstverständlich dürfen deswegen die politischen Bünde nicht als gottfeindlich oder als Werke des Teufels angesehen werden. Wenn sie auch keiner sakramentalen Heiligung teilhaftig sind, so stehen sie doch vollgültig und ethisch gut in der Natur. Es gibt aber zwischen dem Reich Gottes und dem Reich des Teufels den großen und in sich guten Stand der **Natur,** und seine Werke, individuelle wie soziale, sind ebenso gut wie er selbst. Das hat schon *Augustinus*[33] gegen die *Montanisten* klargemacht, und seither hat die Theologie es als eine ihrer wichtigsten Aufgaben angesehen, die Lehre von diesem Stand der Natur und den anderen Naturständen zu entwickeln.

Der hervorragende Platz, zu dem die Ehe in der christlichen Ordnung gelangt ist, bedeutet also keineswegs eine Verdam-

---

[32] Das übernatürliche Gesetz: Gott wird in ihrer Mitte wohnen.

[33] Augustinus Aurelius; 13.11. 354 Tagaste – Hippo Regius 28.8.430; größter lateinischer Kirchenlehrer des Altertums. Der Montanismus, gegen den sich Augustinus wandte, verschärfte die Askese und verwarf die Wiederaufnahme der Todsünder.

mung von Staat oder Gemeinde oder sonst irgendeine Form des Anarchismus. Er darf auch nicht dazu führen, auf der anderen Seite die **natürlichen** Elemente des Bunds zu verkennen, die in der Ehe enthalten sind. Die sakramentale Ehe trägt die Kraft in sich, ein Abbild des Bunds zwischen Gott und den Menschen, zwischen Christus und der Kirche zu sein. Aber die Ehe ist in ihrem Wesen der erste und engste all jener Bünde, die Menschen aus ihrer natürlichen Anlage zum Bund heraus schließen. Insofern beruht sie auf dem **Willen** der beiden Menschen, die den Bund schließen. Alle anderen Erklärungen der Ehe gehen fehl. Ich glaube auch nicht, daß *Plato* Recht hat, wenn er sie irgendwie natürlich mehr prädeterminiert ansieht als jede andere Individualität.

Darum ist es absolut schlecht, dem Willen der Menschen zur Ehe Fesseln anzulegen. Der Staat, der das tut, überschreitet seine Zuständigkeit. Natürlich wird jede Gesetzgebung gewisse Mindestansprüche an Alter und Gesundheit festlegen, und es ist durchaus begrüßenswert, wenn moderne hygienische Erkenntnisse diese Anforderungen des Gesetzes an die Gesundheit der Eheschließenden substantiieren. Deswegen gibt es eine naturrechtliche Tafel trennender und aufschiebender Ehehindernisse, die dem Fortschritt hygienischen und sozialen Denkens unterliegt. Aber eine freche Anmaßung ist es, die Ehe Romeos mit Julia zu verbieten, weil sie zwei verschiedenen miteinander fechtenden Clans angehören. Und wenn in unseren Tagen Haß und Parteisucht die Menschen nicht mehr nach Montagues und Capulets,[34] sondern nach anderen Unterscheidungen trennen, so ist das kein Grund, Ehehindernisse daraus zu machen. Ich zweifle, ob unsere Antisemiten ihre Rachegefühle ernster neh-

---

[34] Die Montagues und Capulets, zwei streitende Veroneser Adelsfamilien in Shakespeares Trauerspiel »Romeo und Julia«.

men können als damals die streitenden Adelsfamilien von Verona. Gewiß gibt es auf der Welt eine Judenfrage. Wer Osteuropa kennt, weiß, daß sie sogar in einigen Ländern sehr brennend ist. Daß sie mit Rassengesetzen irgendwie und irgendwo zu lösen sei, kann nur eines der schlimmsten Vorurteile behaupten, die es in unserer Zeit gibt. Gottseidank ist das Ehegesetz der Kirche für alle Rassengesetzgebungen unerreichbar geblieben.
Eine der letzten Äußerungen *Pius XII.* zu diesem Gegenstand war seine Aufzählung des *»Rechts zu heiraten«* als eines Menschenrechts in der Rundfunkansprache vom 1. Juni 1941 (Amtlicher englischer Text in ›New York Times‹ v. 2.6.1941).[35]
Die **Gleichheit** der beiden Eheschließenden ist oft und billig verspottet worden. Es ist klar, daß Mann und Frau von Natur verschieden sind und in der Ehe wie auch sonst im Leben verschiedenartige Aufgaben zu erfüllen haben. Allein aus dieser Verschiedenartigkeit folgt kein rechtlicher Mehrwert des einen vor dem anderen. Rechtlich stehen Mann und Frau völlig gleich. Tatsächlich gibt es auch keine einzige moderne bürgerliche Gesetzgebung, die andere Normen hat, und erst recht die kirchliche Gesetzgebung beruht auf dem Gedanken absoluter Gleichheit. Das gilt vom Recht der Eheschließung wie von jenem der Ehetrennung oder der Ungültigkeitserklärung. Die Kirche weiß sehr wohl um die physische Verschiedenheit von Mann und Frau und trägt ihr überall Rechnung, wo es not ist. Zum Beispiel ist das Eheschließungsmindestalter für den Mann später festgelegt als für die Frau. Wir haben alte Eheschließungsformulare, die die Verschiedenheit zum Teil in naiver Weise zum Ausdruck bringen; sie gehören jetzt übrigens dem Staub der Vergangenheit an. Doch das kann die *Gleichberechtigung* im Bundesschluß und in allem, was mit ihm zusammenhängt, nicht stören. **Freiheit**, die

[35] Sodens Angabe erklärt sich aus seinem Aufenthalt in New York.

Ehe einzugehen, und **gleiches Recht** hierbei, sowie innerhalb der Ehe, sind die Grundpfeiler des kirchlichen wie auch jedes modernen bürgerlichen Eherechts.
Die **Familie** lebt aus der Ehe. Ohne Ehe gibt es keine Familie. Die Elemente des Eheschlusses sind daher auch die Elemente der Familie. Natürlich gehört der Mensch nicht aus eigenem freien Entschluß zur Familie, er kann aber aus ihr ausscheiden, sobald er die volle Reife zu einem solchen Entschluß hat, und es ist erwünscht, daß die sozialen Verhältnisse ihm dieses Ausscheiden erleichtern. Überalterte Menschen gegen ihren Willen an die Familie zu binden, wie es häufig mittels materieller Gesichtspunkte geschieht, ist ein Unrecht und ein sozialer Schaden. Die Gesellschaft sollte darauf Bedacht sein, den Menschen in ihren jungen Jahren möglich zu machen eine Ehe einzugehen und so eine Familie zu gründen.
Auch für die **politischen** Organisationen gilt, daß der **erste** Bund von den Menschen als **Gleichberechtigten** geschlossen wird. Das bedeutet hier so wenig wie in der Ehe, daß die Menschen alle gleich wären. Weniges ist so klar wie die gewaltigen individuellen Verschiedenheiten, die zwischen den Menschen bestehen. Aber von ihnen ist die **Gleichberechtigung** grundlegend unterschieden. Die ersten Bundesgenossen haben bei aller individuellen Verschiedenheit gleiche Rechte. Sie kommen als Männer gleichen Rechts zum Bundesschluß. Das ist in der »Declaration of Independence«[36] der Vereinigten Staaten deutlich gesagt.
Von Natur aus hat keiner in dem Bund, der jetzt geschlossen worden ist, mehr Recht als der andere. Die Verschiedenheit der Rechte entwickelt sich erst später, in der **Geschichte** des Bunds. Die Geschichte führt gelegentlich dazu, daß ein König den Bund

[36] Unabhängigkeitserklärung.

leitet oder eine kleine Anzahl bestimmter Familien. Diese Verschiedenheit der Rechte ist eine sehr bedeutsame Tatsache; sehr oft verbessert sie den Bund erheblich. Aber sie ist immer erst in der Geschichte des Bunds **geworden**. Sie ist immer eine geschichtliche, nicht naturrechtliche Tatsache. Die Monarchie wird häufig einen Fortschritt der Staatsform im Vergleich mit der Republik bedeuten. Allein die ursprüngliche Staatsform ist die reine Demokratie: Alle haben die gleichen Rechte.
Warum? Weil der Bundesschluß **vor** der Geschichte liegt. Das gilt jedenfalls in **ontologischer** Sicht. Mit dem Bundesschluß fängt erst die Geschichte an. Selbstverständlich ist auch Geschichte vorausgegangen, sehr wichtige Geschichte vielleicht, die zum Bundesschluß geführt hat. Aber eben diese vorausgegangene Geschichte soll durch den Bundesschluß abgeschlossen werden. Niemand ist so dumm, die Bedeutung der amerikanischen Unabhängigkeitskriege und des ganzen langen Kampfs um Freiheit leugnen zu wollen. Doch das sollte alles durch die Verfassung von 1787 sein Ende finden. Die Gründer des neuen Bunds wünschten einen neuen Anfang zu starten, und sie haben das auch tatsächlich getan. Mit Recht hat *Lincoln*[37] von einer »new nation« gesprochen, die dann entstanden ist. Der Bundesschluß soll stets den Grundstein einer ganz neuen, andersgearteten Entwicklung legen.
Die bisherige Geschichte soll durch neue Geschichte überwunden werden. Der Bund ist der Beginn der Geschichte und kann die Ergebnisse der bisherigen Geschichte nur würdigen, nie von ihnen bestimmt sein.
Allein, auch **zeitlich** steht der Bund am Anfang der Geschichte. Die großen Bundesschlüsse der europäischen Geschichte eröff-

---

[37] Lincoln, Abraham, 16. Präsident der Vereinigten Staaten von Amerika (1861–1865).

nen in Wirklichkeit diese Geschichte. Damit, daß die Staaten der Griechen, Römer und Deutschen sich ihrer bewußt werden, fängt die Geschichte dieser Völker erst an.
Die prähistorische Forschung, die in unserer Zeit mit so besonders viel Fleiß und Liebe, freilich auch mit Phantasie und Politik betrieben worden ist, kann für die spätere Geschichtsentwicklung nicht normativ sein. Sicher ist unsere Geschichte auch von unserer prähistorischen Entwicklung mitbestimmt. Doch diese Bestimmung ist allen Propheten des »Ahnenerbes«[38] zum Trotz sehr schwach im Vergleich mit der Bestimmung, die wir uns selbst im geschichtlichen Raum bewußt gegeben haben.
Die Vorgeschichte kann keinen Mehrwert an Recht in der Geschichte begründen, so wenig wie der Erwachsene durch Gelübde seiner Kinderzeit gebunden sein kann. Die Staatsgründungen unserer Kultur haben den Schlußstrich unter die Vorgeschichte gezogen. Wir wissen von keinen Vorrechten, die Menschen oder Völker aus der Vorgeschichte mitbringen, und demgemäß brauchen sie auch keine Vorrechte im Bundesschluß zu bekommen.
Endlich ist zu überlegen, daß jeder Bundesschluß vor allem **Recht** schaffen will, und zum Wesen des Rechts gehört es, daß die individuellen Verschiedenheiten im »Gesetz« zugunsten der allgemeinen Gleichheit zurücktreten.
Der Richter wird, wenn er das Gesetz anwendet, immer auch zu »individualisieren« haben. Das Gesetz selbst kann nicht anders als abstrakt und gleich sein. Das große Problem der Rechtsindividuation, das uns noch ausführlich beschäftigen wird, ist praktisch bis ins Einzelne hinein unlösbar; denn es würde die Möglichkeit einer adäquaten Erkenntnis des Individuellen vorausset-

38 »Vorrechte der nordischen Rasse«. Es erscheint als nur zu logisch, daß Berlin im »Dritten Reich« ernstlich in »Germania« umbenannt werden sollte.

zen, die uns nicht offensteht. Lediglich **annähernde** Lösungen vermag die Kunst des Richters zu geben und mit ihr die Staatskunst. Auch diese annähernden Lösungen sind, wenn der Fall einmal eingetreten ist, nie im vorhinein, nie abstrakt! Das Recht vor dem Eintritt eines individuellen Falls bis ins Letzte zu individuieren, ist unmögliche Zumutung. Die Kasuistik wird hier manches Nützliche tun, auf juristischem und noch mehr auf moralischem Gebiet. Wenn sie zu weit getrieben wird, schlägt sie in ihrer Wirkung um und verhindert gerade das, wofür sie eingesetzt wurde: die individuelle Behandlung des Falls. Diese Unmöglichkeit der echten Rechtsindividuation ist einer der wesentlichsten Gründe, weshalb alle Gesetzgebung und auch alle Rechtsprechung, mit anderen Worten: alle Staatsgründung notwendig demokratisch sein muß.

Man sagt zutreffend, der Tüchtige müsse beim Bundesschluß mehr Rechte bekommen wie der Untüchtige. Daß er sie nicht mitbringen kann, haben wir schon oben gesehen. Indessen, **wie** finde ich den **Tüchtigen** heraus? Tüchtig für den Bund, für den Staat ist nicht ohne weiteres, wer in seinem Privatleben, in seinem Beruf tüchtig ist. Den Tüchtigen im Staat erweist sehr oft erst die Geschichte. Perikles und Alkibiades waren zweifellos hochkultivierte Menschen; ob sie die Tüchtigkeit als Staatsmänner hatten, die ihnen ihre Zeitgenossen einräumten, wird man im Licht der späteren Ereignisse bestreiten können. Den Tüchtigen im vorhinein ausfindig zu machen, ist genau das gleiche Risiko wie die Wahl des richtigen Ehegatten. Einzig der Ausgang wird zeigen, ob es tatsächlich der richtige und tüchtige Mann war. Ganz ausgeschlossen ist es, politische Vorrechte den objektiven Merkmalen der Bildung oder des Besitzes zu gewähren.
Was ist Bildung? Meinetwegen das Lesen und Schreiben, aber dieses Kriterium spielt in den europäischen Kulturstaaten keine

Rolle mehr. Examensdiplome? Sie sind wohl Gradmesser einer gewissen Bildung, doch sie beweisen nichts für die politische Tüchtigkeit. Ich habe viele Bauernbürgermeister mit Volksschulbildung gekannt, die von den Dingen ihrer Gemeinde und ihres Staats mehr wußten und über sie ein weit besseres Urteil besaßen als mancher Universitätsprofessor.

Natürlich habe ich auch Universitätsprofessoren getroffen, deren politischer Führung ich mich mit gutem Gewissen unterordnen konnte; immerhin, sie waren ziemlich selten.

Ein ausgedehntes Vermögen in der Gemeinde oder im Staat zu besitzen, wird häufig mit Grund als Gewähr dafür angegeben, daß der Eigentümer in politischen Dingen besonnen, gewissenhaft, umsichtig zu Werk gehen wird; er verdiene also politische Vorrechte, etwa mit einem verstärkten Wahlrecht ausgestattet zu werden. Doch es kommt zu oft auch das Gegenteil vor. Ganz zu schweigen von den Leuten, die ihr Vermögen benützten, um Hitler oder einen seiner Trabanten zu finanzieren, so ist leider Vermögen in unseren Tagen keine Sicherheit für soziales Verantwortungsgefühl. Soll der Großgrundbesitzer, der von seinen Vorfahren das Land mit all seinen sozialen und kulturellen Verpflichtungen ererbt hat, aber es vorzog, einen kostspieligen Sport auszuüben, ein Vorrecht vor den Bauern haben, die sich auf ihrer Scholle plagen? Oder der Bankmann, der aus seinem Größenwahn die Kräfte seines Unternehmens überspannt und so dieses sein Institut, das vielleicht seit Menschenaltern sorgsam gepflegt worden war, sowie Tausende von Menschen zu Opfern seines psychopathischen Geltungsdrangs macht? Die reichen Leute müssen – auf der ganzen Welt und nicht zuletzt in Deutschland – zuerst zeigen, daß sie Gewissenhaftigkeit und Verantwortungsgefühl in erhöhtem Maß besitzen, ehe ihr Plädoyer für politische Vorrechte ernst genommen werden kann.

Damit ist auch die Frage nach der **Auslese** der politischen Führerschicht schon teilweise entschieden. Sie wird nie restlos gelöst werden können. Die Geschichte mag im Dienst dieses Ziels Vorrechte schaffen, die jedoch die demokratische Grundstruktur des sozialen Körpers in keiner Weise zu ändern vermögen. Selbstverständlich sollte die Erblichkeit, wie sie etwa in der Monarchie besteht, nicht leichtfertig geopfert werden, vorausgesetzt, daß sie sich durch lange historische Dauer eingelebt hat. Immerhin kann der Mechanismus der Erblichkeit nur eine verhältnismäßig kleine Schicht der Führer stellen, die ein modernes Staatswesen braucht. Neben dem König und den von ihm Ernannten ist heutzutage immer auch eine demokratische Auslese nötig. Diese demokratische Auslese ist nicht die schlechteste Art, politische Führer zu gewinnen, wenn die Gesellschaft, auf deren Boden sie geschieht, einigermaßen gesund ist. Sie ist natürlich den diktatorischen Kräften unterlegen, sobald militärische Schläge ausgeteilt werden sollen. Aber dieses militärische Spiel ist ja glücklicherweise nicht die Normalform des politischen Lebens; freilich, Diktaturen brauchen dieses Spiel, weil sie ohne es sehr rasch sterben müßten. Wenn die demokratische Auslese unfähig wird, einem Volk Führer zu schenken, so liegt der Grund darin, daß dieses Volk unfähig ist, Führer zu erzeugen, wie. etwa das Deutschland im Stadium vor Hitler oder das Frankreich nach dem Ausscheiden *Doumergues*.[39] Dann folgt immer unfehlbar die Diktatur, sei es durch Einheimische oder Fremde, was – im Grund genommen – wenig Unterschied ausmacht. Die Diktatur ist also ein Zeichen der Schwäche, der Korruption, des Niedergangs, genau wie sie es im antiken Kulturkreis als Dauerzustand war.

---

[39] Doumergue, Gaston, 12. Präsident der frz. Republik; 1.8.1863–18.6.1937.

Selbstverständlich können sich Abenteurer, Leute, die bloß Geld zu machen gedenken und Leute, die bloß vom Geld gemacht sind, auch im demokratischen Ausleseprozeß nach vorn bringen. Doch sie werden nach nicht allzulanger Zeit ausgeschieden, weil das Volk selbst unter der Diktatur in letzter Instanz einen ziemlich gesunden Instinkt für finanzielle Sauberkeit hat. Sogar *Laval*[40] wird heute in Frankreich allgemein abgelehnt, weil er zu heftig stinkt. Das deutsche Volk ist sich über den haushohen Schmutz im Klaren, für den fast alle unter den Gefolgsmännern Hitlers verantwortlich sind. Hitler allein, der sich die finanzielle Sauberkeit billig leisten konnte, schützt sie vor der Abrechnung.

Und endlich ist seit den Zeiten Julius Caesars nie eine Diktatur auf den Wegen der Demokratie wirklich eingeführt worden, obwohl sie immer diesen Augenschein zu erzeugen liebte. Stets hat sie der militärischen Macht bedurft, um die schwach gewordene Demokratie zu überwältigen. Der Mißbrauch der demokratischen Ausleseform ist viel geringer, als man in populären Schriften glauben macht.
Das wirkliche Auslesekriterium des Führers, das die demokratische Auslese fast immer entdeckt, ist fern von allen objektiven Merkmalen rein individuell. Es ist das tiefe und ständige **Verantwortungsbewußtsein** eines Mannes für seine Gemeinde oder sein Land.
Von den Bauernbürgermeistern habe ich schon einmal gesprochen; fast ausnahmslos wissen sie sich mit ihrer Gemeinde verwachsen, und deshalb sind sie tüchtigere Verwalter dieser Gemeindeangelegenheiten als irgendein vom Staat eingesetzter Beamter. Auch in der Kirchenverwaltung habe ich die gleiche Er-

---

[40] Laval, Pierre, frz. Politiker; 28.6.1883–15.10.1945 (wegen Kollaboration mit Deutschland hingerichtet).

fahrung gemacht. Unsere gewählten, durch ein Leben mit der Kirche verbundenen Kirchenpfleger machen ihre Sache weit besser, als es irgendein von oben ernannter und nach der Versetzung schielender Vertreter des amtlichen Apparats könnte.
Auf meine Jugend hat ein jüngerer Bruder meines Großvaters großen Einfluß ausgeübt. Er war einer der Gründer des landwirtschaftlichen Genossenschaftswesens in Bayern gewesen und hatte als Zentrumsabgeordneter[41] alle Stadien parlamentarischer

---

[41] Zentrumspartei, Partei des politischen Katholizismus im Bismarckreich, gegründet 1870, war im »Kulturkampf« scharfe Gegnerin Bismarcks und der Liberalen, löste sich im Juli 1933 unter dem Zwang Hitlers auf. Maximilian Graf von Soden-Fraunhofen, Gründer des landwirtschaftlichen Genossenschaftswesens in Bayern. Als Ergänzung sei hier eine Mitteilung des Architekten Alfred Graf von Soden-Fraunhofen aus Neustädtles vom 16.12.1998 eingeschoben: »Maximilian Freiherr von Soden-Fraunhofen, mein Urgroßvater, war der Großonkel Carl Oskars, erheblich jünger als dessen Vater. Ich weiß von meinem Vater, daß Carl Oskar diesen sehr engagierten Politiker und Katholiken bewundert und verehrt hat und wohl einige Verbindung mit ihm pflegte. Der Urgroßvater war ein vehementer Vertreter der Soziallehre der Kirche, im besten Sinn des Wortes ein ›Ultramontaner‹, Föderalist, Vorkämpfer für die Entwicklung des landwirtschaftlichen Genossenschaftswesens in Bayern und als solcher später 1. Präsident des Landwirtschaftlichen Vereins. Er war Parlamentarier des Zentrums, noch zu Zeiten Windthorsts, zu Ende des Kulturkampfes, einer der treuesten Diener König Ludwig III., der ihm von Studienzeiten in Tübingen her herzlich verbunden war und immer blieb. Er saß vielfach ›zwischen den Stühlen‹ zwischen Konservativen (= Liberalen) und Sozialdemokraten. 1911 wurde er zum Bayerischen Innenminister berufen. 1916 trat er wegen Auseinandersetzungen um die Ernährungsfrage gleichzeitig mit dem Kriegsminister zurück. König Ludwig erwies ihm in diesem Moment besondere Anerkennung und erhob ihn in den erblichen Grafenstand. – Vielen galt Maximilian Soden als Vorbild gelebten Christseins, zusammen mit seiner frommen Frau Fanny, die nach seinem Tod 1922 von München ganz nach Neufraunhofen zog. Sie ist sehr alt geworden, und ihr mögen Besuche Carls Oskars von Geisenhausen aus gegolten haben. Zweifellos hatte Carl Oskar sowohl geistlich wie politisch manche

Vertretung durchlaufen. Sein Leben lang war er als ein Kämpfer in der ersten Reihe derer gestanden, die die Freiheit der Kirche gegen den Staatsabsolutismus verteidigten. Seine eigentliche Bedeutung lag indessen auf einer anderen Seite. Er hatte seine Grenzen wie wir alle, aber er hat auf seinem Arbeitsgebiet sehr klar gesehen. Daß die Zukunft unserer bäuerlichen Landwirtschaft von ihrer genossenschaftlichen Organisation abhänge, daß die Wasserkräfte, der größte Schatz des Landes, für die Elektrizitätserzeugung staatlich ausgebaut werden müßten und nicht in die Hände privatkapitalistischen Gewinnstrebens fallen dürften, daß die theoretisch ausgedachten Kanalpläne und die ungeregelte Industrialisierung zur Vernichtung der Landwirtschaft und der übriggebliebenen mageren politischen Eigenständigkeit des Landes führen würden, war ihm im Unterschied zu vielen anderen Wirtschaftspolitikern bewußt. Vor allem jedoch fühlte er sich dem Land und Volk in allen entscheidenden Fragen **verantwortlich.** Er hat sich vor keiner Entscheidung in öffentlichen Dingen gescheut; er sah sich stets aufgerufen, Stellung zu nehmen, und hat das jederzeit ohne Rücksicht auf seine eigenen In-

---

Anregung von seinem Onkel erhalten und übernommen. Hinweisen möchte ich in diesem Zusammenhang auf eine starke Verbundenheit meines Urgroßvaters mit seinem Gutsnachbarn und politischen Gesinnungsverwandten Caspar Graf Preysing, dem Vater des späteren Bischofs von Berlin. Hier gibt es eine nahe geistige Verwandtschaft zu Bischof Ketteler, die sich als Vorbild niederschlug. Ich weiß von meiner Mutter, daß Carl Oskar in dieses Beziehungsgeflecht Soden-Preysing eingebunden war und dem Domprediger und späteren Eichstätter, dann Berliner Bischof Konrad besonders nahestand. Beiden gemeinsam war das staatswissenschaftlich-juristische Studium und die späte Berufung zum Priestertum. Konrad Preysing soll von dem jungen C. O. Soden sehr viel gehalten haben; beiden eigen war die frühe und radikale Ablehnung der »Bewegung«, seit mindestens 1923.

teressen so getan, wie die Wohlfahrt des Landes es zu fordern schien.

Die Deutschen haben zum größten Teil selbst nicht gewußt, was sie taten, als sie ihr Schicksal in die **unverantwortlichen** Hände eines Mannes[42] legten, der nirgends Zuhause war, der sich nirgends nur die kleinste Stellung geschaffen hatte, der sich für nichts verantwortlich fühlte als für das luftige Phantom, dessen Bild er von ein paar anderen ebenso entwurzelten Fanatikern übernommen hatte. Die Bezeichnung als »Theoretiker« ist für diese Leute zu gut; denn sie haben nie das getan, was die Grundlage des echten Theoretikers ist, nämlich die **Dinge** zu betrachten und aus ihnen Folgerungen zu ziehen. Sie sind viel eher Menschen des »grünen Tischs«, die aus halbverdauter Philosophie und mißverstandener Geschichte ein wirklichkeitsfernes Programm schmiedeten und deren alleinige Berührung mit der Realität darin besteht, daß sie sehr gut wissen, wie man finanzkräftige Einzelmänner und psychopathische Massen für dieses Programm einspannen muß. Man kann von diesen Leuten ohne Übertreibung sagen, daß sie nicht eine einzige große politische Frage sachlich zu durchdenken imstande sind. Die Mannschaft dieses größten Schwätzers – oder wie man in Amerika sagt – sein »gang« ist von der gleichen Art. Die Menschen, die ich aus ihnen kennen gelernt habe, waren meist entwurzelte, verschuldete, verkrachte, irgendwie im Leben verunglückte Eistenzen, ohne alle Religion und deshalb ohne alles Verantwortungsgefühl. Diese Leute waren alle entweder durchs Examen gefallen, oder sie hatten wenigstens einmal Konkurs gemacht. Durfte man von ihnen erwarten, daß sie nach dem Interesse von Land und Volk auszuschauen fähig waren, wenn sie sich entscheiden sollten?

---

42 Adolf Hitler.

Nur die ernsten, sachlich denkenden Männer, die von ihrem **Gewissen** in die Politik getrieben sind und die sich ihrem Volk verantwortlich verbunden fühlen, werden diesen Spuk beseitigen können. Auf dem europäischen Festland sind sie aber selten geworden. Auffallend, daß gerade der Enkel eines der bedeutendsten englischen Diplomaten und Feldherrn, der seiner Nation die wertvollsten Dienste geleistet hat, sich mit dem Amerikaner verbinden mußte, der wohl mehr als ein halbes Dutzend Mayflower-Männer[43] im Stammbaum zählt, Träger eines der größten Unternehmen der Geschichte, in denen sich das persönliche Einzelgewissen seiner Religion gegen den Staatsabsolutismus gestellt und dadurch mitgeholfen hat, eine neue Welt hervorzubringen.

Der **gute Hausvater**, der das Ideal der Römer war, wird immer der beste Staatsmann sein. Diese Studie ist über den Verdacht erhaben, dem Patriarchalismus zu dienen, und wir werden im nächsten Abschnitt die Grenze zu allen Arten von Patriarchalismus ziehen. Doch die psychologische Seite ist von der ontologischen wohl zu trennen; Familie und Staat gehören zu zwei verschiedenen Ordnungen; wer aber seine Familie gut zu regieren versteht, der besitzt Charaktereigenschaften, die ihn für die Regierung eines politischen Körpers wohl geeignet erscheinen lassen. Der Ehelose steht den Menschen und den Dingen häufig zu fern. Er geht zu gern in die Schule Hegels, der die Gedanken logisch weiter treibt, als es der Wirklichkeit und ihren Normen entspricht. Denn nichts ist anfechtbarer als die Hegelsche Gleichsetzung des Wirklichen mit dem Logischen. Ich zweifle deshalb, ob der Priester für gewöhnlich einen guten Staatsmann abgibt. Es hat Zeiten gegeben, wo das katholische Volk in

---

[43] Schiff, auf dem 1620 die Pilgerväter von Plymouth zur Massachusettbai (Marlborough) fuhren. Churchill und Roosevelt mit Vorfahren in Leiden.

Deutschland, in Italien, in Polen schwerlich andere politische Führer finden konnte als seine Priester. Damals war die politische Funktion des Priesters absolut notwendig. Das Ideal war sie nie. Der Priester ist sehr in Gefahr, die beiden Ordnungen zu verwechseln, von denen im ersten Abschnitt die Rede war. Sowie aber die Politik sich irgendwie in einer religiösen Rolle sieht, dämonisiert sie sich schnell, wie alle guten weltlichen Dinge, sobald sie auf einen Platz kommen, der ihnen nicht zusteht.

Am sichersten kann der rechte Mann gefunden werden, wenn er ich in der Leitung eines unteren Bunds bewährt. Der gute Hausvater, der im engeren Kreis der Gemeinde seine Fähigkeit zur politischen Führung erproben konnte, besitzt Anlagen, die ihn zur staatspolitischen Arbeit vorherbestimmen. Der Aufstieg eines Mannes **aus der gemeindlichen Selbstverwaltung,** wie er im vorhitlerschen Deutschland, in Frankreich, in der Schweiz, auch in England und den Vereinigten Staaten vielfach üblich war, ist zweifellos durchaus gesund. Selbstverständlich ist ein guter Bürgermeister noch lang kein guter Parlamentarier. Die Weite des Blicks und die Fähigkeit zur Entscheidung in ganz neuen und folgenschweren Dingen muß zu allen bisherigen Eigenschaften hinzukommen, wenn der Aufstieg vom Gemeinde- zum Staatsamt innerlich berechtigt sein soll. Daran hat es häufig bei den Aufsteigenden gefehlt. Indessen, der Weg von der Familie zur Gemeinde und zum Staat ist eines der treuesten objektiven Auslesekriterien, die sich uns darbieten.

Letzten Endes gibt es natürlich nur **eine** Art von Auslese, jene, die sich **ganz individuell** den Mann anschaut. Kein objektives Auslesekriterium kann von der subjektiven Prüfung des Einzelnen befreien. Keine Verfassung kann arbeiten, wenn sie auf hervorragende Männer verzichten will. Daß aber hervorragende Männer existieren, läßt sich von den allgemein gesellschaftlichen Zuständen nicht loslösen, wie wir bereits gesehen haben. Gewisse gesellschaftliche Zustände bringen keinen politischen Führer mehr hervor. Diese Beobachtung soll kein »Gesetz« bedeuten und keine Weltanschauung sein. Das Individuum kann sich immer über die gesellschaftlichen Zustände hinwegsetzen, und daraus schöpfe ich die Hoffnung, daß das europäische Festland, so sehr es heute der Diktatur verfallen scheint, seine demokratischen Führer wieder finden wird. Das Spenglersche Fatum ist nicht unvermeidbar.

Immerhin, die Aufgabe, die in einem solchen geistigen Zustand der Gesellschaft dem Individuum gestellt ist, wird so schwer, daß es sich für gewöhnlich nicht mehr durchzusetzen vermag. Dieses Buch will vor allem Normen aufstellen, Ethik bieten. Normen aber müssen immer irgendwie verallgemeinern. Das Individuum hingegen, das einen bestimmten gesellschaftlichen Zustand tatsächlich zu überwinden vermag, ist in überaus hohem Maß aller Verallgemeinerung entzogen. Wir betonen „tatsächlich«; denn die Diktaturen überwinden den gesellschaftlichen Zustand, dem sie ihr Dasein verdanken, nie wirklich; sie verschreiben immer nur Gifte, die nach einer kurzen Pause den Kranken weit schlimmer zurücklassen, als sie ihn fanden. Auch hier gilt die Wahrheit, daß »die letzten Dinge ärger sein werden als die ersten«.

Die überragende Stellung des Individuums, das sich gegen die sozialen Voraussetzungen durchzusetzen vermag, ist allgemein anerkannt. Ein gescheiter Amerikaner sagt uns, in allen kritischen Zeitpunkten der nordamerikanischen Geschichte hätten die großen Führer, von *Jefferson* angefangen über *Jackson*, *Lincoln* und *Wilson* bis zu *F. D. Roosevelt*, Geist und Buchstaben der Verfassung verletzt. Sie taten es, um den Grundgedanken der Verfassung zu erhalten. Ich glaube nicht, daß man in diesem Sinn von einer Verletzung des Geists der Verfassung sprechen kann. Vielleicht wäre es richtiger zu sagen, daß sie den Buchstaben der Verfassung in einer ungewöhnlichen Art individuierten. Das große Individuum ist eben in besonders hohem Maß der Verallgemeinerung entrückt, doch nie völlig über die Norm gestellt. Die weit gesteckte Grenze zu finden, bis zu der die Norm individuiert werden kann, ohne sie indessen aufzugeben, ist die große Kunst der Ethik. Wird die Norm verletzt, so folgt früher oder später stets die Tragödie. Wird sie bloß individuiert, so wird die sogenannte Revolution glücken. Nicht immer! Die Geschichte ist voll von Beispielen, daß das happy end einem solchen Versuch versagt war, von *Simon von Montfort*[44] angefangen bis zu *Kaiser Karls*[45] Plan, eine foederalistische Donaumonarchie zu schaffen.

Das Wirkliche ist aber im guten wie im schlechten Sinn von den Normen der Logik und der Ethik frei; erst durch den **Menschen** kann es ihnen unterworfen werden. Wem das nicht gelingt, der wird als Heide wie *Cato von Utica*,[46] *Brutus*[47] oder *Seneca*[48] enden, als Christ im Gefängnis oder im Exil sterben. Das Kriterium aber, daß die Norm individuiert, nicht verletzt wurde, ist der Wille, die Verfassung zu erhalten. Wer dem Grundgesetz seiner Persönlichkeit und seines Bundes treu bleibt, der kann sich sehr viel erlauben, ja dem wird sogar vieles verziehen werden. Der Treulose dagegen wird zum Verräter.

---

[44] Montfort, Simon Graf von, im Kampf gegen die Albigenser 1209–1218.

[45] Karl I., Kaiser von Österreich, König von Ungarn; Persenbeug 17.8. 1887–1.4.1922 Funchal (Madeira).

[46] Cato Uticensis, Marcus Porcius, röm. Staatsmann; 95–46 v. Chr. (Selbstmord).

[47] Brutus, Marcus Junius, einer der Mörder Caesars, 85–42 v. Chr. (Selbstmord).

[48] Seneca, Lucius Annaeus, philosophischer Schriftsteller und Dichter; 0–65 n. Chr. (Selbstmord).

Die großen geschichtlichen Bundesschlüsse zeigen alle den gleichen Charakter. Sie setzen einen neuen Anfang, der aus dem echten Alten geschöpft ist. Als *Werner Freiherr von Attinghausen,*[49] Erblandamman in Uri, in der Abneigung des Dynasten gegen erzwungene Beherrschung mit dem reichen *Werner Stauffacher* von Schwyz[50] und den Bauern der drei Waldstätten die *Eidgenossenschaft* gründete, waren sie vor allem darauf bedacht, die alten Freiheiten zu schützen. Denn immer sind die Freiheiten das Alte; das Herrschaftsverhältnis ist naturrechtlich neu und hat seinen Anspruch aus der Natur der Sache erst zu beweisen. Diese Männer, die auf ihrem Boden, in ihrem Land und Volk organisch gewachsen waren, lehnten es ab, von den Vögten beherrscht zu werden, die ihnen in unbegreiflichem psychologischen Mißverständnis von außen und oben ins Land geschickt waren und die nichts anderes vorstellten als Ministerialen. Sie wollten den kulturellen und materiellen Reichtum, den sie vertraten, nicht von Leuten regiert sehen, die kaum mehr besaßen als ihr Schwert. Die Schweiz ruht übrigens auf einem zweiten Bundesschluß, der nicht weniger wichtig ist als der erste. Auf der Höhe ihrer Machtentfaltung drohte sie, in einem hoffnungslosen Krieg aller gegen alle auseinanderzufallen. Das *Stanser Vorkommnis*[51] von 1481 hat den Frieden und die Eidgenossenschaft in der typischen Form des Bundes gesichert.

---

49 Werner II. von Attinghausen, Landammann von Uri; 1294–1321.

50 Werner Stauffacher, einer der sagenhaften Mitgründer der Eidgenossenschaft am Rütli. Hier knüpft Carl Oskar von Soden an eine in Marzling am 2. Mai 1937 gehaltene Predigt und ihr Thema an: Die Geschichte Bayerns als Heldenlied des Christentums.

51 Stanser Vorkommnis 1481; Stans im Kanton Nidwalden.

Die berühmte große **englische** Freiheitsbewegung, die zur *Magna Charta*[52] führte, ist etwas älter, aber staatsrechtlich und psychologisch völlig gleich geartet wie der Schweizer Freiheitsbund. Die Großen aus Adel, Kirche und Stadt waren es müd, sich vom König und seinen Kreaturen ausplündern und für sein Spiel ausnutzen zu lassen. Sie erinnerten sich der alten Rechte und schufen damit neues Recht. Die Männer, die sich zur *»Declaration of Independence«* am 4. Juli 1776 in Philadelphia zusammenfanden, waren mit Grund überzeugt, daß nicht sie, sondern König Georg III. und seine Minister die Verfassung gebrochen hatten.
In der **polnischen** Verfassungsgeschichte spielt der »Bund« eine wichtige Rolle. Leider hat man sich seiner erst erinnert, als die Grundlagen des Staatswesens ins Wanken gekommen waren und der ausländische Absolutismus das Leben des eigenen Staats zu bedrohen begann. Damals entdeckten die Patrioten im »Bund« die Urform alles staatlichen Lebens von neuem, allein es war zu spät Die polnische Freiheitsbewegung krankte an der gleichen Schwäche, an der die großartige bündische Entwicklung Deutschlands im Mittelalter zugrunde gegangen ist, sie ermangelte der freien, am Staat interessierten Bauernschaft. Die Gleichberechtigung beschränkte sich auf den Adel; das war zu wenig, um einen Staat zu tragen. Die berühmte Verfassung vom 3. Mai 1791 kam zu spät. Joseph *Conrad*[53] hat das in einer seiner schönsten Geschichten angedeutet; sein »Prinz Roman«[54]

---

[52] Magna Charta; das wichtigste altenglische Grundgesetz wurde am 15.6.1215 von Adel und Geistlichkeit König Johann ohne Land abgenötigt.

[53] Conrad, Joseph, eigentliche Korzeniowski, engl. Erzähler; Ukraine 6.12. 1857–3.8.1924 Bishopsbourne (Kent).

[54] »Prinz Roman«, Erzählung von Joseph Conrad.

taucht in der Revolution von 1830/1 unter, er kämpft als Pole, aber ohne den alten Führeranspruch seiner Familie.
In unseren Tagen war und bleibt die Hoffnung der zivilisierten Menschheit der **Bund der Völker.** Wir werden in einem späteren Abschnitt von der Problematik ausführlich zu sprechen haben, die sich hier auftut. Soviel ist jedenfalls sicher, daß allein der ehrlich gemeinte Bund der großen Staaten einen Frieden der Ordnung gewährleisten kann, wie ihn die Menschheit seit den Tagen des ersten Weltkriegs ersehnt. Alte Rechte, die längst hätten realisiert werden sollen, müssen hier gegen die jüngere Souveränität wieder aufgerichtet werden. Wenn auch der Grundstein dieses Bunds gegen das unberechtigte Hegemonialstreben des einen und gegen die egoistische Gleichgültigkeit des anderen nur von einer Hegemonie gelegt werden kann, so wird der weitere Bau einzig auf der Gleichberechtigung der Glieder beruhen. Das hat die *Atlantic-Charter*[55] vom August 1941 klargemacht. Ihrem Wesen nach war sie eine Handlung hegemonischer Art, ausgegangen vom Bund der beiden stärksten Ordnungsmächte. Aber sie bekennt sich zum Grundsatz der Gleichberechtigung aller Völker im Zugang zu den Rohstoffen der ganzen Welt.
Die Bedeutung des Bunds erschöpft sich indessen nicht auf dem Gebiet der politischen Sozialbildung. Die Ehe ist so alt wie die Menschheit selbst, und das mächtigste Werkzeug, die jüngste Problematik der Menschheit zu lösen, ist wieder der Bund. Es gibt keine Antwort auf die **soziale Frage** ohne den Bund der Arbeiter, der in unserer Zeit die Gestalt der **Gewerkschaft** angenommen hat. Das freie Koalitionsrecht der Arbeiter steht am Tor aller Lösungsmöglichkeiten. Es ist eine Ehre für den letzten

[55] Atlantik-Charta, am 12.8.1941 auf einem amerikanischen Kriegsschiff zwischen Churchill und Roosevelt vereinbartes Programm über die künftige Weltordnung.

katholischen Reichskanzler in Deutschland, daß er in der Verteidigung dieses freien Koalitionsrechts gefallen ist, und nichts ist charakteristischer für Hitler, als daß eine seiner ersten Taten war, dieses Koalitionsrecht zu vernichten. Daß die Arbeiterkoalition zur Koalition der Unternehmer drängt, ist kein Schaden, solange beide den Weg zum runden Tisch finden. Wahrscheinlich ist die geschlossene Organisation der beiden Seiten der sicherste Weg zur berufsständischen Ordnung, die in der Enzyklika »Quadragesimo anno«[56] angedeutet ist, nachdem »Rerum novarum«[57] wichtigste Kräfte für die Koalitionsfreiheit mobil gemacht hatte.

Natürlich wird Sozialpolitik nie auf die gesetzgebende Macht des Staats verzichten können, die berufen ist, für den Arbeiterschutz zu sorgen. Die Gesetzgebung des politischen Körpers wird mehr und mehr ihr Schwergewicht im Völkerbund finden; denn der universalste politische Körper ist in erster Linie berufen, das Recht zu schaffen, das die Beziehungen von Kapital und Arbeit regiert. Darum ist es ein großes Glück, daß das Internationale Arbeitsamt über die Krisis des Genfer Völkerbunds hinüber gerettet worden ist. Indessen, die staatliche Gesetzgebung vermag nie das zu ersetzen, wozu die Selbsthilfe berufen ist. Die staatliche Gesetzgebung ist immer nur subsidiär; zuerst ist der Bund der Arbeiter zuständig, für seine Glieder den Weg zu finden, der nach oben führt. Sicher haben die Gewerkschaftsführer versagt, wenn sie vor Fragen der großen Politik gestellt wurden. Auf dem europäischen Festland war es fast ausnahmslos so und in Amerika jedenfalls wenigstens teilweise. Doch das ist kein Einwand gegen die Gewerkschaften als solche. Man kann einem

---

[56] »Im 40. Jahr«, Enzyklika Pius' XI. vom 15.5.1931 über die katholische Soziallehre.

[57] Rerum novarum, Enzyklika von 1891.

tüchtigen Arzt das Gute, was er als Arzt getan hat, nicht absprechen, weil er etwa als gewählter Abgeordneter nichts zu leisten imstande war. Gewöhnlich in den letzten Jahren haben wir wohlmeinende und selbst leistungsfähige Männer auf dem Meer der Politik stranden sehen, während sie auf dem See ihres begrenzten Arbeitsgebiets Vorzügliches zuwege gebracht hatten. Die Regel, daß man die eigene Kraft nicht überschätzen und überspannen darf, gilt nicht bloß für die Gewerkschaftsführer, sondern für alle Arten von Menschen.

Auf dem europäischen Festland hat der religionsfeindliche Komplex der Sozialisten die einheitliche Gewerkschaftsbewegung verhindert, die an sich notwendig war. Man konnte den christlichen Arbeitern nicht zumuten, für den plumpen Materialismus und die Staatsomnipotenz Beiträge zu zahlen, wie sie von den sozialistischen Führern vertreten wurden. England war in diesen wie in anderen Beziehungen glücklicher. Das closed-shop System, nur auf der Grundlage einer geschlossenen Gewerkschaftsbewegung denkbar, in England als gesetzliche Regel verboten, wird hier praktisch gerade von den Unternehmern gefördert. Unsere Hoffnung ist, die einheitliche Gewerkschaftsbewegung solle dort, wie auch auf dem europäischen Festland möglich werden, nachdem die Diktaturen die Arbeiter in eine Einheitsorganisation gepreßt haben, die nichts anderes als ein Affe der Gewerkschaftsbewegung sein konnte. Die Sozialpolitik in den Vereinigten Staaten wird ihre Ziele nicht erreichen, solang dort die Gewerkschaftsbewegung gespalten bleibt. Die Einheitsorganisation ist das Gegenteil des Bunds: eine vom Staat den Menschen übergestülpte Anstalt, mit Führern, die vom Staat eingesetzt und besoldet und die bis ins Kleinste an die Weisungen der staatlichen Autorität gebunden sind.

Natürlich **integriert** der Bund auf eine gewisse Weise seine Glieder. Er erzeugt einen **neuen Körper**, der seinen Gliedern selbständig gegenübertritt; die Glieder wollen ja ein solches Wesen schaffen. Er ist grundsätzlich verschieden von jeder Art der Gesellschaft oder von deutschrechtlichen Gesamtlandverhältnissen; die Konstruktion des ehelichen Güterrechts vermag durchaus keinen Aufschluß über das Wesen der Ehe selbst zu geben, die ja ungleich weiter und tiefer reicht als die materiellen Beziehungen zwischen den Ehegatten. Daß ein Bund besteht, hängt, wenn er einmal geschaffen ist, nicht mehr von dem Willen der Glieder ab. Bloß, wenn eines der Glieder den Bund bricht, werden die anderen von ihm frei; in der Ehe selbst dann nicht, weil sie aufgrund der einzigartigen menschlichen Nähe, die sie bewirkt, allein zwischen zwei Menschen würdig sein kann. Der Bund beruht nach dem Bundesschluß nicht mehr auf dem Willen der Teilnehmer. Er hat einen eigenen Willen, der allerdings aus dem gemeinsamen Willen der Teilnehmer erwächst, aber Eigenwille, Bundeswille ist. Im übrigen behält der Einzelne seine volle Selbständigkeit, seine Eigenart als persönliches Individuum. Insofern ist die **Integration** durchaus **begrenzt**. Doch davon wird in einem späteren Abschnitt noch ausführlich die Rede sein.

Der Staat

I. Der Sozialvertrag

Der Staat ist eine **Art** des Bundes. Er ist potentiell in **jedem** Menschen. Der Staat ist eine Norm, die vom Menschen erfüllt werden soll, wie alle anderen Normen, die im Menschen leben und die er in sich und in den anderen zur Auswirkung zu bringen hat. Es gibt **keine** Normen, die **über** dem Menschen schweben, also tut es auch der Staat nicht. Die Norm des Staats aktualisiert sich meist; der Mensch soll den Staat schaffen und ihn erhalten.

Selten nur bleibt die Norm des Staats, ohne sich zu aktualisieren. Robinson Crusoe ist eine Ausnahme, vielleicht bloß eine Dichtung. Es ist auch kaum richtig zu sagen, daß die **Familie** dem Gemeinschaftsstreben des Menschen genüge. Der Wille zur Gemeinschaft erschöpft sich in der Familie nicht. Die Familie bedarf eines Verbands, der über sie hinaus gelegen ist, und der Einzelne in der Familie bedarf seiner. **Ein** politischer Verband wenigstens muß auch jenseits der Familie geschaffen werden, mag man ihn nun Gemeinde oder Staat nennen. Die Scholastik[58] spricht mit Grund von der Familie als einer societas imperfecta, während sie den Staat als societas perfecta bezeichnet. Vielleicht ist es besser, von dem politischen Verband als der »societas perfecta« zu reden, damit es klar wird, daß die ganze Stufenleiter der Gemeinde über den Staat bis zum »Überstaat«, bis zur universalen politischen Völkerorganisation gemeint ist. Weil das Wort auf den ersten Blick besser begriffen wird, haben wir für diesen Abschnitt die Üerschrift »Staat« gewählt. Natürlich ist

---

[58] In den Schulen des MA ausgebildete Theologie und Philosophie, sowie deren Weiterentwicklung in der Neuzeit.

darunter die Gemeinde genau so verstanden, wie das Gebilde, das wir mit einem verhältnismäßig jungen Wort den »Staat«, heißen, und nicht weniger ist darin eingeschlossen, was jenseits unserer heutigen Staaten als übernationale universale Rechtsorganisation aller Völker kommt.
In diesem Sinne ist **Staat jenseits der Familie notwendig.** Es ist deshalb kaum richtig, den Staat als eine große Familie zu bezeichnen. Zwischen Bürgermeister und König oder Präsident ist lediglich ein quantitativer Unterschied.
Der Staat des einen ist größer als jener des anderen. Der Unterschied kann übrigens auch umgekehrt sein; der Mayor[59] von New York hat mehr Volk und Land zu verwalten als manches europäische Staatsoberhaupt. Zwischen Vater und Bürgermeister, Vater und König verläuft dagegen eine andere qualitative Unterscheidungslinie. Ihre Stellung und ihre Aufgaben sind wesentlich andersgeartet. Die Familie ist selbstverständlich die Zelle des Staats, die wichtigste Stufe zum Staat, doch sie ist nicht der Staat selbst. Wer in der Familie und zur Familie erzogen ist, wird damit in hohem Maß schon für den Staat erzogen sein. Die Grundlage aller staatsbürgerlichen Erziehung ist die Familienerziehung. Darüber braucht weiter kein Wort verloren zu werden. Daß der gute Hausvater am wahrscheinlichsten die Eigenschaften zum Staatslenker besitzt, wurde im vorigen Abschnitt gezeigt. Auch ontologisch und normativ besteht die gleiche Beziehung. Der Staat kann ohne Familie nicht bestehen. Die Familie zu sichern und zu stärken wird daher eine der ersten Aufgaben guter Staatspolitik sein. Deshalb kann der Staat kaum genug tun, um die Eheschließung zu erleichtern und um gute Wohnungen zu schaffen, die das Familienleben möglich ma-

[59] Mayor, oberste Magistratsperson, Bürgermeister in England und in den Vereinigten Staaten von Amerika.

chen. Allein die Aufgaben der Familie und des Staats liegen auf zwei verschiedenen Ebenen. Man könnte sagen, die Aufgaben der Familie seien mehr intensiv, die des Staats mehr extensiv. Die Familie hat die Macht, tiefer an den Menschen zu rühren. Das Zusammenleben in der Ehe und jenes zwischen Eltern und Kindern erfaßt innere Schichten des Menschen, die dem Staat verschlossen bleiben sollten. Wenn sich der Staat hier einmengt, so mißbraucht er seine Macht. Die Aufgaben des Staats sind ungleich weiter ausgedehnt, indes sie gehen dem Einzelnen nicht so nah. Wenigstens sollte es so sein; die Liebe seiner Frau, die Entwicklung seines Kindes sollte dem Mann mehr Interesse abgewinnen als der Steuerzettel oder das Wahlergebnis. Die Menschenrechte in Familie und Staat sind verschieden. Der Vater hat kein Parlament zur Seite, der Staat – gleichviel ob von einem Präsidenten, König, Landammann oder Bürgermeister geleitet – krankt, wenn seine Glieder nicht irgendwie an der Regierung beteiligt sind. Unter bestimmten Verhältnissen ist die Familie die erste Produktionsgemeinschaft. Das ist in der bäuerlichen Wirtschaft so. Doch auch hier stellt sich sehr bald die Grenze ein, die tatsächlich nicht bloß zahlenmäßigen Charakter hat. Die Zahl der Arbeiter auf manchem Bauernhof wird zu groß, als daß die Familie alle absorbieren könnte. Ich will hier durchaus nicht die jetzigen Zustände als Beweis heranziehen, in denen das Element der menschlichen Beziehungen von Arbeitgeber und Arbeitnehmer in gleichem Maß vernachlässigt wird und in denen die unselbständige Landarbeit als notwendiges Übel gilt; diese Zustände sind krankhaft und werden ohne weitgehende Reformen an Leib und Seele, an Individuen und Gesellschaft nicht wieder gesund werden. Doch selbst in der gesündesten Agrarwirtschaft, selbst bei den besten menschlichen Beziehungen vermag die Familie auf die Dauer nicht das zu leisten, wozu eine andere Gemeinschaft berufen ist. Diese Wahrheit gilt erst recht in der modernen Industriewirtschaft. Das menschliche Element, das eine patriarchalische Gestaltung der Beziehungen am ehesten ermöglichen könnte, wird hier durch die Masse ausgeschlossen. Es ist klar, daß diese Masse wieder gegliedert und in menschliche Gemeinschaften aufgelöst werden muß, wenn wir zu irgendeinem sozialen Fortschritt gelangen wollen. Wie das geschehen kann, wie hier technische, soziale und individuelle Faktoren zusammenwirken müssen, um neue Gestalten zu schaffen, das ist heute noch unklar und wahrscheinlich das schwierigste aller sozialen Probleme in unserer Zeit. Klar ist allein der Mißstand und das Ziel, auf das wir lossteuern müssen. Die Masse, sei es in Werkstatt, Großstadt oder Pfarrei, vernichtet ja jede Gemeinschaft, sie ist – wo sie herrscht – das unüberwindbare Hindernis aller Religion und aller Demokratie. Doch die Gemeinschaften, die die Masse beseitigen sollen, können Unternehmer und Arbeiter nicht individuell verbinden, ganz einfach weil im Industriebetrieb die Zahl der Arbeiter zu groß ist, um mit dem Unternehmer in Beziehungen zu treten. Damit ist durchaus nicht gesagt, daß diese Gemeinschaften lediglich staatlicher Art sein können oder gar bloß staatliche Anstalten, wie sie der Nationalsozialismus zur Bewältigung dieser Fragen eingesetzt hat. Aber es sind Gemeinschaften, die weit über die Familie hinausreichen und die wahrscheinlich ohne die Stütze des Staats nicht zu dauern vermögen. Kein Zweifel, die Liebe regelt die menschlichen Verhältnisse auf eine ungleich bessere Art als das Recht. Allein, die Menschen sind nicht imstand, auf das Recht zu verzichten und auf die Macht, die spezifisch dem Recht, seiner Satzung, Erhaltung und Verwirklichung dient, auf den Staat. Davon wird noch später die Rede sein.

Geschichtlich ist *Jakob I.*[60] der wichtigste Vertreter der patriarchalischen Staatsauffassung. Praktisch war er kein Patriarch, das wäre im England seiner Zeit auch gar nicht möglich gewesen. Seine Auffassungen und seine Regierungskünste sind sehr stark von mißverständlichen theokratischen Gedanken beeinflußt, wie sie später wieder in der Ideenwelt der Hohenzollern auftauchen. Im Licht dieser Gedanken schmückt er sein Königsamt mit religiösen Elementen; in Wahrheit diente ihm die Religion zum Ausbau einer absolutistischen Herrschaft, wie es die Tudors[61] vor ihm angebahnt hatten. Sein Streben nach religiöser Einheit ist unzeitgemäß; seit *Luther* auf der einen, *Karl V.*[62] auf der anderen Seite gibt es in Europa keine religiöse Einheit mehr, und jeder staatliche Versuch, sie wiederherzustellen, führt zu unerträglichem Druck und zu jenem unmöglichen Okkasionalismus, von dem wir bereits gesprochen haben. *Karl I.*[63] von England, der die heiße Suppe auszuessen hatte, büßte mehr für seinen Vater und die Tudors als für seine eigenen Fehler. Nicht ohne Grund sehen wir *Jakob I.* in der bitteren staatsethischen Auseinandersetzung mit *Bellarmin*[63a] und *Suarez*[64]. Wohin in Wirklichkeit König *Jakobs I.* Staatsphilosophie leitete, zeigt der größte

---

60 Jakob I., seit 1603 König von England, Sohn der Maria Stuart und Lord Darnleys.

61 Tudor, engl. Königshaus, das von 1485–1603 regierte.

62 Karl V., römisch-deutscher Kaiser (1519–1556); Gent 24.2.1500–21.9.1558 San Geronimo de Yuste.

63 Karl I., König von England (1625–49), Sohn Jakobs I.; 19.11.1600–30.1.1649.

63a Bellarmin, Robert, 4.10.1542–17.9.1621; Jesuit, Kardinal, Erzbischof von Capua. Hauptwerk: Disputationes de controversiis christianae fidei adversus huius temporis haereticus.

64 Suarez, Francisco, 5.1.1548–25.9.1617; Jesuit, führender Theologe der spanischen Scholastik.

englische Denker seiner Epoche, *Thomas Hobbes,* [65] mit erschreckender Deutlichkeit. Niemand hat den Staat mit ärgerem Zynismus aufgefaßt als er. Wenn *Karl Marx*[66] zweihundert Jahre später die Moral materialisiert hat, so war seine Lehre um kein Haar schlechter als die des *Hobbes*, der die Moral zum ersten Mal sozialisiert und den Staat zu ihrer Norm gemacht hatte.

Der spätere Patriarchalismus zeigt ungleich angenehmere Züge. Karl Ludwig von *Haller*,[67] der gescheiteste und wertvollste aller Denker unter den »Restauratoren«, hat aus dem Schweizer Boden geschöpft, wo die patriarchalen Anschauungen am echtesten waren, weil hier die Enge der menschlichen Beziehungen Staat und Familie am meisten angerührt hatte. Immerhin ist selbst der kleinste Schweizer Kanton zu Hallers Zeit oder auch hundert Jahre früher wesentlich von der Familie verschieden gewesen. Dem Schweizer antwortete der Österreicher. In dem kleinen Österreich der zwanziger Jahre nach dem ersten Weltkrieg hat Ernst Karl *Winter*,[68] einer der feinsten Soziologen dieser Epoche, patriarchale Ideen entwickelt. Seine patriarchale Lehre hängt wohl eng mit seinem Platonismus zusammen. *Metternich*[69] und *Gentz*,[70] die zwei bedeutendsten Vertreter des großösterreichischen Gedankens, sind im Grund keine patriarchalen Politiker gewesen. Sie waren große Diplomaten und verstanden, das Europa der nachnapoleonischen Zeit auf einem festen und

---

[65] Hobbes, Thomas, engl. Philosoph; 5.4.1588–14.3.1679.

[66] Marx, Karl, Begründer des Marxismus; Trier 5.5.1818–14.3.1883 London.

[67] Haller, Karl Ludwig von, politischer Schriftsteller; Bern 1.8.1768–20.5.1854 Solothurn.

[68] Winter, Ernst Karl, österr. Soziologe; Wien 1.9.1895–4.2.1959 ebd.

[69] Metternich, Clemens, Fürst von, österreichischer Staatsmann; Koblenz 15.5.1773–11.6.1859 Wien.

[70] Gentz, Friedrich von, Publizist; Breslau 2.5.1764–9.6.1832 Weinhaus bei Wien.

verhältnismäßig sehr dauerhaften Frieden zu begründen. Sie haben völlig klar erkannt, daß der junge Nationalismus sich einem höheren Prinzip der Ordnung einfügen müsse. In dieser Einsicht waren sie den Männern weit überlegen, die hundert Jahre später den Versailler Frieden zu machen hatten. Ihr Fehler lag darin, daß sie die deutsche und wahrscheinlich auch die slawische Frage nicht erkannten. Sie wußten keine konstruktiven Lösungen dafür. Sicher war ihr Denken zu sehr außenpolitisch, wie man heute sagen würde, zu wenig innenpolitisch abgesteckt. Ihr Denken übersprang Dinge, die nicht übersprungen werden durften. Vielleicht hätte ihnen ein wenig mehr Patriarchalismus manche Ziele gezeigt, die für ihre Arbeit wichtig waren. Tatsächlich ist der Patriarchalismus dieser Zeit mehr in Norddeutschland zu Haus gewesen und natürlich auch in Frankreich, wo er am **Traditionalismus** Lamennais'[70a] die philosophische Grundlage fand.

Der **Kolonist**, der in den Urwald geht, gehört in den Bereich des Staats. Er erhält den Staat, wie umgekehrt der Staat auch ihn, wenigstens dadurch, daß er irgendwie staatlich subventioniert ist und daß er seine Erzeugnisse auf den Markt schickt; denn der Markt ist eine ganz wesentliche staatliche Erscheinung. Sehr wenig Zustände sind denkbar, in denen die Menschen nicht durch einen über die Familie hinausreichenden Körper verbunden sind. Der Staat ist also regelmäßig *gleichzeitig* mit dem Menschen. Natürlich kann es Robinsons geben, und deshalb wäre es möglich zu sagen, daß der Mensch **ontologisch** vor dem Staat da ist; auch die Wüstenväter haben ohne Staat gelebt, allerdings nicht ohne Kirche. Aber dem steht entgegen, daß – wie bereits ausgeführt – wenigstens potentiell der Staat in jedem

[70a] Lamennais, Hugues Félicité Robert, theol. philosoph. Schriftsteller; Bretagne 19.6.1782–27.2.1854 Paris.

Menschen vorhanden ist. Jeder Mensch hat die Kraft, die Norm des Staates, wenn sie sich aktualisiert, zu verwirklichen. Der Mensch kann freiwillig auf den Staat verzichten, so wie er auf Ehe und Familie im Dienst der Übernatur verzichten darf; der Verzicht auf den Staat ist freilich sehr viel schwerer als jener auf die Familie. Allein das ist eine Ausnahme von der Regel der Natur, die uns in diesem Buch nicht beschäftigt. Warum der Einzelmensch **normativ vor** dem Staat ist, wurde schon im vorigen Abschnitt gezeigt.

Ist der Staat **wirklich** als Bund entstanden? Ist die Lehre vom **Staatsvertrag** historisch richtig? Im Grunde genommen kümmert uns diese Frage ebenso wenig wie sich *Rousseau* für sie interessiert hat. Denn nicht mit der historischen Entstehung, sondern mit der **ontologischen** und **normativen** Begründung des Staats haben wir zu tun. Unsere Frage bezieht sich nicht auf die genetische Seite des Problems, die in den meisten Fällen sehr weit zurückliegt. Wir wollen das Problem – wie es jedenfalls auch *Rousseaus*[71] Anliegen war – als konstitutionelles Problem erfassen. Immerhin seien über die historische Seite einige Bemerkungen erlaubt. Eine Schule von Denkern will den Staat durch den **Krieg** entstanden sehen. Das ist falsch. Denn Krieg kann nur der schon konstituierte Staat führen. Unrichtig ist es, den Krieg als das Kriterium des Staats zu betrachten, wie Carl *Schmitt*[72] lehrt. Aber ein Kriterium des Staats gegenüber der Familie ist er sicher. Der Staat ist vor dem Krieg. Der Patriarch oder Häuptling, der Krieg führt, ist wenigstens ebendeswegen Staatsoberhaupt. Selbstverständlich ist es schwer, die Grenze zwischen der patriarchalen Großfamilie und dem Staat zu zie-

---

71 Rousseau, Jean-Jacques, frz. Schriftsteller und Philosoph; Genf 28.6.1712–2.7.1778 Ermenonville.

72 Schmitt, Carl, Staatsrechtslehrer in Greifswald, Bonn, Köln, Berlin; 11.7.1888–7.4.1985.

hen. »Diese Familie ist jetzt ein Staat geworden«. Man wird in der Geschichte, erst recht in der Vorgeschichte, sehr schwer einen Punkt finden, von dem eine solche Aussage erlaubt wäre. Wie fast immer im menschlichen Leben handelt es sich nur um eine lange Entwicklung, an deren Anfang die Familie und an deren Ende der Staat steht. Sicher verdienen diese beiden Endpunkte eine solche begriffliche Einordnung. Wo auf der Strecke zwischen beiden die Grenze verläuft, kann wohl nur im konkreten Fall entschieden werden. Das Leben begrifflich so durchzukonstruieren, daß für jede soziale Erscheinung sofort ein Begriff zur Verfügung steht, ist der nie endende Versuch der Juristerei, und sie kann dabei nicht auf Fiktionen und Praesumptionen verzichten. Das muß sie, weil sie mit Begriffen zu arbeiten hat und weil sie das wirklich Individuelle nicht adäquat zu erkennen vermag. Jede Individuation ist – wie schon angedeutet – nur annähernd richtig. Wir haben hier nicht die Absicht, den Schritt vom Abstrakten zum Individuellen zu tun, bei dem der menschliche Geist in die gleiche Aporie[73] verfällt, wie bei dem umgekehrten Vorgang, vom dem konkreten, sinnlich gegebenen Individuum auf das Universale und Abstrakte zu schließen. Für uns genügt es hier festzustellen, daß auf der Grenze, wo die patriarchalische Großfamilie zum Staat wird, der **einzelne Mann** sich sehr wohl die **Frage** vorlegen **kann** und häufig auch vorlegen **wird**, ob er nun **seinen Bund** mit der anders werdenden Gemeinschaft **aufgeben** oder **aufrecht erhalten** will. Erhält er ihn aufrecht, so hat er stillschweigend den neuen Staat als Bund begründen helfen. Wir möchten glauben, daß der energische Mann gerade auf dem Weg von der Familie zum Staat Gelegenheiten findet, wo er bewußt und frei Stellung nimmt. Bei den Staatsgründungen, die uns aus der Geschichte bekannt sind, ist das je-

[73] Aporie – Verlegenheit, Ratlosigkeit, Unschlüssigkeit.

denfalls ausnahmslos der Fall. Die Juden, die sich an Moses anschlossen, um Ägypten zu verlassen, ebenso wie die zehn Stämme, die Jerobeams[74] Nordreich in den Sattel setzten, die Schweizer Landgemeinden ebenso wie die Männer von der Mayflower, die sieben holländischen Provinzen, die den Kern der selbständigen Niederlande bildeten, ebenso wie das polnische Nationalkomitee in Paris oder die Gefolgschaft *Pilsudskis*,[75] die das neue Polen schufen, wußten alle genau, was sie wollten und taten. Vielleicht wird eingewendet, daß es sich bei allen diesen Staatsgründungen jeweils um Neubildungen handelt, die durch Lösung von einem bereits bestehenden Staat erfolgten. Das ist richtig. Andere Staatsgründungen hat es in geschichtlicher Zeit keine gegeben, und wir werden auch keine anderen mehr erleben. Doch man darf annehmen, daß die Kräfte, die hier entscheidend auftreten, als die Grundkräfte **aller** Staatsbildung des Individuums anzusehen sind. Die bewußte und freie Zustimmung des Individuums als die Basis jeder Gemeinschaft ist der richtige Kern der Staatsvertragstheorie.

Tatsächlich bestreitet keine Ethik dem Individuum das Recht, den Bund zu **kündigen**, wenn die Bundespflicht von den anderen Verbündeten ernstlich verletzt worden ist. Über das Maß des Widerstandsrechts gegen die bundesbrüchige Staatsgewalt ist zu allen Zeiten gestritten worden. Wir wollen diese Frage hier nicht entscheiden; es genügt, daß wir uns in vollem Umfang mit dem Naturrecht identifizieren, das ein wirklich großer Deutscher im »Wilhelm Tell« niedergelegt hat. Aber abgesehen davon, ist es allgemein anerkannt, daß der **Einzelne, wenn ihm die Bundestreue gebrochen ist, aus dem Bund ausscheiden kann.**

---

[74] Jerobeam I. (926–907 v. Chr.), König der zehn Nordstämme Israels.

[75] Pilsudski, Jósef, polnischer Staatsmann: 5.12.1867–12.5.1935.

Selbst die wildesten Theoretiker der Gewalt wagten dieses Recht nicht zu bestreiten.
Der »Augsburger Religionsfriede«[76] von 1555, in der Zeit des ärgsten Staatsabsolutismus und des dunkelsten Aberglaubens an die kriminalistische Allmacht des Staats entstanden, sieht die Möglichkeit der Auswanderung vor. Der politische Zynismus unserer Tage gibt dieses Recht hohnlächelnd zu, weil er annimmt, niemand werde sein Gewissen so hochstellen, um auszuwandern, wenn er nicht materiell dazu gezwungen sei – eine der vielen großen Unterschätzungen des Individuums, mit denen sich dieser Zynismus sein Grab selber schaufelt. Die amerikanische »Declaration of Independence« hat den ganzen Komplex in klassischer Weise umschrieben, wenn sie sagt: »Nicht leicht wird ein Volk den Weg der Trennung gehen. Allein, wenn eine lange Kette von Mißbräuchen und Gewalttätigkeiten immer mit demselben Ziel dazu zwingt, das als absoluten Despotismus zu erkennen, dann ist es das Recht des Volkes, ja seine Pflicht, diese Regierung zu stürzen und sich neuen Schutz für seine Freiheitsrechte zu verschaffen.«
Das Recht, **den Bund zu verlassen,** wird dem Individuum deswegen zuerkannt, weil es frei daran beteiligt war, den Bund zu bilden. Es ist **autonom** gewesen, den Bund zu schließen, es ist ebenso autonom, den gebrochenen Bund aufzugeben. Der Bruch der Bundesnorm gibt ihm seine Autonomie zurück.
Diese **Autonomie** muß richtig verstanden werden. Hier ist der Ort, wo sich unsere Wege von denen *Rousseaus* scheiden. Es ist nicht Sache menschlicher Willkür, den Staat zu gründen oder ihn ungegründet zu lassen. Die Norm, die die Staatsgründung

---

[76] Augsburger Religionsfriede, am 15.9.1555 im Reichsabschied getroffene Vereinbarung zur Befriedung in den Konfessionskämpfen nach der Reformation.

fordert, aktualisiert sich an einer bestimmten Stelle der sozialen Entwicklung und dann muß sie erfüllt werden, wenn der Mensch dieser seiner Norm treu bleiben will. Haben die sozialen Verhältnisse eine gewisse Reife erreicht, dann verlangt das **Recht** nach dem Staat, und so ist **Unrecht,** sich seinem Ruf zu verschließen. Es ist Unrecht, ohne Staat zu bleiben, sobald die **Natur der Dinge** bloß vom Staat und im Staat befriedigend und vernünftig gesichert werden kann. Das Individuum, das sich an der entsprechenden Stelle seines Lebensweges der Familiengründung aus egoistischen Motiven entzieht, handelt schlecht. Genauso schlecht handeln die Individuen, die sich der Staatsgründung entziehen, wenn die gesellschaftliche Lage nach dem Staat schreit. Selbstverständlich gilt das nicht nur für die erste Staatsgründung, sondern ebenso für eine zweite Staatsgründung, die darin besteht, sich vom alten Staat zu trennen, weil sein »Despotismus« solche Trennung als ethische Pflicht aktualisiert. Das Individuum steht demnach unter dem Gesetz der Natur; ihm gegenüber ist es erlaubt, von einer Heteronomie (Abhängigkeit von fremden Gesetzen, Unselbständigkeit, Gegensatz zur Autonomie) zu sprechen. Es ist letzten Endes die Heteronomie des Menschen vor dem Schöpfer und Lenker der Natur, vor **Gott**. Heteronom kann der Mensch nur vor dem sein, der ihn geschaffen hat, von dem er seine Individualität besitzt und der ihn in die Natur, in seinen sozialen Umkreis sandte. Nie ist ein Mensch gegenüber einem anderen Menschen heteronom. Er kann ihm gegenüber durch seinen eigenen freien Entschluß, durch den Bund und die Geschichte, die dem Bundesschluß folgt, nur heteronom **werden.** Wir erinnern uns an das, was über die natürliche Gleichberechtigung des Menschen im vorigen Abschnitt gesagt wurde. Daß die Heteronomie vor Gott zum guten Teil Autonomie bedeutet, weil es das Gesetz des **eigenen** Inneren zu verwirklichen gilt, weil das Gesetz, wie wir es angedeutet haben, im Menschen vorhanden ist, weil die Individuation des Rechts jene individuelle Norm zustandebringt, die das für mich gerade in meiner Situation Richtige enthält, gehört zur individuellen Ethik und reicht deshalb über den Rahmen dieses Buchs hinaus.

Die Auffassung des Sozialvertrags, die hier niedergelegt ist, entspricht der Lehre des *Suarez*[77] und ist von ihm an in den katholischen Schulen des Naturrechts herrschend geblieben. Neben dieser ersten Beschränkung der individuellen Willkür steht eine zweite. **Nie** vermag die im Bund zustandegekommene Macht die Glieder ihrer **natürlichen Rechte** zu **berauben**. Es gibt kein »pouvoir général«,[78] das allmächtig wäre. Die Positivierung, die im Bundesschluß gegeben ist, kann sich niemals über jenen natürlichen Kreis individueller Eigenrechte hinwegsetzen, den das Naturrecht dem Individuum gewährleistet. Deswegen war die Methode des Konvents in der Französischen Revolution schon formal falsch, ganz abgesehen von ihren materialen Verirrungen. Deswegen ist der Positivismus des 19. Jahrhunderte falsch, der glaubt, durch positive Gesetzgebung könne Naturrecht aufgehoben werden. Wenn es tatsächlich nach dem Bundesschluß einen zweiten sogenannten Unterwerfungsvertrag gibt, wie ihn *Hobbes* erdachte, so hat er durchaus nicht die Macht, Rechte zu vernichten, die dem Menschen von Natur zustehen. Kein Unterwerfungsvertrag, keine noch so gelungene Positivierung ist fähig, die Diktatur als Dauerzustand rechtlich zu begründen. Es gibt kein Recht, des Despotismus. Kein Mensch kann sich seiner Menschenrechte entäußern, weder durch einen individuellen Akt, noch im Bund. Das positive Gesetz, das ethisch Schlechtes enthält, ist gar kein Recht. Schon sein Widerspruch zum Natur-

---

77 Suarez, Francisco, siehe Der Staat 64.

78 Es gibt keine Gewalt des Ganzen, die allmächtig wäre.

recht nimmt ihm jeden Rechtscharakter. Das hat bereits *Thomas von Aquin*[79] festgestellt, und die Scholastik ist bis heute diesem Satz treu geblieben.
Was hier vom Individuum in seinem Verhältnis zum Staat gesagt ist, gilt in **gleicher Weise** von den notwendigen Bünden, die das Individuum schließt, von der **Familie,** der **Gemeinde** und dem **Staat**. Sie sind unfähig, auf ihre Existenz und auf die Rechte, die diese Existenz sichern, zu verzichten. Ein größerer Bund ist nicht imstand, ihnen diese Rechte zu nehmen, mag sein Gesetz noch so sehr formales Gesetz sein. Die materiale Unmöglichkeit zerstört alle formale Gesetzeskraft. Die lediglich positiven Rechte der Glieder, die in der Bundessatzung beschworen sind, kann die Bundessatzung aufheben, wenn in der gehörigen Form verfahren wird, doch die natürlichen Rechte der Glieder bleiben unangetastet, wie auch immer der Bund beschließen mag. Das sogenannte **Ermächtigungsgesetz**[80] vom März 1933, durch das der Deutsche Reichstag alle parlamentarischen, familiären, gemeindlichen, einzelstaatlichen Rechte preisgab, war eine parlamentarische Tragikomödie; denn seine Mehrheit war nur unter schärfstem Druck, unter Todesdrohungen und Revolverknacken zusammengebracht worden.
Aber darüber hinaus ist es ungültig, weil der Reichstag gar nicht zuständig war, Menschenrechte, individuelle oder bündische, herzuschenken oder gegen irgendetwas anderes auszutauschen. Die Reichsregierung, die das alles betrieb, hat sich damit des Bundesbruchs und der Usurpation schuldig gemacht. Ich habe von diesem Zeitpunkt ab alle Handlungen und Gesetze als unrechtmäßig betrachtet, die sich auf diese Rechte bezogen. Mit

---

[79] Thomas von Aquin, bedeutendster Theologe und Philosoph des MA (1225–1274).

[80] »Ermächtigungsgesetz«, Gesetz, durch das der Gesetzgeber die Regierung ermächtigt, an seiner Stelle gesetzvertretende Verordnungen zu erlassen.

ihrer angeblichen Ermächtigung hat die Nationalsozialistische Reichsregierung als erste den Weg der Illegalität beschritten, sie hatte keinen Grund sich zu beklagen, wenn andere im Kampf »illegale« Mittel gebrauchten; solche »Illegalität« ist in Wahrheit nichts anderes gewesen als die Nutzung von Rechten, die kein Diktator und kein Reichstag abschaffen konnten. Es ist klar, daß die späteren Volksabstimmungen diesen Mangel nicht gutzumachen vermochten. Schon die Plebiszite, die zum politischen Hausrat der Napoleone und des italienischen Risorgimento gehörten, waren ungeheuerliche Komödien; die vier Volksabstimmungen Hitlers aber stellen den größten Schwindel dar, den unser Jahrhundert bisher erlebt hat. Selbstverständlich ist es ebenso unmöglich, Menschenrechte auf plebiszitärem wie auf repräsentativem Weg zu beseitigen. Ich kann deshalb auch nicht mit Alexander *Hamilton*[81] einig gehen, wenn er im 78. Stück des »Federalist« es als »fundamental principle of republican government« bezeichnet, daß das Volk die bestehende Verfassung ändern oder abschaffen könne, wann immer es diese Verfassung als unvereinbar mit seinem Glück ansehe. Hamilton, der sicher einer der bedeutendsten Staatsmänner seiner Zeit war, ist in Wahrheit zu tief im 19. Jahrhundert gestanden; er war für unsere heutige Auffassung zu staatsgläubig. Gewiß kann das Volk seine Verfassung beliebig wechseln, doch die ewigen Menschenrechte sind jeglichem Positivismus entzogen.
Die **lehramtlichen kirchlichen Dokumente,** die sich mit sozialen Fragen beschäftigen, behandeln das Problem, wie die Staatsgewalt geschaffen werde, nicht ausdrücklich. Die Enzykliken »Rerum novarum« und »Quadragesimo anno« gehen von

[81] Hamilton, Alexander, 1755–1804, amerik. Staatsmann, wirkte bei der Verfassung von 1787 mit, trat, entgegen Jefferson, für starke Bundesgewalt ein.

einem schon konstituierten Staat aus. Das Gleiche gilt von der Rundfunkansprache Pius XII. vom 1. Juni 1941 zum 50. Jubiläum von »Rerum novarum«. Alle diese päpstlichen Äußerungen besprechen die Beziehungen zwischen der bereits bestehenden Staatsgewalt und ihren Gliedern, sowie deren soziale Rechte und Pflichten. Allerdings ist es möglich, aus der Art, wie die Grenzen dieser Staatsautorität festgelegt werden, bestimmte Schlüsse darauf zu ziehen, wie ihre Entstehung gedacht ist; denn in allen diesen kirchlichen Dokumenten wird mit großem Nachdruck festgestellt, daß das Individuum eine Reihe von unveräußerlichen Rechten besitzt.

II. Der Föderalismus

Zwischen notwendigem und kontingentem Recht zu unterscheiden stellt eine der ersten Bedingungen dar, um die Rechtsphilosophie dieses Buchs zu verstehen. Es gibt Rechte, die notwendig zum Menschen gehören; er kann sie ebensowenig verlieren wie seine menschliche Natur. Über andere Rechte kann er »souverän« verfügen; ob er sie besitzt oder nicht, wie er sie ausübt, ist kontingent. Im konkreten Fall wird es sich häufig um **ein** Recht handeln, das bis zu einem gewissen Punkt notwendig, darüber hinaus kontingent ist. Diesen Punkt festzustellen, ist eine der großen Aufgaben der Rechtsfindung. Entsprechend kennt die Scholastik notwendige und freie »Gesellschaften«. Erstere erwachsen notwendig aus der menschlichen Natur; die Familie und wenigstens eine politische Gemeinschaft sind solche; wir werden sehen, daß die Natur der Dinge heut eine sehr ausgedehnte, ja eine universale politische Organisation fordert. Im industriellen Staat ist auch ein gewisses Maß an beruflicher Organisation für den Arbeiter notwendig. Auf der anderen Seite steht

die Fülle der sogenannten »freien Gesellschaften«; sie heißen so, weil sie zu gründen der Mensch von jeder Heteronomie frei ist; sie umfassen die große Zahl der Organisationen, die der Kultur, dem Erwerb und den im engeren Sinn sozialen Zielen dienen sollen. Die notwendige »Gesellschaft« stellt immer einen »Bund« vor; er hat notwendige unveräußerliche Rechte, weil er selbst eine notwendige Folge der menschlichen Natur ist.
Es ist klar, daß dieser **Rechtsdualismus** seine Schwierigkeiten hat. Sicher ist es ein Problem, die Grenze festzustellen, die zwischen diesen beiden Arten von Recht verläuft, oder – wie gesagt – im konkreten Fall den Punkt, der die beiden Arten scheidet. Ich kann auf mein Postgeheimnis verzichten, doch nie auf meine Gewissensfreiheit. Ich kann mir zeitenweis gewissen Einschränkungen der Presse- und Versammlungsfreiheit gefallen lassen, doch nie eine Begrenzung meines Rechts, den eigenen Lebensstand zu wählen.
Noch schwieriger ist es, die universalen Sätze des Rechts jeweils im konkreten Fall richtig zu individuieren. Ohne Individuation gibt es kein Recht. Die beste Individuation wird durch die objektiven Verhältnisse, durch die »Natur der Sache« geleistet. Allein diese Individuation spricht noch nicht die Sprache des Rechts, sie bedarf eines Interpreten und sie bedarf einer Sanktion. Diesen Sprecher – oder wie wir ihn gewöhnlich nennen – diesen Richter und die Sanktionsmacht aufzustellen, ist die eigentliche Aufgabe jeder politischen Körperschaft. Jede Leistung im Bund ist im tiefsten Grund Rechtsindividuation. Die Gesetzgebung ist es ebenso, wie die Exekutive. Das wird in einem späteren Abschnitt über das Recht noch zu zeigen sein.[82] Es gibt keinen Staatsakt, der nicht irgendwie Rechtsakt wäre. Wie die Begründung des Bunds richtige Individuation der daran Betei-

[82] Neuner schlägt die Streichung dieses Satzes vor.

ligten ist, so ist auch die Fortdauer des Bunds ständig neue Individuation. Der Bund lebt geradezu davon, daß das Recht zwischen seinen Gliedern und zwischen ihm und seinen Gliedern ständig neu festgestellt, individuiert wird. Kein Mensch aber soll Richter in eigener Sache sein. Die Individuation ist ständig in Gefahr, von eigenem Interesse verdunkelt zu werden. Noch problematischer ist die Möglichkeit der Sanktion gegen sich selbst. Ob und wie der Staat Richter in eigener Sache sein darf, wird später gelegentlich der Besprechung der Verwaltungsgerichtsbarkeit zu überlegen sein.[83] Das Recht zwischen den Gliedern des Bunds kann also nur von einem »Dritten« gesprochen werden. Die Glieder bedürfen eines solchen Dritten, und sie bedürfen seiner Ausstattung mit rechtsprechender Macht, mit **Autorität**. *Hildebrand* hat sehr zutreffend das Individuum »hilfsbedürftig« genannt. Der Mensch braucht Hilfe von oben, um sittlich voranzuschreiten; erst recht braucht er solche Hilfe, um Recht zu erkennen und zur Geltung zu bringen.
Um **Ordnung** herzustellen, die über den Familien lediglich durch ihn möglich ist, wird der Bund des Staates geschlossen. Und weil Ordnung in der Gemeinschaft soviel wie **Recht** bedeutet, leuchtet es ein, daß die ursprünglichste und wesentlichste Funktion des Staates ist, **Rechtsstaat** zu sein. Diese Auffassung liegt weit jenseits der Vorstellung, die sich der Liberalismus des vorigen Jahrhunderts vom Staat machte, wie sie etwa in dem »Versuch« des jungen *Humboldt*[84] klassisch zum Ausdruck gebracht ist. Denn Ordnung bedeutet vor allem auch soziale Ordnung. Jede Ausbeutung des wirtschaftlich Schwachen ist eine

---

[83] Auch diesen Satz schlägt Neuner zu streichen vor. Im übernächsten Satz ist Dietrich von Hildebrand gemeint (Philosoph, Florenz 12.10.1889–25.1.1977 New Rochelle N.Y.), später entschiedener Gegner der sogenannten Liturgiereform.

[84] Humboldt, Wilhelm Freiherr von, Potsdam 22.6.1767–8.4.1835 Tegel.

Wunde der Ordnung. Wenn andere Organisationen diese Wunde nicht oder nicht ausreichend zu heilen imstande sind, fällt es in die Zuständigkeit des Staats, hier einzugreifen. Doch immer ist das Recht seiner Glieder das Ziel des Staats, nie seine eigene Macht als solche. Immer ist der Staat ans Recht gebunden. Tatsächlich hat das 19. Jahrhundert selbst auf dem europäischen Festland den Rechtsstaat in diesem Sinn schaffen wollen. Die Verwaltungsgerichtsbarkeit und die aus ihr sich entwickelnde Steuergerichtsbarkeit sind große und im ganzen erfolgreiche Versuche, den Staatsakt weitgehend rechtlich zu legitimieren und andererseits rechtlich zu begrenzen. Ein deutscher Autor hat gemeint, diese Entwicklung lächerlich machen zu müssen, indem er sagte, schließlich werde im Rechtsstaat jeder Befehl eines Unteroffiziers an einen Soldaten der rechtlichen Autorisierung bedürfen. Daß hier ein sehr ernstes Problem vorliegt, nämlich die Frage nach dem gerechten Krieg, hat er selbstverständlich übersehen. Tatsächlich ist die Militärmaschine bis in alle ihre kleinsten Räder hinein ausschließlich solang einwandfrei, als im Ernst angenommen werden darf, daß die Staatsautorität keinen anderen als einen gerechten Krieg führen wird. Das gilt von Friedens- wie von Kriegszeiten. Zu verstehen, daß alle Verwaltung nichts anderes ist als Rechtsindividuation, als richtige Individuation der Norm im einzelnen Fall, macht einen bedeutsamen Fortschritt juristischen und staatlichen Denkens aus. Der Staat hat mehr zu tun als sich selbst zu erhalten. Er ist für das Recht da, und wenn er dieser Aufgabe nicht mehr nachkommen kann, dann ist er soviel wert wie ein Wagen, der nicht läuft. Denn die Rechte ihrer Bürger zu sichern sind Regierungen eingesetzt, sagt sehr deutlich die »Declaration of Independance«.

Den Staat unmittelbar aus der **sozialen Natur der Menschen** ableiten zu wollen, ist ein Kurzschluß. Es ist auch ein Mißverständnis, die Scholastik einfach für diese Theorie in Anspruch zu nehmen. Die soziale Natur des Menschen kommt in vielen anderen Vergesellschaftungen auf ihre Rechnung; für sie gibt es viele andere Wege als den Staat. Nur soviel läßt sich sagen: Es ist kaum denkbar, daß diese Vergesellschaftungen ohne den Staat bestehen können; denn sie sind außerstand, ohne Recht zu leben. Der Beruf des Staats ist also *subsidiär*.[85] Er hat dort einzuspringen, wo niemand sonst sein Werk tun kann.

Normativ ist das Individuum **vor** dem Bund. Davon war im vorigen Abschnitt bereits die Rede. Dem Ziel des Individuums ist alle Sozialbildung untergeordnet. Dieses Ziel des Individuums ist **jenseitig**. Das ist hier kein Satz der Offenbarungsreligion, sondern eine natürliche Einsicht. Alle Weltanschauungen und Religionen stimmen darin überein, daß der Mensch nicht für diese, sondern für die andere Welt lebt; einzig der Materialismus macht eine Ausnahme. Die uns von Gott gesetzte Sendung zu erfüllen, das jenseitige Ziel zu erreichen, ist die »oberste Norm des Menschenlebens, die immer und überall verpflichtet, vor allen anderen Pflichten« sagt Papst *Pius XII.* in seiner schon zitierten Rundfunkansprache vom 1. Juni 1941. Die Malvernkonferenz[86] der anglikanischen Kirche, die sich um die Aufstellung von Friedenszielen überaus verdient gemacht hat, sieht sogar den wesentlichen Sinn aller Wirtschaft, aller Produktion darin, Abhilfe für die individuellen Bedürfnisse zu schaffen (Declaration vom 10. Januar 1941, abgedruckt in Christendom VI, 472 ff., 1941,3), also wohl auch den wesentlichen Sinn aller Sozialbildung, die auf wirtschaftliches Streben zurückgeführt werden darf.

Die **theologische** Überlegung allerdings wirft die Frage auf, wie ein Mensch seine Persönlichkeit behalten kann, wenn er im an-

---

[85] subsididär – unterstützend, hilfreich, Hilfe leistend.

[86] Malvern, Badeort in der engl. Grafschaft Worcester.

deren Leben angelangt, ganz bei Gott ist. Wie kann im heftigen Feuer der göttlichen Liebe eine so schwache Natur bestehen bleiben? fragt *Bernhard von Clairvaux.*[87] Liebe ist letzten Endes das, was die Persönlichkeit ausmacht; wie kann dann im Angesicht Gottes, den die Theologen den »amor subsistens«[88] nennen, menschliche Liebe noch eigenständig, noch Persönlichkeit wirkend und von einer Persönlichkeit getragen sein? Daß wir als Individuen leben, wäre darnach nur in einem gewissen Abstand von Gott, fern von Gott, auf dieser Welt, denkbar. Bei Gott dagegen würde unsere Persönlichkeit unter der Last unserer Würde zusammenbrechen. Es ist kaum möglich, auf diese theologische Frage eine Antwort zu geben, die nicht irgendwie auf geoffenbarten Worten beruhen würde. Der christliche Glaube spricht von einer Auferstehung des Fleisches, setzt also ein individuelles Fortleben bei Gott voraus. Die Heilige Schrift entwirft an vielen Stellen – in den Evangelien sowohl als in der Geheimen Offenbarung – das Bild eines ausgesprochen persönlichen Lebens im vollendeten Gottesreich; auch die Ausführungen des heiligen Paulus über die Auferstehung der Toten sind nur in diesem Sinn zu verstehen. Endlich – und damit kehren wir wieder zu philosophischen Gedanken zurück – ist Liebe ein so spezifisch persönlicher Zustand, daß es nicht auszudenken ist, wie der Mensch lieben soll, ohne Persönlichkeit zu sein; wir sagten eben, in der Liebe konstituiere sich letzten Endes die Persönlichkeit; wie kann dort Liebe gefunden werden, wo es keine Persönlichkeit mehr gibt?

Der christliche Glaube deutet wohl an, daß im vollendeten Gottesreich die Autonomie von Persönlichkeit und Gemeinschaft

---

[87] Bernhard von Clairvaux, Kirchenlehrer, Zisterzienser, Abt; Fontaine bei Dijon 1091–20.8.1153 Clairvaux.

[88] amor subsistens – bleibende Liebe.

überwunden sein wird. Das Geheimnis der Dreifaltigkeit scheint zu lehren, das jedenfalls Gott über diese Autonomie erhaben ist. Aber das sind so wesentlich übernatürliche Dinge daß es zu ihnen keinen Zugang auf natürlichen Wegen gibt. Die **Kirche als Gemeinschaft** kann **nie über den Staat** erreicht werden; nicht einmal über die Familie, wie es der Traditionalismus will; wir erinnern uns an die Ergebnisse unseres ersten Abschnitts.[89] Sie hat eine menschliche Seite und mag insofern Gegenstand der Soziologie sein; darüber hinaus können wir nur in menschlichen Ausdrücken von ihr sprechen; ihrem Wesen nach ist sie allen Analogien unendlich weit entzogen. Zwar besitzen wir einige gute natürliche Anfahrtswege zur Übernatur, und es ist falsch, sie nicht benützen zu wollen. Allein der letzte Schritt zum Glauben und zum göttlichen Leben liegt im Mysterium der Gnade. Die Gemeinschaft im Gottesreich ist völlig anders als jene in der Natur. Keine natürliche Gemeinschaft hat die Kraft, uns zur übernatürlichen Gemeinschaft zu bringen. Wir langen bloß dadurch bei ihr an, daß wir persönlich der Gnade teilhaft werden, und das ist – vom natürlichen Standort gesehen – ein absolut persönlicher individueller Vorgang. Freilich hat der Staat seine Rolle als Diener Gottes zu spielen; ja er hat es in Zeiten der Glaubenseinheit sogar gelegentlich zur Würde eines »Sakramentale« gebracht; wir haben einen Ritus der Kaiserkrönung und der Königssalbung. Dabei gilt es zu bedenken,. daß Sakramentale so wenig wie Sakramente vor menschlichem Mißbrauch geschützt sind. Jedenfalls erschöpft sich der göttliche Beruf des Staats in der Ebene der natürlichen Schöpfungsordnung. Es ist ungeheuer gefährlich, übernatürliche Kategorien in diese natürlichen Bereiche zu tragen. Die »ratio peccati«[90], die große Norm von Gut

---

[89] Von Neuner zu streichen vorgeschlagen.

[90] ratio peccati: Die Kategorie der Sünde.

und Böse, ist hier die einzige religiöse Kategorie, die wirklich und allgemein angerufen werden kann. Sie ist primär und ihrem Wesen nach ein Bestandteil der Naturreligion, nicht des christlichen Glaubens.
Natürliche Gemeinschaft vermag in *den letzten Fragen der individuellen Lebensgestaltung* nichts zu tun. Der Mensch muß mit seinen Sünden selbst fertig werden. Die Entscheidung zwischen gut und bös ist rein persönlicher Art. Sicher übt die Haltung des Menschen auf sein ethisches Wachsen einen tiefen Einfluß aus, und diese Haltung ist wesentlich dadurch bestimmt, wie er zur Gemeinschaft steht. Der Egoist, der alle Gemeinschaft verneint, wird immer in einer tieferen ethischen Region bleiben. Indes, die aktuelle Entscheidung bleibt stets persönlich. Ich kann gleichzeitig mit anderen sterben, aber ich sterbe immer allein. Ich habe oft in meinem Leben nach dem »team spirit«[91] gesucht, ohne ihn dort zu finden, wo er notwendig war. Denn, wenn er einer Gesellschaft völlig fehlt, so kann diese Gesellschaft nicht mehr demokratisch leben, ja es ist ohne ihn kaum möglich, demokratisch zu regieren. Indessen, meine eigene ethische und religiöse Entscheidung ist vom »team spirit« unabhängig.
Ist der Staat zu aller Sozialbildung subsidiär, dann ist es erst recht der größere Staat im Verhältnis zum kleineren. Das Gebilde, das wir heute Staat nennen, ist allein dann und insofern notwendig, als die Gemeinde ihren sozialen Aufgaben aus eigener Kraft nicht mehr gewachsen ist. Und wo dieser Staat unfähig wird Ordnung zu schaffen, da bedarf es eben des Überstaats, um dies zu tun. **Die soziale Notwendigkeit, die aus der Natur der Dinge spricht, aktualisiert die Norm, die den jeweils größeren Staat fordert;** wir kennen **keine andere Begründung** für

[91] team spirit – Teamgeist, Geist der Gemeinschaft, Gemeinschaftsgeist, Korpsgeist.

das Wachstum des staatlichen Körpers. Doch der neue und größere Staat ist lediglich für den Bereich jener Aufgaben da, die bloß er zu lösen imstand ist. Was der kleinere Staat selbst vollbringen kann, das bleibt ihm und nur ihm vorbehalten. Einen größeren Staatsapparat zu schaffen, als die Natur der Dinge das verlangt, bringt nur Staatshypertrophie hervor. Der Erfolg muß mit den jeweils geringsten Mitteln erzielt werden, verlangt das Gesetz der Wirtschaftlichkeit, das der Mensch nie ungestraft verletzt. Hypertrophie und Wasserköpfe sind die Ergebnisse, das Werkzeug wird zum Zweck. Wer die staatliche Bürokratie nur ein wenig aus eigener Erfahrung kennt, weiß, wie groß die Gefahr des Bürokratismus ständig ist. Sie wird unabwendbar, sobald der Staatsapparat über das natürliche Verhältnis zu seinen Aufgaben hinauswächst. Die deutschen Eisenbahnen sind nicht besser verwaltet, seitdem sie Reichseisenbahnen sind; ihre Verwaltung als Staatseisenbahnen war billiger und wirksamer. Die Gemeindeverwaltung in Deutschland hat sich auffallend verschlechtert, seitdem ihre Grundzüge dem Reichsrecht unterliegen. Dazu hat natürlich die nationalsozialistische Parteiwirtschaft beigetragen, aber der tiefste Grund liegt doch darin, daß der Zentralismus diesen Dingen nicht gewachsen ist. Die zentrale Reichsfinanzverwaltung in Berlin verdankt ihren Ursprung ausschließlich dem Streben der Reichsregierung, ihre Macht zu stärken; sie war von keinem sachlichen Bedürfnis verlangt. Die Schweiz hat seit neuestem ein einheitliches Strafgesetzbuch; das bürgerliche Recht dort ist schon lang aus begründeten wirtschaftlichen Gesichtspunkten einheitlich. Doch kein vernünftiger Mensch wagt zu vertreten, die Justizverwaltung müsse von den Kantonen auf den Bund überführt werden. Die Roosevelt-Administration hat die Zuständigkeiten des Bundes in den Vereinigten Staaten stark erweitert; zum großen Teil war das notwendig, um den Ansprüchen einer modernen Sozialpolitik gerecht zu werden. Indessen, die Einzelstaaten sind geblieben, was sie waren, die Träger des politischen Körpers. Diese Beispiele ließen sich noch viele Seiten lang vermehren. Wer den Menschen in der Politik an den ersten Platz setzt, hütet sich, den Staat an irgendeiner Stelle überflüssigerweise aufschwellen zu lassen.

Die Scholastik sagt, das »**Gemeinwohl**« sei die Norm des Staates und seiner Kompetenz. In ihrer personifizierenden Sprache verurteilt sie scharf den »Fürsten«, der das Interesse seiner Macht oder seines Ruhms vor das seiner Staaten und seiner Untertanen stellt. Das ist sehr charakteristisch für die Auslegung dieses Begriffs »Gemeinwohl«. Das »Gemeinwohl« ist das Wohl der Menschen, die im Staat verbunden sind. Seinetwillen haben die Menschen den Bund des Staats geschlossen. Gewiß, diesem »Gemeinwohl« läßt sich nicht der Summe des Einzelwohls der den Staat bildenden Individuen gleichsetzen. Denn der Bund als solcher verlangt zu leben. Allein ebensowenig kann das »Gemeinwohl« vom Wohl dieser einzelnen Individuen abstrahieren. Der Bund ist dafür gegründet worden, den Menschen zu *dienen*. Er ist für die Menschen da, nicht die Menschen für ihn. Mag der Bund von vielen Einzelnen große Opfer fordern, mag er selbst eine gewisse Zeit nur von den großen Opfern aller leben, wenn er ständig mehr verlangt als er gibt, so ist das ein Zeichen, daß er sich auf dem falschen Weg befindet. Wenn den Menschen jahrelang versichert wird, hinter der nächsten Ekke am Weg warte der Friede, sie sollten bis dorthin noch »durchhalten«, und sich diese Versprechung immer wieder als Täuschung erweist, dann ist die Politik, die in eine derartige Lage geführt hat, ungewöhnlich schlecht, und die Leiter dieser Politik huldigen vermutlich einer verhängnisvoll verzerrten Staats- und Weltanschauung. Hinter dem »Gemeinwohl« steht immer die Frage, was den **Menschen** tatsächlich hilft. »Aus der Sorge für das Gemeinwohl eine solche Ausdehnung der Macht« – des Staates – »ableiten zu wollen, würde die wahre Bedeutung des Worts (Gemeinwohl) [92] umstürzen und in den Irrtum verfallen, daß das eigentliche Ziel der Menschen auf Erden Vergesellschaftung bedeute, daß Vergesellschaftung ein Ziel in sich selbst ist« (Pius XII. in seiner erwähnten Rundfunkansprache vom 1. Juni 1941).

»Quadragesimo anno« ist das erste kirchliche Lehrdokument, das den Begriff der Subsidiarität entwickelt. *J. B. Schuster* [93] hat darüber eine sehr verdienstvolle Studie geschrieben. *Pius XII.* [94] hat den Gedanken mit einer Schärfe formuliert, die über seine Vorgänger hinausreicht, vielleicht gerade deshalb, weil er sich in Europa völlig von Staaten umgeben sah, die sich als Selbstzweck sahen. »Die wesentliche Aufgabe aller politischen Autorität besteht darin, die unverletzbare Sphäre des Rechts der menschlichen Person zu sichern und ihr die Erfüllung ihrer Pflichten zu erleichtern« (Pius XII., a.a.O.). Daß es die oberste dieser Pflichten ist, die uns persönlich gesetzte Sendung zu erfüllen, wurde bereits gesagt. Die Subsidiarität des Staats gegenüber dem Individuum gibt zweifellos eine Norm, an der sich für das katholische Denken gut und bös gegenüberstehen.

Die Subsidiarität des größeren gegenüber dem kleineren politischen Körper findet sich in den kirchlichen Lehrdokumenten nicht ausdrücklich enthalten. Sie ist offenbar zu speziell politischen Charakters, als daß mit ihr Gewissen beschwert werden sollten. Daß sie logisch aus der Lehre von der Subsidiarität zum

---

[92] Später Teilhard de Chardins Anliegen; Bemerkung von Georg Graf von Soden-Fraunhofen.

[93] Schuster, Johann Baptist, Studie über den Begriff der Subsidiarität, vom Herausgeber nicht zu ermitteln.

[94] Pius XII., Papst (Eugenio Pacelli) (1939–1958); Rom 2.3.1876–9.10. 1958 Castel Gandolfo.

Individuum folgt, glaube ich klargemacht zu haben. *Pius XII.* kommt übrigens auch an die Aufstellung einer solchen Lehre 0heran, wenn er von einem Vorrang der lokalen und beruflichen Organisationen vor der Staatsautorität bei der Schlichtung von Arbeitskonflikten redet (Pius XII., a.a.O.). Erst wenn sie diese ihre Aufgabe nicht lösen oder nicht lösen können, fällt es in die Zuständigkeit des Staats zu intervenieren. Nur in letzter Instanz sollte, so dürfen wir schließen, die staatliche Schiedsgerichtsbarkeit in Arbeitskonflikten angerufen werden. Man kann streiten, ob ihre Entscheidungen bindende Gewalt haben sollen oder nicht. In Australien und Neuseeland jedenfalls hat diese Gewalt der Stärke der Arbeiterbewegung keinen Abbruch getan.
Einer der interessantesten Vertreter des Naturrechts ist *Taparelli,*[95] der mit seinem Begriff der »hypotaktischen Ordnung« der staatlichen Körper unseren Begriff der Subsidiarität zum ersten Mal in die Scholastik eingeführt hat. Das Milieu hat ihm, dem Süditaliener, diese Theorie sicher nicht nahegelegt. Sie entsprang bei ihm wohl allein dem katholischen Denken von der beherrschenden Stellung des Individuums innerhalb aller Sozialbildung.

Selbstverständlich ist es zu Mißverständnissen in der Entwicklung des Begriffs der Subsidiarität gekommen. Wer von einer stufenweisen Sozialbildung spricht, wird den wesentlichen Unterschied zwischen der Familie und allen Arten des Staats nicht übersehen dürfen. Daß der Staat auch zur Familie subsidiär ist, steht für mich außer Zweifel; nur daß eben diese Subsidiarität – wie auch die der Familie zum Individuum – regelmäßig aktuiert

---

[95] Taparelli, Aloysius; Turin 24.11.1793–20.9.1862 Rom. »Hypotaktische Ordnung«: Sich unterordnende, sich unterwerfende, nachstehende Ordnung.

ist, während die Subsidiarität des größeren zum kleineren politischen Körper stets eine Tatfrage darstellt. In diesem Sinn ist das Individuum der Mittelpunkt einer Anzahl wachsender konzentrischer Kreise der in Familie und Staaten ausreifenden Sozialbildung; die Kreise liegen auf verschiedenen Ebenen, haben aber alle das Individuum zu ihrem Zentrum. Dieses Bild ist allerdings durchaus individualistisch und theologisch; denn es geht vom Lebensziel des Individuums aus. Immerhin, mir scheint die Frage nach dem individuellen Lebensziel der Anfang alles ethischen Nachdenkens.

Ein weiteres Mißverständnis wäre es, die Welt in **Kleinstaaten** aufteilen zu wollen. Staatiche Einheit ist, seitdem sie die Römer auf der einen, die Chinesen auf der anderen Halbkugel annähernd hergestellt haben, immer ein Ideal der Menschheit geblieben und das nicht ohne Grund. Wo der Staat aus kolonialen Verhältnissen vor verhältnismäßig kurzer Zeit erwachsen ist, wie in Amerika, ist der Großstaat wohl die praktisch einzig mögliche Staatsform. Wir achten die Geschichte zu sehr, als daß wir die Existenz der bestehenden **Großstaaten** anfechten wollten. Daß gewisse Korrekturen im heutigen Bild der Großstaaten erforderlich und wo sie anzubringen sind, soll im folgenden Abschnitt besprochen werden. Eine Verbesserung, die so ziemlich alle betrifft, mag hier Erwähnung finden: Großstaaten sollten keinen Größenwahn, Klein- und Mittelstaaten keine Minderwertigkeitskomplexe nähren. Die Sucht, vom Mittel- zum Großstaat, vom Klein- zum Mittelstaat befördert zu werden, die ihren Ausdruck zum Teil darin fand, daß wir in den letzten zehn Jahren eine Inflation des Instituts der Botschafter erlebten, ist ein Stück jener moralischen Krankheit, deren größtes Opfer Deutschland geworden ist, die aber ganz allgemein in den meisten europäischen und asiatischen Staatskanzleien anzutreffen war. Wer die Dinge nüchtern betrachtet, kann unmöglich verkennen, daß die europäischen Kleinstaaten, die Schweiz, Luxemburg, Belgien, die Niederlande, Dänemark und die skandinavischen Staaten eine außergewöhnliche Höhe der politischen Kultur einnehmen und daß die Welt unersetzlich viel verlieren würde, sollten sie als selbständige Gebilde verschwinden. Ihnen fehlt nur eines: **die Föderation.** Für sich allein sind sie zu schwach, ihrer Aufgabe als Staat voll nachzukommen; diese Aufgabe schließt es natürlich ein, die eigene Staatlichkeit gegen alle Angriffe von außen, gegen das sogenannte Recht des Stärkeren, zu verteidigen. Doch das Heilmittel der Föderation ist für die Großstaaten von mindestens gleicher Wichtigkeit, denn sie gehen in der politischen Anarchie von heute auf die Dauer ebenso unter wie die Kleinstaaten. Föderation ist für den Großstaat ein Programm nicht bloß der Außen-, sondern ebenso sehr der Innenpolitik. Wir wünschen die Großstaaten nicht zerstückelt, sondern innerlich **gegliedert** zu sehen.

Nicht der Großstaat an sich ist ein Verstoß gegen das Naturrecht, sondern der ungegliederte Großstaat, der Massenstaat. *Montesquieu*[96] dachte eine echte Republik nur in einem kleinen Staat lebensfähig. So ist ihm die Föderation eine Abhilfe, die den Kleinen und Schwachen zugute kommen soll. *Burckhardt*[97] sagt, die Freiheit im Kleinstaat wiege alle Vorteile des Großstaats auf; das ist entschieden wahr, und die europäischen Kleinstaaten sollten auf diese Tatsache stolz sein; nur möchte ich die Freiheit nicht von den Kleinstaaten monopolisiert wissen. Auch im Großstaat kann es Freiheit geben, wenn er föderalistisch aufgebaut ist. Die Vereinigten Staaten sind das mächtigste Beispiel dafür.

---

96 Montesquieu, Charles de Secondat, Baron de la Brêde et de M., frz. Schriftsteller und Staatsdenker; Bordeaux 18.1.1689–10.2.1755 Paris.

97 Burckhardt, Jakob, schweizer Kultur- und Kunsthistoriker, Basel 25.5. 1828–8.8.1987.

Zwischen Freiheit und Gliederung, zwischen **Demokratie und Föderalismus** besteht eine **innere Abhängigkeit**. Die Demokratie kann einzig in kleinen oder in gegliederten Räumen leben. Das Wort eines sehr originellen Naturwissenschaftlers: »Nur die Zwerge arbeiten, die Riesen arbeiten nicht« auf die Staatenwelt anzuwenden, würde ungerechte Übertreibung sein. Die Unfähigkeit zur Leistung, die hier den Großgestalten der Naturgeschichte mit Grund vorgeworfen wird, darf nicht im gleichen Maß von den Großstaaten behauptet werden. Der Großstaat hat vieles Nützliche für die Menschen getan. Freilich haben die meisten Großstaaten ihre Größe mit ungewöhnlich schweren Opfern von Menschenleben und Menschenglück bezahlt, so daß häufig das Verhältnis zwischen dem Errungenen und dem Preis höchst fragwürdig erscheint. Die Perioden der beiden Napoleone sind unerfreuliche Stücke der französischen Geschichte; die wahren französischen Patrioten saßen damals in mehr oder minder freiwilliger Verbannung auf fernen Landsitzen oder trüben Inseln. Und jedenfalls ist unbestreitbar, daß die Deutschen ihr bestes kulturelles Werk in der Zeit ihrer ärgsten politischen Kleinstaaterei vollbrachten, während das Hineinwachsen Deutschlands in die moderne Großstaatlichkeit von einem auffallenden kulturellen Niedergang begleitet ist. Ganz entschieden ist es eine große kulturelle Leistung, durch eine längere Epoche demokratisch zu leben. Zu diesem Ziel steht bloß **ein** Weg offen, der **Föderalismus**. Die **Schweiz** hat es eine erstaunlich lange Zeit, 650 Jahre, wahrscheinlich noch viel länger, fertiggebracht, wahrhaft demokratisch zu leben, weil sie eine Eidgenossenschaft ist und weil sie begriffen hat, daß der Staat mit zwei Schwerpunkten seines politischen Lebens besser fahre als mit einem. Heut ist in der unnatürlichen Atmosphäre eines selten heftigen äußeren Drucks die Zentralgewalt dicker angeschwollen als es der Föderalismus des Landes verträgt. Vorschläge werden herumgeboten, die den

Schweizer Föderalismus und mit ihm die Schweizer Demokratie tödlich treffen müßten. Die Kantone zu beseitigen, den Posten eines Schweizer Landammanns zu schaffen, heißt den Föderalismus zerstören und mit ihm die Demokratie. Das kleine Österreich der Zeit zwischen den zwei Weltkriegen hat gemeint, durch eine totalitäre Staatsform die innere Stärke und die äußeren Freunde zu gewinnen, die ihm ein selbständiges Eigenleben gewährleisten würden. Das war eine große Täuschung; sie müßte sich für die Schweiz wiederholen, wollten ihre Staatsmänner die gleiche Politik verfolgen. Es ist viel besser, seinem Charakter treu zu bleiben und so zu sterben, als im Widerspruch mit der eigenen Geschichte und seinem ganzen Wesen ein paar Stunden trügerischen Glücks zu kaufen. »Potius mori quam foedari«[98].

Politische Indifferenz des Volks ist die ärgste Gefahr, die einem demokratischen Staatswesen drohen kann. Sie hat das deutsche Volk der Periode vor Hitler beherrscht; der größte Teil der nationalsozialistischen Wähler ist aus den Nichtwählern der Weimarer Blütezeit herausgewachsen. Der Mensch liebt es, zu den großen Dingen aus seinem kleinen Gesichtswinkel Stellung zu nehmen, und dieses Interesse wird dadurch erstickt, daß ihm die Möglichkeit genommen wird, die kleinen Angelegenheiten selbst zu steuern. Jede Politik sollte wie die Gleichnisse der Bibel in zwei Sprachen reden, einer, die für alle verständlich ist, und einer zweiten, die den wenigen tiefer Denkenden das Problem in seiner ganzen Ausdehnung zeigt. Doch ganz abgesehen von diesen psychologischen Gesichtspunkten besteht die Norm, Politik stufenweise aufzubauen, weil der Mensch normalerweise bloß aus der Verwurzelung mit einem bestimmten Boden oder Milieu Fruchtbares wirken kann. Im Gegensatz zu allen schlecht

---

[98] »Potius mori quam foedari«: Besser sterben als befleckt (entehrt) werden.

beratenen Reformvorschlägen möchte ich meinen, daß der krankhafte Zustand, der die Schweiz zum Zentralismus drängt, vorübergeht, vorausgesetzt, daß ganz Europa nochmals gesundet. Wie der Mensch in der verseuchten Luft eines ihm fremden Klimas Gift benützen muß, um überhaupt leben zu können, so ist auch die Schweiz im feindlichen Klima der Diktatur und der Totalität bloß dann zu leben fähig, wenn sie dem Zentralismus einen gewissen Tribut zahlt. Indessen sollte dieser Tribut nie so hoch werden, daß er den Schweizer Lebensweg oder Charakter gefährdet. Findet das europäische Festland zu seiner natürlichen Lebensform zurück, so wird es auch die Schweiz leicht haben, ihren Föderalismus wieder ganz herzustellen. Dazu wird selbstverständlich gehören, daß gewisse Persönlichkeiten der Berner Zentrale, die in der totalitären Luft einen höchst unerfreulichen und unschweizerischen Charakter entwickelt haben, schleunigst ausgeschieden werden.
Gehen wir einen Schritt weiter, dann kann kein Zweifel bestehen, daß auch die Großstaaten demokratisch zu leben vermögen, wenn sie föderalistisch aufgebaut sind. Die **Vereinigten Staaten** sind das klassische Beispiel. Das politische Leben in Gemeinde und Staat pulsiert hier sehr kräftig. Die Zentralverfassung ist, obwohl sie im Gegensatz zu noch föderalistischeren Strömungen durchgesetzt wurde, ehrlich föderalistisch. Eines der wichtigsten und lebendigsten Elemente der Zentralgewalt, der Senat ist seinem Ursprung nach ein föderalistisches Organ. Er spielt im politischen Leben des Landes eine ganz andere Rolle als etwa der Bundesrat in der Bismarckschen oder der Reichsrat in der Weimarer Verfassung. Die Bundesverfassung erklärt sich selbst in Artikel VIII zum obersten Gesetz, aber sie läßt dem Recht der Staaten einen so weiten Raum, daß niemand davon sprechen kann, das Staatsrecht werde vom Föderalrecht erdrückt. Vor allem jedoch kennen die Vereinigten Staaten ebensowenig wie die

Schweiz einen Hegemonialstaat. Es gibt große und kleine, volkreiche und volkarme Staaten, solche mit einer alten und hochangesehenen Kultur, andere, die mit ihrer kulturellen Entwicklung gerade erst begonnen haben; keiner von all diesen Staaten bedeutet mehr als einen sehr kleinen Bruchteil des Ganzen. Selbst der volkreichste Staat New York vereinigt noch kein Zehntel der gesamten Bundesbevölkerung in seinen Grenzen. Die Bundeshauptstadt ist allem einzelstaatlichen Einfluß entzogen, indem für sie ein eigener Bundesdistrikt geschaffen ist. Wir werden von diesem föderalistischen Charakter der Vereinigten Staaten noch ausführlich zu sprechen haben. Endlich läßt sich nicht leugnen, daß auch das **englische »Empire«** ganz überwiegend föderalistische Momente aufweist. Die Selbständigkeit der Dominions ist so vollständig, daß sie Hitlers Berater zu der falschen Annahme verleitet hat, das englische Weltreich würde beim ersten ernstlichen Anstoß auseinanderfallen; das war tatsächlich einer der leitenden Gesichtspunkte Hitlers im Sommer 1939, als er sich endgültig zum Krieg entschloß. Einzig die Person des Herrschers hält die Dominions noch politisch mit dem Mutterland und untereinander zusammen. In Südafrika hat allein ein Wechsel des Ministeriums den Ausschlag für die Beteiligung am Krieg auf Seiten Englands gegeben. Kanada ist noch heut ohne allgemeine Wehrpflicht. Kein Zweifel, daß bei einem glücklichen Ausgang des Krieges Indien und Burma Dominionstatus erlangen.[99] Irland, das aus dem Commonwealth auszuscheiden wünschte, ist seit zwanzig Jahren selbständig (seit 1921); das entschuldigt die einstige englische Grausamkeit gegen Irland nicht, aber es nimmt ihr für die Gegenwart jede politische Bedeutung. So ist das englische Weltreich eigentlich mehr eine Genossenschaft von Ländern, die Staaten zur Selbständig-

---

[99] Indien seit 15.8.1947 und Burma seit 4.1.1948 völlig unabhängig.

keit erzieht und ihnen hilft, den Schritt zu dieser Selbständigkeit zu tun. Es ist ein Weltreich, das in seinen wichtigsten Teilen so völlig auf der Kooperation und so gar nicht auf Herrschaft beruht, daß seine Lebenskraft von den herrschaftlich denkenden Politikern immer wieder falsch eingeschätzt wird. In seinem Innern ist das Vereinigte Königreich im Ganzen zentralistisch regiert, wenn man etwa von Ulster absieht, das dem Dominionstatus nahekommt; praktisch gibt es auch in Nordirland noch keine allgemeine Wehrpflicht. Immerhin sind die Pläne interessant, die für eine Aufgliederung Englands und Schottlands in vier selbständige politische Bezirke mit einer Zentralregierung in London bestehen. Skeptiker werden es ablehnen, an die Verwirklichung dieser Pläne zu glauben, doch zuviel Skeptizismus ist ungesund; im England von morgen sind alle Türen offen. Einstweilen wiegt England diesen Mangel dadurch auf, daß es das Mutterland der gemeindlichen Selbstverwaltung ist.

Tocquéville[100] hat den Zusammenhang zwischen Föderalismus und Demokratie sehr klar gesehen. Er hat seinen Landsleuten die beste und berühmteste Schilderung der Verfassung der Vereinigten Staaten gegeben. Er hat gelehrt, daß die Französische Revolution einen Gedanken Ludwig XIV.[101] verwirklichte, als sie die alten Provinzen beseitigt und die »république une et indivisible« zur Parole gemacht hat. Seine Stimme ist im Lärm der Erfolge des zweiten Kaiserreiches verhallt. *Montalembert*[102] war ein anderer Prediger in der Wüste dieser Zeit. Das Problem einer verwaltungsmäßigen und politischen Dezentralisation in Frank-

---

[100] Tocquéville, Alexis Clérel, Graf von, frz. Geschichtsschreiber und Politiker, Verneuil 29.7.1805–16.4.1859 Cannes.

[101] Ludwig XIV., König von Frankreich, »roi soleil« (1643–1715); Saint Germain-en-Laye 5.9.1638–1.9.1715 Versailles.

[102] Montalembert, Charles Forbes de Tyron, Graf von, frz. Publizist; London 15.4.1810–13.3.1870 Paris.

reich hat ihn nicht so sehr beschäftigt. Sein Hauptanliegen war, die Freiheit der Kirche zu sichern und demgemäß die persönliche Freiheit zur Grundlage des Staats zu machen. Aber niemand hat die Verwurzelung der Freiheit im mittelalterlichen Genossenschaftswesen und im christlichen Föderalismus des Mittelalters so deutlich gesehen wie er. In einer Gesellschaft, die vom »enrichissez-vous« hypnotisiert war, hat er seine Ideen mit einem Mut und einem Idealismus vorgetragen, und war dabei materiell so uninteressiert, daß er für immer ein Vorbild der politischen Ritterlichkeit aufgestellt hat. Das Frankreich *Louis Philippes*[103] und noch mehr *Napoleons III.*[104] verstand ihn nicht. Die **Dritte Republik**, der er hätte unschätzbare Dienste leisten können, hat ihn nicht mehr erlebt. Vielleicht hätte er der Dritten Republik den Weg gezeigt, wie durch ein gewisses Maß von territorialer Selbstbestimmung die Demokratie gesichert und zur vollen Kraftentfaltung emporgeführt werden sollte. Diese Dritte Republik war nicht so schlecht, wie man sie heut hinzustellen liebt. Sie ist siebzig Jahre alt geworden, älter als irgendeine Verfassung des europäischen Festlandes seit der Französischen Revolution. Sie ist an jener Indifferenz untergegangen, von der wir gesprochen haben, nicht ohne diese Indifferenz mit Zynismus zu färben.

Daß der französische Zentralismus auf schauerliche Art das Opfer der Bürokratie geworden ist, haben wir alle in der einen oder anderen Weise erlebt. Er ist indessen auch ein Opfer des Zynismus geworden. 1927, auf einer Tagung des pazifistischen Friedensbunds deutscher Katholiken, hörte ich einen Franzosen zu einem der deutschen Redner sagen: »Ihre Worte hätten in

---

[103] Louis Philippe, der »Bürgerkönig« (1830–48) Paris 6.10.1773–26.8.1850 Claremont bei Windsor.

[104] Napoleon III., Kaiser der Franzosen (1852–76); Paris 30.4.1808–9.1.1873 Chislehorst bei London.

England Eindruck gemacht, aber nicht in Frankreich. In Frankreich würde ein solcher Appell an die Moral, wie Sie ihn unternommen haben, ohne jede Wirkung auf die Hörer geblieben sein.« Der deutsche Redner war damals mit dieser Zensur sehr zufrieden, weil es ja nicht seine Aufgabe war, für Frankreich zu sorgen. Heut freilich wissen wir, daß Menschen ohne jene Hoffnung, die allein der Kampf für moralische Ziele zu entzünden vermag, weder Patrioten noch Demokraten sein werden. Eine eigenartig hoffnungslose Stimmung schlägt einem aus der französischen Literatur der dreißiger Jahre entgegen.

Die Dritte Republik hat die gemeindliche Selbstverwaltung vorbildlich ausgebaut; sie hat auch den Departements viel Selbstverwaltung gegeben. Doch diese Departements waren ja verhältnismäßig kleine, im Grund hilflose Körper. Die starke territoriale Macht, die zwischen Republik und Gemeinde, zwischen Republik und Departement lag, hat die Dritte Republik nicht aus ihrem Dornröschenschlaf erwecken und sich nutzbar machen wollen. Das wäre freilich das Mittel gewesen, ganz neue Kräfte für sich zu mobilisieren; so hätte man vielleicht auch einen Zugang zum Regionalismus von Maurice *Barrès*[105] gefunden. Tragisch, daß erst heut, in einer Zeit des tiefsten nationalen Niedergangs, die Erinnerung an die alten Provinzen aufwacht; denn die Vichy-Regierung[106] ist nicht fähig, das Land zu gliedern und aus den neuen Gebilden den höchsten Aufwand an nationaler Kraft herauszuholen. Nie wird eine autoritäre Regierung die föderalistischen Mächte des Bodens, der stammlichen und der individuellen Eigenart zu entfalten vermögen. Diktatur und Föderalismus können nicht im gleichen Raum leben.

---

105 Barrès, Maurice, frz. Schriftsteller; Charmes sur Moselle 27.8.1862–5.12.1923 Paris.

106 Vichy-Regierung: Vichy war Sitz der Regierung Pétain (s.d.).

In **Italien** hat der Faschismus einen zentralisierten Staat vorgefunden. Immerhin ist es interessant, daß die schärfsten Gegner dieses Faschismus in der katholischen Volkspartei Männer der gemeindlichen Selbstverwaltung waren. *Don Sturzo*,[107] der uns stets ein verehrungswürdiges Vorbild in Überzeugungstreue bleiben wird, ist auf dem Schild der süditalienischen Gemeindepolitik zu einer führenden Stellung erhoben worden. Vielleicht ist diesem Kreis auch der Gedanke regionaler Gliederung nicht ganz fremd gewesen. Selbstverständlich war das alles für Italien neu, zu neu wahrscheinlich, nachdem ein halbes Jahrtausend seit dem Ende des Guelfismus[108] verflossen ist. In **Brasilien** hat die Diktatur heut alle Staaten mit einer einzigen Ausnahme »interveniert«; das heißt, die gewählten Gouverneure sind verschwunden, und die Staaten werden von Interventoren geleitet, die die Zentralregierung ernennt. Man wird beobachten müssen, ob in **Argentinien**, wo sich die gleiche Tendenz angebahnt hat, die Provinzen zu »intervenieren«, auf die Dauer ein ähnlicher Zustand eintritt.

Wie Diktatur und Zentralismus in **Deutschland** innerlich verbunden sind, darüber wird im nächsten Abschnitt zu sprechen sein.

Letzten Endes sind Demokratie und Föderalismus zwei verschiedene Individuationen der **gleichen Grundnorm**. Wirkliche Achtung vor dem Menschen fordert Demokratie ebenso sehr wie Föderalismus. Wer das Individuum achtet, darf grundsätzlich keinem Individuum im Bund weniger Recht zuerkennen als dem anderen. Den Menschen als Menschen ernst zu nehmen, führt zur naturrechtlichen Demokratie. Ebenso verlangt die Achtung

---

[107] Don Sturzo, Luigi, kath. Priester, Vorkämpfer des polit. Katholizismus; Caltagirone 26.11.1871–8.8.1959 Rom.

[108] Siehe Abschnitt »Das Reich«; föderalistische Tendenzen.

vor dem Individuum, ihm keinen größeren Staatsapparat aufzuzwingen als die Natur der Sache erheischt. Wenn ich das Individuum um seiner selbst willen anerkenne und nicht lediglich als Mittel zum Zweck des Staates, dann kann ich ihm bloß den jeweils geringsten »Staat« zumuten, der den Aufgaben der Situation gewachsen ist. Da aber große und ausgedehnte Staaten für bestimmte Dinge heut mehr notwendig sind als je, so müssen sie, statt die kleineren Gebiete zu verschlingen, als deren Bünde aufgebaut werden. Demokratie wird ohne Föderalismus nicht dauerhaft sein, und Föderalismus ohne Demokratie ist eine unehrliche und ungesunde Sache.

Es ist klar, daß es **vielerlei Arten** von Föderalismus gibt. Föderalismus hat je nach der geschichtlichen Entwicklung verschiedene Gestalt. Der Föderalismus in Deutschland, von dem im nächsten Abschnitt die Rede sein soll, ist kein zwingendes Gesetz für andere Völker; ebensowenig kann es der Schweizer Föderalismus sein. Nichts wäre unsinniger, als die Demokratie auf eine einzige Art von Föderalismus festzulegen. Das wäre vor allen Dingen sehr unföderalistisch; denn Föderalismus ist Achtung vor der individuellen Vielfalt. Föderalist sein, heißt diese Vielfalt als Reichtum schützen und bewahren. Umgekehrt kennt auch die Demokratie eine Fülle von geschichtlichen Formen. In England tun Monarchie und Oberhaus der naturrechtlichen Natur der Demokratie keinen Eintrag. Die Art, wie der Föderalismus in der Demokratie zum Ausdruck gelangt, wird so mannigfach sein wie die Geschichte der Nationen selbst. Das ist Individuation. Alles andere heißt, die Menschen unter ein abstraktes Gesetz drängen, unter dem sie sich nie wohl fühlen werden.

Das Gebilde, das wir heute »Staat« nennen, bedarf, um demokratisch zu sein, einer gewissen **Repräsentation**. Der Nationalsozialismus hat gedankenvolle Menschen verwirrt, indem er eine Antithese von Staat und Volk aufstellte. In Wirklichkeit liegt hier ein großes Mißverständnis vor oder – ein großer Betrug. Ein Volk, das ontologisch vor dem Staat wäre, gibt es nicht. Erst durch den Staat und im Staat werden die Individuen »Volk«. *Seipel*,[109] der das Bild des österreichisch-ungarischen »Völkerstaats« vor Augen hatte, hat gezeigt, wie sehr die Bildung einer Nation vom Staat abhängig ist. Die Schweizer sind ein eigenes Volk, weil sie seit Jahrhunderten von einem eigenen Staat geformt worden sind. Sie haben Anteil an drei verschiedenen Kulturen, aber es wäre selbstverständlich ganz falsch, von drei verschiedenen Nationen oder von drei Nationensplittern zu reden, die hier in einem Staat vereinigt sind. In Wahrheit ist die Schweiz eine einzige Nation in *einem* Staat. Die Bayern sind insoweit innerhalb Deutschlands ein Volk, als sie innerhalb des Reichs einen Staat hatten;[110] das war schon vor Hitler eine halbe Sache, und darum ist das bayerische Volk längst im Untergehen gewesen, ein Prozeß, den Hitler natürlich noch erheblich beschleunigt hat; niemand weiß, ob er aufzuhalten ist. Ähnliches gilt, wenn auch in viel geringerem Maß, von **Österreich** und den Österreichern.[111]

---

[109] Seipel, Iganz, Politiker, kath. Priester, Professor in Salzburg; Wien 19.7. 1876–2.8.1932 Pernitz.

[110] Weit mehr als 1200 Jahre.

[111] Neuner wollte diesen Satz streichen. Er möge stehen bleiben, denn der von Soden erkannte Prozeß schreitet in Bayern seit 1945 durch die »Verinlandung« in einen norddeutschen Nationalstaat schneller als befürchtet fort, während er in Österreich durch Grenze und Autonomie umgekehrt worden ist. Als der von Soden beschworene BUND könnte – zumindest im deutschsprachigen Fall – statt des antiquierten zentralistisch-nationalistischen Berliner Umwegs am Ende eine Nachfolge des römisch-deutschen Reichs, nämlich Europa gemeint sein. Georg Graf von Soden-Fraunhofen hat in Gesprächen mit dem Herausgeber immer wieder auf diese Konsequenz hingewiesen.

Allerdings können Völker eine gewisse Zeit ohne Staat weiterleben, die Polen und Tschechen haben das sogar für längere Zeit vermocht. Allein das ist bloß denkbar, wenn die Nation bereits durch einen Staat gebildet war und der Mangel an Staat durch eine intensive politische Tätigkeit im »Untergrund« ersetzt wird. Ich erinnere mich an einen polnischen Politiker, der mir versicherte, die Glieder seiner Familie seien seit Generationen »Verschwörer« gewesen. Solche Verhältnisse sind die Folge einer widernatürlichen und widerrechtlichen Unterdrückungspolitik. Die Norm will, daß Volk und Staat eine tatsächliche Einheit seien. Verschiedene Völker mögen in einem »Reich« zusammenleben, in dem die Staaten föderalistisch geeint sind. Der Staat jedoch ist die rechtliche Organisation eines Volkes. Repräsentation ist darnach nie eine Einrichtung des Volkes gegen den Staat. Das Problem der Repräsentation ist vielmehr rein technischer Art, wie die Demokratie rechtlich am besten zum Ausdruck gebracht wird. Die Gleichberechtigung der Menschen in der Führung des Staats zu gewährleisten ist die Aufgabe aller Repräsentation.
Repräsentation ist unvermeidlich. Selbst der Kleinstaat kann nicht ohne sie auskommen. Die Schweizer Kantone, die eine Landsgemeinde haben, besitzen doch auch einen Landtag. Die Landsgemeinde ist zweifellos eine äußerst nützliche und noch sehr lebendige Einrichtung, indessen ist sie schon in den größeren Kantonen, geschweige denn im Großstaat technisch undurchführbar. Die anderen Institutionen der **unmittelbaren Demokratie,** Initiative und Referendum, sind der Demagogie und der unsauberen Beeinflussung durch das herrschende System besonders ausgesetzt; ich habe im Mai 1924 aus nächster Nähe miterlebt, wie der aussichtsreiche Volksantrag der niedersächsischen Volkspartei auf Loslösung Hannovers aus dem preußischen Staatsverband durch einen großen Wahlschwindel der

preußischen Regierung und ihres Beamtenapparats in die Minderheit versetzt wurde. Ist also Repräsentation eine entscheidende Frage der Demokratie, so wird es klar, wie wichtig die Frage nach ihrem Aufbau ist.
Ist der **Staat ein Bund der Gemeinden?** Althusius,[112] der Stadtschreiber von Emden, aus dem gleichen Holz geschnitzt wie die Pilgrim-Väter auf der anderen Seite der Nordsee, hat diese Frage bejaht. Er spricht für noch manche anderen. Wieder ist es notwendig, zwischen der historischen Entwicklung und der konstitutionellen Begründung scharf zu unterscheiden. Während der Bundesstaat historisch sicher nichts anderes ist als der Bund der in ihm föderisierten Staaten, darf von einer allgemeinen geschichtlichen Regel, die den Staat als den Bund seiner Gemeinden ansehen würde, nicht gesprochen werden. Die Menschen, die den Bund des Staats über die Gemeinden schlossen, haben sich dabei häufig über ihre Gemeinden hinweggesetzt; sie waren bei diesem Bundesschluß nicht Vertreter ihrer Gemeinden, sondern einfach nur Männer, die einen Staat zu gründen oder einen sich langsam entwickelnden Staat zu ratifizieren wünschten. Selbstverständlich taten sie das, weil der Staat der Gemeinde ihnen nicht mehr zu genügen schien. Gerade weil dieses Motiv für die Staatsgründung ausschlaggebend ist und in ihr dauernd fortwirkt, sollte der Staat seiner Verfassung nach irgendwie als Bund der Gemeinden aufgebaut sein. Die herrschende Staatsrechtslehre in Deutschland, die die Gemeinde nur aus der rechtlichen Anerkennung durch den Staat entstanden sein läßt – ob bloß als rechtliches Wesen oder überhaupt, darüber sind die Schulen nicht einig – findet eine solche Norm lächerlich. Doch

---

[112] Althusius (Althaus), Johannes, Jurist, Professor in Herborn, entwickelte ein rationales System der Staats- und Gesellschaftstheorie, in dem er für das Widerstandsrecht des Volkes gegen eine tyrannische Obrigkeit eintrat; Diedenhausen 1557–12.8.1633 Emden.

auch *Gneist*,[113] der eine Sonderstellung einnimmt, hat mit seiner Verherrlichung der personalen auf Kosten der territorialen Selbstverwaltung zu diesem Ergebnis der Staatsallmacht beigetragen; er vielleicht mehr als andere, weil er sich für die oberflächliche Betrachtungsweise mit Grund auf das englische Beispiel zu berufen schien und weil er politisch den Mantel des Liberalismus sich umgeworfen hatte. Die Frage allerdings: als es noch keine staatlichen Gemeindeordnungen gab, woher kam da die Gemeinde und ihre rechtlich bindende Macht? blieb ohne Antwort.

Es wäre mißverständlich, wollte man den Senat der Vereinigten Staaten hier als Beispiel heranziehen. Er ist ein ausgesprochen föderalistisches Organ, in dem er jedem der 48 Staaten die gleiche Zahl von Vertretern gibt. Aber er ist eine Einrichtung des Bunds, nicht des Einzelstaats. In den Parlamenten der Einzelstaaten sind die Gemeinden verfassungsmäßig und als solche nicht vertreten. Sie wirken hier bloß durch ihren Volksreichtum und ihre aktuelle politische Bedeutung. Der Mayor von New York hat auch verfassungsmäßig ein gewichtiges Wort in der Gesetzgebung des Staates mitzusprechen, allein dieses Vorrecht ist auf New York beschränkt. Viel eher kann der **Senat der Dritten Republik** hier angeführt werden. Er setzt sich zum größten Teil aus der Wahl der Generalräte der Departements zusammen. Die Departements dürfen als Gemeindeverbände bezeichnet werden. Wir haben in Bayern die Bezirke,[114] soweit sie

---

[113] Gneist, Rudolf von, Jurist und Politiker; Berlin 13.8.1816–22.7.1895 Berlin.

[114] Die bayerischen Bezirke, die auch in Österreich so hießen, wurden von Hitler 1939 – wie konnte es anders sein – nach preußischem Vorbild in Landkreise umbenannt, die bayerischen Kreise (Regionen), die den österreichischen Ländern entsprachen (»die alten, geschichtlichen geheiligten Marken, die Einteilung des Königreichs und die Benennung der einzelnen

Selbstverwaltungskörper waren, stets als Gemeindeverbände angesehen; darüber allerdings stand der Bezirk als staatliches Verwaltungsorgan; es ist indessen bloß eine Aufgabe der politischen Technik, die Bezirks- wie auch die Kreisregierungen zu Organen der Selbstverwaltung umzuformen. Interessant ist die chinesische Bezirksreform, die nach den Angaben *Chiang Kai-Cheks*[115] augenblicklich im Gang ist, und die Grundlage der Demokratie im Gesamtstaat abgeben soll. Die Berichte in den Zeitungen sind jedoch unklar und unvollständig.
Die Mutter aller parlamentarischen Gemeindevertretung aber ist die Mutter aller Parlamente, das **englische** Parlament. Das Oberhaus enthält außer den Prälaten und Baronen nur eine Vertretung der Städte. Der eigentliche Schwerpunkt der Gemeindevertretung lag dagegen von altersher im Unterhaus. Seine Mitglieder waren zunächst die Abgeordneten der Gemeinden und stellten so die »communitas regni«[116], die Körperschaft oder – wie wir sagen würden – den Bund des Königreichs. Heute sind die »Commons«, denen der Name geblieben ist, keine Gemeindevertreter mehr. Ihre territoriale Grundlage ist indessen geblieben. Der Wahlkreis hat die Gemeinde ersetzt; als territorialer Bezirk ist er bis heute bestehen geblieben. Es

---

Hauptlandesteile nach der ehrwürdigen Grundlage der Geschichte«, so König Ludwig I.), wurden ebenfalls nach preußischem Vorbild, soweit nicht zusammengelegt oder aufgelöst, in Regierungsbezirke, später gar nur noch in Bezirke umbenannt. Österreich kehrte am Tag seiner Befreiung von der Diktatur des Österreichers Hitler (im Mai 1945) zu seinen angestammten Bezeichnungen zurück, Bayern behielt die von Hitler eingeführten preußischen Nomenklaturen bei. Dieser Vorgang unterstreicht das oben über die »Verinlandung« in einen norddeutschen Nationalstaat Gesagte.

[115] Chiang Kai-Chek, auch Tschiang Kai-Schek, nationalchinesischer Generalissimus und Staatsmann; 13.10.1887–5.4.1975.

[116] communitas regni – Bund des Königreichs.

dürfte nicht unberechtigt sein, ihn als Gebietskörperschaft anzusehen, als Gemeindeverband auf dem Land und als eine Art von Gemeinde zum Zweck der Parlamentswahl in den Städten. Das Proportionalwahlrecht hat seine Vorzüge, darüber kann es keinen Streit geben. Aber es löscht die Gebietskörperschaft des Wahlkreises aus; nur wenn es mit sehr kleinen »Stimmkreisen« arbeitet, wie etwa das letzte bayerische Wahlgesetz, wird diese Gefahr teilweise vermieden. So ist es zu verstehen, daß England seine Wahlkreise aufrechterhalten hat. Vielleicht ist dieses System der Demokratie günstiger als das Verhältniswahlrecht; für das Land und die kleinen Gemeinden ist es das zweifellos, in den Großstädten mit mehreren Abgeordneten und einer ziemlich ungegliederten Masse von Wählern ist der Proporz vorzuziehen. Wir sollten uns jedenfalls abgewöhnen, Wahlkreise bloß als Maschinen anzusehen, die einen Abgeordneten erzeugen. Wahlkreise sollen Gebietskörperschaften sein; Abgeordnete und Wählerschaft können sie dazu machen, wenn sie eng zusammenarbeiten. Auch das ist eine Voraussetzung lebendiger Demokratie.

Die Demokratie ist als territoriale gemeindliche Vertretung erwachsen. Die alten »**Stände**« waren ihre erste Phase. Deshalb berührt es immer komisch, wenn man heute das Parlament durch eine ständische Vertretung ablösen will. Ganz abgesehen davon, daß es unmöglich ist, das Auto durch die Rückkehr zur Karosse zu ersetzen, vermisse ich bei all diesen heutigen »Ständen« die territoriale Grundlage, die den wirklichen Ständen wesentlich war. Man könnte auch fragen, wo denn die Stabilität liegt, die allein einen Menschen einem Stande einverleibt, denn ich kann heut mein Kapital als Maschinenfabrik anlegen und morgen im Chemikalienhandel oder im Großgrundbesitz. Doch das würde über den Rahmen dieses Buchs hinausführen. Die Berufung auf päpstliche Enzykliken ist fast immer ein Beweis dafür, daß sie nicht gelesen worden sind. Die Vorschläge der Enzykliken sind rein sozial; sie beziehen sich einzig auf das Verhältnis von Arbeit und Kapital. Die Frage der politischen Repräsentation wird von den Enzykliken ebensowenig berührt wie jene des Sozialvertrags. Die Päpste haben es immer weit von sich gewiesen, Richtlinien für einen politischen Staatsaufbau aufzustellen.

Es fällt sehr schwer, sich die Demokratie im Staat anders vorzustellen als mit einem Parlament, das auf allgemeinem und gleichem Wahlrecht bei verhältnismäßig kleinen Wahlkreisen beruht. Da die meisten Parlamente mit gutem Grund zwei Häuser aufweisen, so sollte das andere Haus irgendwie als Vertretung der Gemeinden oder der Gemeindeverbände gewählt sein. Daneben mögen in ihm Wirtschaftsinteressen zu Wort kommen, ohne jedoch den Charakter dieses Gemeindeparlaments wesentlich zu ändern. Viel besser ist es, wirtschaftliche und soziale Angelegenheiten soweit als möglich aus der Zuständigkeit des Staats herauszunehmen, wenigstens in der ersten Instanz, und sie den lokalen und beruflichen Körperschaften zu überweisen, von denen wir schon gesprochen haben. Wirtschaftliche Parlaments sind entweder bedeutungslos, wie der Reichswirtschaftsrat neben dem Reichstag der Weimarer Verfassung, oder sie sind Krystallisationspunkte einer schlimmeren Interessenpolitik als jedes gewählte Parlament. Es ist klar, daß mit diesen Grundlinien kein starres Schema skizziert sein soll; Individuation wird auch hier das letzte Wort sprechen. Denn sie ist das Gesetz alles Föderalismus. Nur aus der geschichtlichen und nationalen Eigenart jedes Staats wird die Individuation gewonnen. Auch die Frage der Republik oder Monarchie ist bloß eine Sache der Individuation. Das Bekenntnis zu einem allgemeinen gleichen Wahlrecht dagegen, in dem die naturrechtliche Gleichheit der Menschen zum Ausdruck gelangt, sowie zu einem Aufbau des Staats aus seinen Gemeinden, in dem der grundsätzliche Föde-

ralismus aller politischen Organisation durchbricht, ist ein unabänderliches Element aller Demokratie.
Die *Gefahren*, die einer solchen Demokratie drohen, liegen auf der Hand. In früheren Zeiten haben sie sich in absolutistischen Fürsten und ihren Ministern verkörpert; heut wehen diese Stürme aus der Richtung der Demagogie und der politischen oder sozial-ethischen Unbildung, die – wie die Deutschen zeigen – mit einem hohen Maß von persönlichen Kenntnissen durchaus vereinbar ist. Der kleine Mann, der Mann auf der Straße, der nichts als sein persönliches Interesse vor sich hat, ist das willkommene Opfer solcher Demagogie. *Hitler* und *Mussolini*[117] hätten ihr Spiel nie wagen können, wenn sie nicht an der Schicht der kurzsichtigen, neidischen, engen, parteiischen Menschen in ihrem Volk einen Rückhalt gehabt hätten. Diese Gefahren sind keine Errungenschaft unseres Jahrhunderts. *Perikles*, *Thukydides*, *Plato* und *Aristoteles*[118] haben sie genau gekannt. Niemand hat sie im 18. Jahrhundert besser erfaßt als *Madison*,[119] der aber im zehnten Kapitel des »Federalist« schrieb: »Die Diktatur will den Parteigeist abschaffen, indem sie die Freiheit beseitigt. Sie will mich gesund machen, indem sie mir das Herz herausschneidet.«
Das Heil in der Diktatur als Dauerzustand zu sehen, ist stets Flucht und bezeichnet einen gesellschaftlichen Zustand der Schwäche. Wer wirklich stark ist, wird das Wagnis auf sich neh-

---

[117] Mussolini, Benito, italien. Staatsmann, Gründer des Faschismus, »Duce«; 29.7.1883–28.4.1945 (von Partisanen exekutiert).

[118] Perikles, athen. Staatsmann; 500–429 v. Chr. / Thukydides, griech. Geschichtsschreiber; 460–400 v. Chr. / Plato, griech. Philosoph; 427–347 v. Chr. / Aristoteles, griech. Philosoph; 384–322 v. Chr.

[119] Madison, James, 1751–1836, 4. Präsident der USA (1808–1817), Mitautor der »Federalist Papers«, einer Sammlung von Aufsätzen, die die neue Verfassung auslegten.

men, mit diesen Gefahren zu kämpfen. Eine staatliche Patentlösung gibt es nicht. Wir kennen Normen, die immer und unter allen Umständen verpflichten; einen Staatsapparat auszudenken, der läuft, auch wenn seine Menschen geistig und moralisch noch so vernachlässigt sind, ist unmöglich. Von der Intelligenz, Einsicht, Mäßigung seiner Gesellschaft und seiner Individuen vermag ein Staat nie zu abstrahieren.

Eine Frage bleibt schließlich noch zu beantworten: Was gilt von dem *Staat, der kein Bund* ist? Hier liegt zweifellos eine Realität vor, mit der wir uns auseinandersetzen müssen. Nicht wegen der orientalischen Riesenstaaten, die am Eingang in die geschichtliche Zeit stehen. Babylonier und Assyrer haben Staaten aufgebaut, die ähnlich den tertiären Tieren frühe und lediglich entwicklungsgeschichtlich zu wertende Formen darstellen; von den Ägyptern ist nicht viel anderes zu sagen, und noch das erste Perserreich ist bloß ein Übergangsgebilde zu dem, was wir mit Recht »Staat« heißen dürfen. Von China weiß ich zu wenig, um ein Urteil zu wagen. Aber schon in Europa gibt es über diese Frage Nachdenkens genug. Deutschland und Italien sind in ihrem Leben das ganze Mittelalter hindurch von der bündischen Idee beherrscht; dann freilich brachen sie mit dieser Überlieferung, und trotz mancher Ansätze haben sie sich bis heut von ihr immer weiter entfernt. Daß hier wenigstens für die deutsche Geschichte eine Verirrung vorliegt, wird im nächsten Kapitel deutlicher werden. In England ist das Mutterland durch die Bünde, als die sich Ober- und Unterhaus verstehen lassen, bis heut bündisch organisiert. Der bündische Charakter des »Empire« liegt klar zutag. In den slawischen Staatsgründungen ist der Bund ein ganz entscheidendes Element, bis er unter dem Druck Moskaus, das gleichzeitig mit dem Absolutismus zur Herrschaft gelangt, langsam erstickt wird. Frankreich ist kaum je ein Bund gewesen, unter *Ludwig XI.* so wenig

wie unter *Heinrich IV.*,[120] unter *Ludwig XIV.* so wenig wie unter *Napoleon.* Am ehesten könnte man noch am Antlitz der Dritten Republik bündische Züge erkennen.
Was also sind diese rein herrschaftlich organisierten Staaten? Ist ihre Norm überhaupt »Recht« oder sind sie ein einziges großes Unrecht? Muß sich solches Unrecht auf den Widerstand aller Gutgesinnten gefaßt machen? Ist ihr ganzes Dasein rechtlos, weil sie sich auf einer Vergewaltigung des Individuums aufbauen, und ist die Zuständigkeit der Revolution gegen sie unbeschränkt? Es ist ja bemerkenswert, daß in Frankreich seit dem Ausgang des Mittelalters jedes Jahrhundert mindestens einen erbitterten Kampf gegen den Absolutismus gesehen hat.
Das **Recht zum Widerstand** kann am Anfang jeder absolutistischen Entwicklungsstufe schwerlich bestritten werden. Die Pariser hatten das gleiche Recht, ihre Tore gegen Heinrich von Bourbon zu versperren, wie die Schweizer, ihre Vögte aus dem Land zu jagen. Hannover, Kurhessen und Nassau waren ebenso berechtigt, ihre Unabhängigkeit gegen Preußen mit bewaffneter Hand zu verteidigen, wie es eine Schande der Deutschen bleibt, daß in der Zeit von 1932 bis 1939 kein einziger Waffenträger aufstand, um die Rechte der Deutschen gegen Hitler wahrzunehmen. Die Fronde ist nicht nur von dem unheiligen Kardinal von *Retz,* sondern ebenso vom Heiligen *Vinzenz von Paul* [121] getragen gewesen. Daß es eine Pflicht der Katholiken sei, sich der Tyrannei des Galles[121a] entgegenzustellen, ist allgemein anerkannt; nicht die Verteidigung der Kirche ist dabei der maßgebende Gesichtspunkt; die Kirche leidet still und ohne Wider-

[120] Heinrich IV. (Henri Quatre), König von Frankreich (1589–1610) von Navarra; Pau 13.12.1553–14.5.1610 Paris.
[121] Vinzenz von Paul, Begründer der neuzeitlichen katholischen Caritas; Pony 24.4.1581–27.9.1660 Paris.
[121a] Goldes? Gallikanismus? Celles? (schlecht leserlich).

stand, wie es Christus getan hat. Das Gemeinwohl dagegen verlangt, daß einer solchen, den ganzen Staat zerstörenden Regierung das Ende gesetzt werde.
Doch die **Zeit heilt**. Fragen des gesellschaftlichen und politischen Lebens kann man nicht immer wieder von Grund auf anpacken, um ihre Lösung zu finden. »Ne bis in idem«[122] ist der tief begründete Satz der Rechtspflege. Man darf die Wunde nicht aufreißen, wenn der Heilungsprozeß einmal angefangen hat; man muß das Wasser in Ruhe lassen, wenn sich der Schmutz setzen und das Wasser klären soll. Lange bestehende Verhältnisse verlangen ihr Recht, ja sie schaffen Recht für sich. Wir kennen überall im Recht die Einrichtung der »Verjährung« und der »Ersitzung«. Das geht so weit, daß wir eine Tabular-, ja sogar eine Contratabularersitzung haben. Die Zeit kann die illegitime Macht nicht in eine legitime verwandeln, aber sie kann die illegitime Epoche zu Ende führen und die legitime beginnen. »Zeit ist Gnade, unheroisch und gütig, wenn man sie nur ehrt und sie emsig erfüllt; sie besorgt es im Stillen, sie bringt die dämonische Intervention« läßt ein moderner deutscher Dichter seinen Goethe sagen.[123]
Das ist nicht allein psychologische Wertung der Zeit. Recht will seinem Wesen nach **stabilisieren**, es will dauerhafte Verhältnisse schaffen, wenigstens für eine bestimmte Zeitdauer. Wo immer Recht berufen ist, sein Wort zu sprechen, wünscht es der Entwicklung sichere Kanäle in einer voraussehbaren Richtung zu bieten. Davon wird später noch mehr zu sagen sein.

---

[122] Ne bis in idem – nicht zweimal in derselben Sache.
[123] Thomas Mann in »Lotte in Weimar«.

Das Reich

1. Das wahre Reich

Der Bund der Staaten hat bei den Deutschen eine besondere Gestalt angenommen, das **Reich**. Wenn hier vom »Reich« die Rede ist, so muß gleich bemerkt werden, daß nur das **erste** Reich auf diesen Titel Anspruch erheben kann. Das sogenannte »zweite Reich« ist ein übles Surrogat gewesen, und das »dritte Reich« ist ein gewaltiger politischer Betrug. Es ist tatsächlich sehr aktuell, das erste Reich gegen den frechen Mißbrauch in Schutz zu nehmen, der heut[124] in Deutschland mit dem Wort »Reich« getrieben wird. Das erste Reich hat mit dem »zweiten« so viel zu tun wie eine echte Perle mit einer falschen, mit dem »dritten« so viel wie Gott mit dem Teufel.

Den Grundstein zu diesem ersten echten Reich, zum Heiligen Römischen Reich (Deutscher Nation), hat *Gregor der Große*[125] gelegt. Sicher war er einer von den wenigen »Großen«, denen wir in der Geschichte begegnen; *Burckhardt* ist ihm nicht gerecht geworden, weil er ihn nicht im Licht des religiös-politischen Universalismus sah, in dem man notwendig denken muß, will man das Werk dieses Papstes verstehen. Gregor hat der Kirche eine Liturgie hinterlassen, deren Stil einfache Größe ist; mit Grund wird sein Name dem Choral gegeben, der für immer der getreueste musikalische Ausdruck dieser Liturgie sein wird. Er hat der Kirche England und den Kirchenstaat gewonnen. Nach der Restauration des Römischen Reiches, die

[124] heut – der Verfasser meint sein eigenes Heute, das nicht einmal den letzten Akt des Hitler-Trauerspiels umfaßte

[125] Gregor I. der Große, Papst (590–604), Heiliger, Kirchenlehrer; Rom um 540–12.3.604 Rom.

Justinian[126] gelungen war, hat Gregor den endgültigen und unwiderruflichen Verfall dieses Reichs erlebt. Der byzantinische Exarch[127] war zu schwach, um Rom gegen die Langobarden zu schützen. Gregor hat mit einem Häuflein von Römern und Katholiken gegen die langobardische Gefahr ausgehalten. Im allgemeinen Untergang glaubten er und seine Gemeinde, dem Weltuntergang nah zu sein. Doch sie haben ihre Aufgabe in der Welt in einzigartiger Weise erfüllt.

Niemand hat für die Vertiefung und Ausbreitung der christlichen Religion mehr getan, niemand hat die Kultur des Abendlands und den Gedanken der universalen Sendung des Reichs treuer gehütet als Gregor und die Seinigen. Dadurch haben sie den Grund zu einer neuen Kultur, einer neuen Welt und einem neuen Römischen Reich gelegt. Indem er dem Ruf seines Gewissens folgte, wurde Gregor der Baumeister einer wirklich neuen Zeit, die so viel vom »wahren Alten« enthielt, als in dem dunkel gewordenen europäischen Raum nach der Völkerwanderung möglich war. Das ist eine der größten Taten in der Menschheitsgeschichte; das Gewissen hat sich im Sturm der Zeit selbst gerettet und dadurch das Angesicht der Erde erneuert. »Dies venit, dies tua, in qua reflorent omnia.«[128] Wie sein Todestag, so war auch Gregors Leben Vorfrühling für seine Generation, für ein Jahrtausend, das ihm folgte, für uns alle.

Der Kirchenstaat ist heut gewöhnlich ein Stiefkind der Geschichtsschreibung, auch der Katholiken. Sicher ist er der Anlaß für manche unerwünschte politische Verwicklung des

---

126 Justinian I., byzantinischer Kaiser (527–65); 11.5.483–14.11.565.

127 Exarch (Ostkirche), bis zum 5. Jahrhundert dem Patriarchen vergleichbarer Oberbischof über mehrere Metropoliten, heute dem Bischof gleichgestellter Leiter einer Exarchie.

128 Dies venit, dies tua, in qua reflorent omnia – Der Tag kommt, dein Tag, an dem alles neu erblüht.

Papsttums geworden; seiner Verwaltung können erschütternde Fehler nachgewiesen werden, übrigens nicht mehr als der Verwaltung der anderen europäischen Kleinstaaten. Daß er eine Notwendigkeit bedeutete, um dem irdischen Haupt der Kirche Freiheit und Unabhängigkeit zu sichern, wird heut kein Freund der katholischen Religion mehr leugnen können. Wir verstehen und würdigen jetzt den Kampf, den *Pius IX.*[129] für den Kirchenstaat geführt hat, weit besser als vor dreißig Jahren. Pius IX. hatte recht. Der Kirchenstaat ist eine unvermeidliche Folge des dualistischen Charakters, der der »streitenden Kirche« anhaftet.
Der Kirchenstaat ist indessen nur die geringste unter den Schöpfungen Gregors. Wir erwähnen ihn lediglich deshalb, weil es kein Zufall ist, daß er wenig älter wurde als das erste Reich der Deutschen; es hat alle Wechselfälle dieses Reichs von seiner Geburt bis zu seinem Tod getreulich mitgemacht. Er war auch bloß der äußere Anlaß, daß *Karl der Große*[130] nach Rom ging; die Zeit war reif geworden, das Reich formal zu gründen, dessen Idee seit zweihundert Jahren wie eine Pflanze gewachsen war. Das Reich Karls hatte seine gewaltige Bedeutung, indem es dem ungeordneten Dynamismus der Völkerwanderung ein Ende setzte; es hat seit dem Ende des Römischen Reichs zum ersten Mal wieder das christliche Abendland politisch geeint. Karl nahm die erhabene Überlieferung des römischen Kaisertums auf und hat dem Reich eine religiöse Sendung verliehen, indem er als Kaiser der Schirmvogt der Kirche sein wollte. Er hat damit

---

[129] E. E. Y. Hales: Pius IX., Europäische Politik und Religion im 19. Jahrhundert; Graz, Wien, Köln 1957.

[130] Daß Karl der Große sein Reich nur durch die Zerstörung des (weiteste Teile Österreichs und Tirols einschließenden)agilolfingischen regnum baiuvariorum und die Auslöschung des frommen, klöstergründenden und missionierenden DUX (POST REX) TASSILO III. erlangen konnte, haftet seinem Werk – siehe Sodens spätere Einschätung – als Makel an.

die politische Aufgabe der Deutschen in eine mehr als metaphysische Höhe gehoben. Von ihr abzufallen, mußte im religiösen Verrat und in totalitären Sünden enden, wie wir heut ganz deutlich sehen. Innenpolitisch hatte das Reich Karls noch nicht seine wahre Gestalt gefunden. Karl war Zentralist, vielleicht mußte er es sein. Er hat die Stammesherzogtümer in schwache Gefolgschaften aufgelöst, die Verwaltungseinheiten und nicht mehr waren. Er hat mit der Unterdrückung der Freiheitsbestrebungen in Niedersachsen und Bayern wertvollstes deutsches Volksgut und politische Substanz vernichtet.[131] Erst über hundert Jahre später war das Reich auch innenpolitisch richtig organisiert. Die Geschichte läßt sich Zeit, zu ihren wirklichen Lösungen zu gelangen.
Nach dem Zusammenbruch des karolingischen Zentralismus haben die **Sachsen** die Führung des Reichs übernommen. Es ist vollkommen wahr: das Reich der Heinriche und Ottonen stellt den Gipfel, den echtesten Ausdruck der deutschen Reichsherrlichkeit im Mittelalter dar. Das **Reich Ottos des Großen ist innerlich und äußerlich föderalistisch.** Es besteht aus acht Stammesherzogtümern, die sich an Größe und Volkszahl ungefähr die Waage halten. Sie sind in ihrem Eigenleben fast ganz frei: ihre Herzöge sind im eigenen Land »Könige«, wie der Sachsenspiegel dreihundert Jahre später sagen wird. Das Kaisertum ist nicht an ein bestimmtes Land gebunden, sondern ist tatsächlich von freier Wahl bestimmt. Ob diese Reichsverfassung nach heutiger Auffassung mehr dem Bundesstaat oder dem Staatenbund entspricht, mag Doktordissertationen überlassen bleiben; jedenfalls ist sie föderalistisch. Dieser Föderalismus beherrscht das Reich aber auch in seiner abendländischen Stellung, in seinen Beziehungen zu den anderen Nationen. Ungarn hat tat-

---

[131] siehe oben (130).

sächlich schon sehr früh den Weg zum Reich gefunden. *Stephan*,[132] der einer der größten Wegbereiter der Geschichte war, machte sich eine Ehre daraus, mit dem Römischen Kaiser in engster Beziehung zu stehen; sein Königtum ist ein Abbild des Reiches, es umfaßt Magyaren und Slawen ohne irgendeinen politischen oder rechtlichen Unterschied in einem Raum, dessen politische Einheit im europäischen Interesse erforderlich ist. Böhmen ist mit dem Heiligen *Wenzel*,[133] den die Tschechen als den Gründer ihres Staats verehren, ins Reich eingetreten und hat im Reich seinen Aufstieg vom Herzogtum zum Königtum und Kurfürstentum zurückgelegt. »Wer Böhmen beherrscht, beherrscht Europa«. Diese Äußerung wurde *Bismarck* zugeschrieben gelegentlich des Berliner Kongresses. Sie enthält manches Richtige, nur daß das erste Reich Böhmen nicht annektiert, nicht mit Waffengewalt erobert hat. Die moralische Kraft dieses Reichs war so groß, daß Wenzel aus freien Stücken kam und um die Aufnahme ins Reich bat; er sah, daß sein Volk im Reich einer religiösen und kulturellen Mission teilhaftig wurde, die seine Stellung außerordentlich heben müsse, ja die seinem Staat erst jene ideelle Weihe geben könne, ohne die alles politische Leben unvollkommen ist.

Polen hat zu keiner Zeit formell zum Reich gehört, doch es war dem Reich so nah wie ein Glied; niemals bis zur ersten Teilung hören wir von einem Konflikt zwischen Polen und der Reichs-

---

[132] Stephan der Heilige, getauft von Bischof Pilgrim auf den Patron des Stephansdoms in Passau.

[133] Wenzeslaus I., der Heilige (921–929); um 910–28.9.929; begünstigte den Anschluß Böhmens an das Deutsche Reich und die Christianisierung des Landes, erlag der heidnisch-nationalen Reaktion unter seinem Bruder Boleslaw I., von dem er ermordet wurde.

gewalt.[134] Der deutsche Orden, mit dem die Polen zu kämpfen hatten, ist erst eine Gründung des späten Mittelalters und eine ausgesprochen partikularistische Macht. Das Reich hat keine Kriege mit den Westslawen und Magyaren geführt; es war auf die Symbiose mit ihnen eingestellt, seine Grenzen nach Osten und Südosten waren fließend, sicher nie von einem starren Nationalstaatsbegriff diktiert. Es gibt keine bessere Schilderung dieses doppelten bündischen Charakters des Reichs als die von Konstantin *Frantz*. Frantz hat die Dinge, die hier in ihren Grundzügen dargestellt sind, ausführlich behandelt. Er ist der klassische Geschichtsschreiber des deutschen Föderalismus. Er hat gezeigt, daß in diesem Reich, das innerlich auf dem Föderalismus beruhte und das äußerlich die echteste Art des Föderalismus mit den Westslawen und Magyaren erreichte, die Deutschen ihre politische Sendung erfüllten. Theodor *Haecker*[135] hat in unserer Zeit am besten über das Reich geschrieben; sein Vergil-Buch vor allem enthält die glänzendste Analyse des Reichs, die die Gegenwart hervorgebracht hat.

Dieses Reich ist die nationale Aufgabe der Deutschen. Wo sie diese Aufgabe nicht sehen oder wo sie vor dieser Aufgabe zurückscheuen, beginnt ihr nationaler Niedergang; dieser Niedergang hat sich bis zur Auflösung des Reichs und bis zu seiner Ersetzung durch Fälschungen fortgepflanzt; im »dritten Reich«,

---

[134] Heilige Hedwig von Andechs und Meranien (Andechs 1174–15.10.1243 Trebnitz), Herzogin von Schlesien. Von erheblichem Einfluß auf Polen, das 1683, beim Entsatz von Wien, zum Verteidiger des Reichs wurde.

[135] Haecker, Theodor, bayer. Kultuphilosoph, Eberbach 4.6.1879 – 9.4.1945 Ustersbach. Kam von Kiekegard über Newman zur katholsichen Kirche: »Vergil, Vater des Abendlandes«, »Tag- und Nachtbücher«. Mutiger Hitlergegner. An der Münchner Universität Lehrer der Geschwister Scholl.

das alle großen Züge des ersten Reichs ins Gegenteil verkehrt hat, ist Deutschland seiner nationalen Mission am weitesten entfremdet worden; mit ihm ist die tiefste Stelle seines nationalen Niedergangs bezeichnet. Wollen wir in der Sprache dieses Buches reden, so werden wir sagen, daß die Deutschen den »Bund« auf eine besondere Höhe gehoben haben, indem sie ihr Reich bildeten. Doch indem sie dieses Reich verleugneten, haben sie den europäischen Bund zersplittert wie kein anderes Volk.

Denn der Föderalismus dieses Reichs erstreckte sich auch nach **Westen**. Die Könige von Frankreich und England fühlten sich mit dem Römischen Kaiser deutscher Nation zu einer großen Einheit verbunden. Nach der Auflösung des Reichs Karls des Großen hat die Rivalität der deutschen und französischen Könige um das Kaisertum eine kurze Epoche mit politischem Streit und Krieg erfüllt. Otto der Große hat sie beendet und von da an bis zu Ludwig XIV. ist das Kaisertum nie mehr ein Ziel der französischen Politik gewesen. Engländer und Deutsche sind – abgesehen von einigen Abenteurern in der Zeit der Kabinettskriege – auch nicht ein einziges mal gegeneinander im Feld gestanden; der Diplomatie des »zweiten Reichs« war es vorbehalten, diese traurige Situation herbeizuführen. Ich weiß von keinem Krieg, den Habsburg gegen England unternommen hätte; häufig genug sind sie als Bundesgenossen miteinander gegangen.

Die Stellung des Römischen Kaisers deutscher Nation lag nicht etwa darin begründet, daß er es vermocht oder auch bloß gewagt hätte, irgendwie in die inneren französischen oder englischen Angelegenheiten hineinzureden. Aber er war als das Haupt des christlichen Europa, damals der christlichen Welt, anerkannt, und durch ihn war dieses christliche Europa eine Einheit, wenigstens solang sein Kaisertum real blieb. Den ersten Kreuzzug hat

Heinrich IV.[136] versäumt, weil er zu sehr beschäftigt war, seine Rechte gegen den Papst zur Geltung zu bringen. Auf dem zweiten, dritten und vierten Kreuzzug dagegen war der Kaiser der unbestrittene Führer. Jedermann weiß, wie *Philipp August*[137] und *Richard Löwenherz*[138] den Primat Barbarossas anerkannten. Man kann über die objektive Bedeutung der Kreuzzüge verschieden urteilen; als Ausdrucksformen der europäischen Einheit und der tragenden Ideen dieser Einheit enthalten sie jedenfalls eine klare Lehre für uns und unsere Zeit.

Die Erneuerung des Römischen Reichs hat eben die **Christenheit neu zusammengeschlossen.** Natürlich hat dieses Römische Reich deutscher Nation die kulturelle Höhe Roms nie wieder erlangt, außer etwa in seinen zweihundert letzten politisch fast bedeutungslosen Lebensjahren. Dazu hatten die Menschen in der Völkerwanderungszeit und wahrscheinlich bereits vorher, im langen Absolutismus der Kaiserzeit, zuviel Kulturgut zugrunde gehen lassen. Doch politisch war dieses neue Reich der Deutschen dem alten Römischen Reich in einer Beziehung sogar überlegen, insofern, als es den Volksindividualitäten Raum machte; es war föderalistisch im Gegensatz zum Zentralismus der römischen Kaiser, der noch das Denken Karls des Großen beherrscht hatte. Es ist klar, daß die geographische Lage der Deutschen in Europa viel mit ihrem Talent und mit ihrer Berufung für das Reich zu tun hatte. Zwischen den lateinischen und den slawischen Kulturen liegend, mußten sie von Natur aus den

---

[136] Heinrich IV., röm.-deutscher Kaiser (1056–1106), 11.11.1050–7.8.1106 Lüttich, Streiter für die kaiserlichen Rechte gegenüber dem Papst (Gang nach Canossa), im Dom zu Speyer beigesetzt.

[137] Philipp II. August, König von Frankreich (1180–1223); Paris 21.8.1165–14.7.1223 Mantes; Teilnehmer am 3. Kreuzzug.

[138] Richard I. Löwenherz, König von England (1189–1199); 1157–6.4.1199, nahm am 3. Kreuzzug teil.

Reichtum, die Fülle und die Kraft verstehen, die die einzelnen Völker hervorbrachten, indem sie ihre Eigenart entwickelten. Es war ihnen gegeben, daß jede persönliche und nationale Individualität von höchstem Wert und keine bedeutungslos sei. Sie nahmen Menschen und Völker gleich wichtig, und daher fanden sie nicht Zeit, Rangklassen von Rassen oder Nationen aufzustellen. Was mir ein polnischer Freund in ein Buch schrieb, »l'ami de Dieu est l'ami de tous les peuples«, ist für die Deutschen wirklich kennzeichnend gewesen, solange sie den Gedanken an ihren Beruf als Freunde Gottes wach erhielten. Es war eine große Sache, aus dieser Begabung einen Staat zu bauen, eine noch größere, aus ihr ein Reich zu errichten. Unbestreitbar wird dem Volk, das so Bedeutendes fertigbringt, ein gewisser Ehrenvorrang zuteil, wie ihn die Deutschen genossen haben, solang sie sich ihrem wahren Reich widmeten. Es ist überaus charakteristisch, daß Kaiser *Heinrich II.,*[139] dessen Regierungszeit eine der besten Perioden des Reiches bezeichnet, von der Kirche heiliggesprochen ist. Das Kaisertum war in dieser seiner wesentlichen Funktion nichts weniger als eine Befehlsstelle oder – um in zeitgemäßer Sprache zu reden – die idealistische Scheinstellung für einen diktatorischen Führer, sondern es war ein echter moralischer Beruf als Schirmherr der Christenheit. Diese Christenheit eben als Einheit an der höchsten weltlichen Stelle zu verkörpern, sie vor politischen Gefahren zu behüten und die politischen Voraussetzungen zu schaffen, damit sie sich ausbreiten könne – das waren die Leistungen, die Europa vom Kaiser erwartete, und dafür bildeten die Deutschen in einem weiteren Sinn sein Reich.

---

[139] Heinrich II., der Heilige, römisch-deutscher Kaiser (1002–24), Herzog von Bayern; Abbach 6.5.973–13.7.1024 Grona; Stifter des Bistums Bamberg, beigesetzt im Bamberger Dom.

Wir haben in der Geschichte mehrere Fälle, daß europäische oder europaeisierende Herrscher den Kaisertitel führten: die alte Queen ist von ihren Ministern zur Kaiserin von Indien gemacht worden, glücklicherweise, ohne den Titel als Königin von England aufzugeben; *Peter der Große*[140] hat den Romanows das Kaisertum als Erbschaft hinterlassen; in Brasilien hat sich *Don Pedro I.*[141] als Kaiser ausgerufen; in Äthiopien ist der Kaisertitel dem *Negus*[142] zuerkannt. Der König von Italien[143] hatte nichts Eiligeres zu tun als diesen Titel anzunehmen, nachdem das unglückliche Land unterworfen war, und er hat ihn nicht etwa abgelegt, als er Abessinien verloren hatte. Vor allem hat *Napoleon* I.[144] ein französisches Kaisertum eingeführt. Indessen, diese Titel sind, mit Ausnahme des letzteren, lediglich die Celebration einer ausgezeichneten Machtstellung, die auf einer riesigen Ländermasse beruht; sie sind nicht Ausdruck einer besonderen Mission, die der Kaiser übernehmen will. *Napoleon I.* freilich sah in seinem Kaisertum eine gewisse Sendung; ich glaube nicht, daß er alles bloß aus Furcht vor seinen überwundenen Gegnern tat; er hatte die Absicht, das Kaisertum Karls des Großen wiederherzustellen. Doch er kannte für diesen Zweck bloß die militärischen und bürokratischen Mittel des Generals: Befehl, Unterwerfung, Entwaffnung, Zentralisation, Krieg – kurz, den Imperialismus. Daran brach sein »Reich« zusammen.

---

[140] Zar Peter I., der Große; Moskau 9.6.1672–8.2.1725 St. Petersburg; schuf das neuzeitliche Rußland als europäische Großmacht.

[141] Don Pedro I., Kaiser von Brasilien, Lissabon 12.10.1798–24.9.1834 Lissabon.

[142] Negus, Titel des abessinischen Unterkönigs. Negus-Negesti Haile Selassie, Kaiser von Äthiopien.

[143] Der König von Italien: Victor Emanuel II. (1900–1946) Neapel 11.11. 1869–28.12.1947 Alexandria, berief Mussolini an die Spitze der Regierung und ließ den Faschismus gewähren.

[144] Napoleon I., machte sich 1804 zum erblichen Kaiser der Franzosen.

Das wahre Reich schafft Bünde, Lebensgemeinschaften: es lebt aus der Kooperation, was eine bestimmte Kühnheit voraussetzt, die dem Korsen allerdings völlig fehlte. Deshalb war sein Kaisertum falsch und mußte ein böses Ende nehmen. Kaisertum ohne spirituelle Sendung ist sinnlos, und darum ist auch das römische Kaisertum deutscher Nation untergegangen, als ihm ein großer Teil Europas – des katholischen nicht weniger wie des protestantischen – diese Sendung nicht mehr zubilligen mochte. Es hat noch über zweihundert Jahre lang weitergelebt, als diese seine Wurzeln vernichtet waren, allein das war bloß ein krampfhaftes Festhalten des längst Verlorenen. Die Habsburger haben als seine Treuhänder ihre Rolle gut gespielt; in Wirklichkeit war sie nichts anderes als die Verwaltung eines dauernd abnehmenden Nachlasses.

Wendet man sich den moralischen Lösungen zu, die das wahre Reich an seiner Südgrenze zu verwirklichen suchte, so stößt man auf das ganze Problem der mittelalterlichen **Kaiserpolitik** Die Italienpolitik der deutschen Kaiser wirft die Frage auf, ob überhaupt ihr Ringen um Rom und das Kaisertum glücklich war. Es ist erstaunlich, daß die Diskussion über diesen Gegenstand noch genau da steht, wo sie *Ficker*[145] und *Sybel*[146] hinterlassen haben; die Aussprache scheint um keinen Schritt weitergekommen zu sein. Und doch lag es nah, sie zu fördern, indem man die Phasen unterschied, in die diese Kaiserpolitik zerfällt. Von *Otto*

---

[145] Ficker, Julius von, Geschichtsforscher; Paderborn 30.4.1826–10.7.1902 Innsbruck, nahm gegenüber Sybel den katholisch-großdeutschen Standpunkt ein.

[146] Sybel, Heinrich von, Geschichtsschreiber; Düsseldorf 2.12.1817–1.8.1895 Marburg, Vertreter des kleindeutsch-großpreußischen Standpunktes. Stadtpfarrer Dr. Anton Westermayer in der Münchner Peterskirche: »... und erlöse uns von dem Sybel, Amen«.

dem Großen[147] zu *Karl V.*[148] sind es sechshundert Jahre, fast soviel wie von heut zum Anfang der Schweizer Eidgenossenschaft. In dieser Zeit hat die Kaiserpolitik ihre großen Wandlungen durchgemacht. Es ist falsch, sie für diese ganze lange Zeit als Einheit zu behandeln und entsprechend über sie ein einheitliches Urteil abzugeben. Es ist unwissenschaftlich, diese sechshundert Jahre der Kaiserpolitik als ein Ganzes der nationalstaatlichen Politik gegenüberzustellen. Mit dem Vorbehalt, den alle Periodisierungen verdienen, lassen sich zum mindesten drei Phasen der Kaiserpolitik erkennen.

In der **ersten** Periode suchen die deutschen Könige in Italien vor allem den Kaisertitel, die religiös-ethische Aufgabe und Machtstellung, die er beide gewährt. Sie bejahen den **Universalismus** des Reichs und ihr ihnen entspringendes europäisches und christliches Treuhändertum. Diese Periode beginnt eigentlich schon mit Karl dem Großen, also 130 Jahre früher. Aber ihre charakteristischen Vertreter sind die Sachsenkaiser und der Salier *Heinrich III.*[149] Auch *Lothar von Supplinburg*[150] und der erste Hohenstaufe *Konrad II.*[151] zählen zu ihr; nur daß Lothar infolge seiner kurzen Regierungszeit und Konrad mit seiner weniger bedeutenden Persönlichkeit dem Gedanken dieser Kaiserpolitik nicht mehr so viel Ausdruck zu geben vermochte. In dieser ganzen Periode gibt es

---

[147] Otto I., der Große, römisch-deutscher Kaiser (936–973); 23.11.912–7.5.973 Memleben.

[148] Karl V., römisch-deutscher Kaiser (1519–1556), Gent 24.2.1500–21.9.1558 San Geronimo de Yuste.

[149] Heinrich III., römisch-deutscher Kaiser (Salier) (1039–1056), Herzog von Bayern, König von Burgund; 28.10.1017–5.10.1056 Pfalz Bodfeld.

[150] Supplinburg, Lothar III von, römisch-deutscher Kaiser (1125–1137); 1075–3.12.1137 Breitenwang am Lech.

[151] Konrad II., Salier, römisch-deutscher Kaiser (1024–1039); Konrad III., Staufer, römisch-deutscher Kaiser (1138–1152).

nur zwischen *Heinrich IV.* und seinem Sohn *Heinrich V.*[152] einen Konflikt mit dem Papsttum. Im übrigen arbeiten Papst und Kaiser einheitlich und einträchtig für dieselben Ziele. Natürlich haben diese Kaiser ihre Italienpolitik. Sie zielt auf eine Ordnung der meist verworrenen italienischen Verhältnisse und auf den Schutz der Kirche gegen die Gefahren, die ihr aus dieser Verworrenheit und dem Einbruch der Araber entstehen.

Einen ganz anderen Charakter trägt die **zweite** Periode, die mit dem Streben *Friedrich Barbarossas*[153] einsetzt, in Italien eine **hohenstaufische Hausmacht** zu begründen. Die Hohenstaufen, deren Hausmacht in Deutschland ziemlich gering ist, wünschen sich einen italienischen Staat zu schaffen. *Reinald von Dassel*,[154] der sonderbare Erzbischof von Köln und Kanzler Barbarossas,

---

[152] Heinrich V., römisch-deutscher Kaiser (1106–1125); 1081–23.5.1125 Utrecht.

[153] Als zu dieser Erwähnung der staufischen Kaiser passende und die Erfahrungen des Verfassers aufgreifende Erläuterung sei aus einem Brief zitiert, den der Herausgeber am 3. August 1989 von Georg Graf von Soden-Fraunhofen empfing: »... habe ich übersehen, auf die Polarität verschiedener Auffassungen in den zwanziger Jahren aufmerksam zu machen, der »staufischen« – will heißen der mehr zentralistischen, und der »welfischen« – will heißen der mehr foederativen. Heute ist diese Fach-Bezeichnung vergessen. Wer heut »staufisch« im eher abwertenden Sinn zu hören bekommt, fühlt sich etwas vor den Kopf gestoßen, weil sich für die meisten Menschen mit der Stauferzeit die romantische Vorstellung der Glanzzeit des mittelalterlichen Reichsgedankens und des eben erst aufgekommenen Rittertums verbindet. Darum mag es geboten sein, ein erläuterndes Wort zu dieser Besonderheit zu sagen. In irgendeinem Gespräch der jüngeren Zeit sagte Erzherzog Otto im Hinblick auf die politische Tendenz seines Vater (des Kaisers Karl), die zentralistische Politik sei die den menschlichen Neigungen erst einmal näherliegende; das foederative Bemühen sei eine höhere politische Kulturstufe. (In dieser Hinsicht mag) das heilige römische Reich deutscher Nation fortschrittlicher (gewesen sein) als das römische Imperium«.

[154] Dassel, Rainald von, Erzbischof von Köln, um 1120–14.8.1167.

hat diese Politik begonnen. Diesem Ziel wird die Kodifizierung des Feudalrechts auf den Ronkalischen Feldern[155] und später das neuentdeckte Römische Recht dienstbar gemacht. Ihnen zulieb wird der lange und verlustreiche Krieg gegen die lombardische Städtedemokratie unternommen, ihm zulieb wird ein Schisma in Szene gesetzt und *Heinrich VI.*[156] mit Konstanze verheiratet. *Friedrich I.*[157] hat seine Politik mit einem Kompromiß beendet, als er den Venediger Frieden von 1179 abschloß. Heinrich VI. dagegen, der sich selbst kaum mehr als Deutschen ansah, hat ihr seine ganze frühzeitig beendete Regierungszeit gewidmet. Sein unteritalienischer Staat war in vollem Sinn modern: Er war restlos zentralisiert, mit einem den Arabern abgeschauten Berufsbeamtentum und einem stehenden Heer. Heinrich fühlte sich als der Souverän, dessen Wille nach spätrömischem Recht Gesetz war. Eine tüchtige Geheimpolizei unterstützte die Regierung, die sich von keinerlei Repräsentation gehemmt sah.

Dieser Staat war den Hohenstaufen die Hauptsache, das Kaisertum schien bloß ein Mittel, zu ihm zu gelangen. Die europäische Sendung des Kaisertums, die noch im letzten Regierungsabschnitt Barbarossas, nach seiner Aussöhnung mit dem Papst, zu ihrer größten Höhe aufgeflammt war, versank nun in der Asche tiefster Vergessenheit. Wer diese Zeit wirklich ein wenig kennt, kann sie nicht universalistisch nennen. Das Nationalstaatsprinzip ist allerdings noch nicht entwickelt, was schon daraus hervor-

---

[155] Ronkalische Felder, Ebene am linken Ufer des Po, oberhalb Piacenza, Sammelplatz der deutschen Heere auf dem Weg nach Rom. Die deutschen Könige und Kaiser hielten hier Gericht, Heerschau und Reichstage ab.

[156] Heinrich VI., römisch-deutscher Kaiser (1190–1197), 1165–28.9.1197 Messina.

[157] Friedrich I., Barbarossa (1152–1190), Staufer, römisch-deutscher Kaiser; um 1125–10.6.1190.

geht, daß Italiener und Sarazenen das Material zu einer deutschen Hausmacht abgeben müssen.
Die hohenstaufische Staatspolitik hat in *Friedrich II.*[158], ihren Höhepunkt gefunden. Seine Persönlichkeit und seine Regierung sind in der Tat viel charakteristischer für die Hohenstaufen als Barbarossa, der noch einigermaßen zwischen zwei Welten steht. Friedrich II. hat die christliche Religion aufgegeben; an ihm, den der Mohammedanismus religiös und kulturell tief beeindruckte, hat der Orient seine größte abendländische Eroberung gemacht. Die franziskanische Bewegung, die das christliche Europa während seiner Regierungszeit durchzog, ist spurlos an ihm vorübergegangen; im Gegenteil, mit *Gregor IX.*,[159] den man vielleicht den ersten Franziskanerpapst nennen darf, hat Friedrich den Konflikt begonnen. Das Kaisertum war für ihn, den Ungläubigen, jeder religiösen oder moralischen Bedeutung entkleidet; es war ihm nichts als eine politische Handhabe, um die Kirche und die öffentliche Meinung, die noch in christlichen Begriffen dachte, zu fesseln. Friedrich hat das Römische Reich ausgiebig für seine Politik benutzt. Die Noten seines Kanzlers, *Petrus de Vinea*,[160] der übrigens als das Opfer einer vorweggenommenen Gestapo endete, berufen sich auf die Stellung des Caesar im heidnischen Staat, um die Herrschaftsansprüche des Kaisers zu begründen. Der Staat ist – wie *Gierke*[161] ausführt – im Denken dieser Männer zur Anstalt herabgesunken; Friedrich und sein Kreis lebten in romanistischer Weltanschauung und haben eine romanistische Politik gemacht

[158] Friedrich II., König von Sizilien und Jerusalem (1212–1250); Jesi 26.12. 1194–13.12.1250 Fiorentino.
[159] Gregor IX., Papst (1227–1241); Anagni (als Graf Ugolino von Segni) 1160–22.8.1241 Rom.
[160] Petrus de Vinea, Großhofrichter, Leiter der Kanzlei Kaiser Friedrich II. 1190–1249.
[161] Gierke, Otto von, Jurist; Stettin 11.1.1841–10.10.1921 Charlottenburg.

wie niemand vor ihnen. Jedenfalls ist es schwer, sich eine Art auszudenken, die weniger deutsch gewesen wäre.
Deutschland blieb das Aschenbrödel. Ein Reichsverweser wurde von den Unruhestiftern ermordet, ein anderer war aus dem gleichen Holz geschnitzt wie der Kaiser. In Deutschland Ordnung zu schaffen, hatte Friedrich keine Muße, und so kündigte sich während des zweiten Teils seiner Regierung »die kaiserlose, die schreckliche Zeit« deutlich an. Hier, in der gänzlichen Gleichgültigkeit des Hohenstaufen für Deutschland, hat sie ihre tiefsten Wurzeln. Um sich in Deutschland den Rücken zu decken, hat Friedrich der Entwicklung des *Territorialfürstentums* in Deutschland die Wege geebnet. Dieses Territorialfürstentum hat den inneren Charakter des Reichs grundlegend geändert. Die alten Stammesherzogtümer waren bereits am Beginn der Hohenstaufenzeit arg zersetzt. Eine Menge neuer Dynasten waren entstanden; umgekehrt begaben sich allerorten alte Dynastenfamilien in die Ministerialität ihrer stärkeren Nachbarn, offenbar weil sie sich dem dynastischen Konkurrenzkampf nicht gewachsen fühlten. Die soziale Revolution, die sich in dieser Epoche vollzieht, ist am stärksten dadurch gekennzeichnet, daß in der dauernd wachsenden Feudalisierung der freie Bauernstand und die freie Landgemeinde in den weitesten Gebieten Deutschlands vernichtet werden. Wir werden gleich nachher bei Besprechung der »Stärke« darüber zu reden haben.
Politisch gesehen ist die Ausstattung der Prälaten mit weltlicher Territorialhoheit einer der Hauptgründe für den Verlust des alten Stammesherzogtums. Diese Entwicklung ist weder für das Reich noch für die Kirche segensreich gewesen. Der Papst hat sich ihr entgegenzustellen versucht; im Vertrag von Sutri[162] hatte er dem

[162] Synode von Sutri (Prov. Viterbo), Dez. 1046 (Absetzung der Päpste Silvester III. und Gregor VI.).

Salier *Heinrich V.* den Verzicht auf alle Territorialhoheit der deutschen Prälaten um den Preis der freien Investitur zugesagt. Doch am Widerspruch der Betroffenen scheiterte der Plan. Gewiß, »unter dem Krummstab war gut wohnen«, weil die Prälaten keine Fehden und fast keine Kriege führten. In der Aufklärungsperiode haben sie einem sehr aufgeklärten Absolutismus gehuldigt. Die Freisinger Untertanen haben sich im 18. Jahrhundert viel wohler gefühlt als ihre kurbayerischen Nachbarn, und noch in der Saekularisationszeit hat Fürstenberg[163] die Münsterer Diözese zu einem kleinen Paradies der Volksbildung gemacht. Kein Zweifel, daß die Saekularisation gierig, roh, dumm und maßlos verfahren ist. Aber das geistliche Fürstentum hat nicht weniger wie das weltliche den inneren Föderalismus des Reichs zerstört, der auf den Stammesstaaten und ihrer annähernden Homogenität beruhte. Der Föderalismus einiger weniger relativ großer Länder wurde vom Partikularismus einer Menge kleiner und kleinster Reichsstände verdrängt, in dem es restlos dem freien Spiel der Kräfte überlassen blieb, wer die größte Hausmacht erwarb und mit ihr die kleinen terrorisierte. Nicht nur die berüchtigte Zersplitterung Deutschlands hat damals begonnen, sondern auch jene Verschiebung der Kräfte vom Föderalismus zum Partikularismus, die schließlich ins sogenannte Bismarcksche »Reich« mit seiner Hegemonie der preußischen Hausmacht mündete.

Föderalismus und Partikularismus sind Gegensätze; allerdings muß man soviel Verstand haben, sich vom Staub aller populären Ausdrucks- und Denkweise freizumachen, der die Diskussion über diesen Gegenstand in Deutschland seit fast drei Menschenaltern beherrscht. Und an diesem Verstand hat es den geistigen

---

[163] Fürstenberg, Franz Freiherr von, 1729–1810. Minister und Generalvikar des Hochstifts Münster.

Schichten Deutschlands unglücklicherweise gänzlich gefehlt. Föderalismus ist die maßvolle Freiheit im Bund der gleichberechtigten und annähernd gleichstarken Glieder. Partikularismus ist die maßlose Freiheit, die den Bund nicht genug schwächen kann und die in seine Vernichtung ausläuft. Seine dialektische Antithese ist der Zentralismus, der notwendig aus der Maßlosigkeit des Partikularismus herauswächst und nichts anderes als die Vernichtung der partikularen Freiheit durch den überlebenden Stärksten darstellt. Diese partikularistisch-zentralistische Dialektik hat mit den Hohenstaufen begonnen und in folgerechter Entwicklung zu *Bismarck*, ja zu *Hitler* getrieben.
Gewiß wäre es ungerecht, die Hohenstaufen allein für sie verantwortlich zu machen. Ihre Wurzeln reichen bis zu den späteren salischen Kaisern, und im sozialen Drang wie im Denken ihrer Zeit wäre es viel von den Hohenstaufen verlangt gewesen, sich diesen gesellschaftlichen Elementen zu widersetzen. Allein sie haben gegen die zerstörenden Kräfte ihrer Epoche nicht angekämpft, sondern sie nach Möglichkeit für ihre Zwecke zu nützen gesucht. Gleiches läßt sich übrigens von den Hohenzollern seit dem Wiener Kongreß sagen, von den Bourbonen[164] der absolutistischen Aera und vom Haus Savoyen[165] im 19. und 20. Jahrhundert sowie von manchen anderen Dynastien und Machthabern. Sie haben keinen Augenblick gezögert, mit dem Teufel ihren Pakt zu schließen, als sie ihm begegnet waren. Ein Kaiser, dem die deutschen Angelegenheiten ernstlich am Herzen lagen, hätte noch im 13. Jahrhundert manchen anderen Kanal offen gefunden, in den die Zeitströmungen geleitet werden konnten.

---

[164] Bourbonen, frz. Dynastie, die auch auf die Throne von Spanien, Neapel, Sizilien und Parma folgte.

[165] Haus Savoyen, Grafengeschlecht (Piemont, Turin), verzichtete 1860 für die Hilfe Napoleons III.gegen Österreich (Schlacht bei Solferino) auf sein Stammland und übernahm Italiens Königtum.

Friedrich hat nichts zu tun gewußt, als das Reich den Territorialfürsten zu opfern. Er hat der Entwicklung durch das »statutum in favorem principum«[166] und die »confoederatio cum principibus ecclesiasticis«[167] sein Siegel aufgedrückt und wurde so ihr wichtigster Förderer.

Heinrich der Löwe[168] wird mit Recht für eine Politik in Anspruch genommen, die alle diese verhängnisvollen Wendungen des staufischen Kaisertums vermeiden konnte. Man darf ihn als den Verfechter einer »**welfischen** Politik« charakterisieren, die mehr als bloß die Rivalität einer um den Kaisertitel kämpfenden Partei ist. *Otto IV.*[169] hat allerdings die meisten Fehler der Hohenstaufen nachgemacht und noch einige dazu, aber sein Vater war bestimmt einer der bedeutendsten Staatsmänner des Mittelalters. Nur ist es ein Anachronismus, seine Politik als »nationalstaatlich« zu bezeichnen; der Nationalstaatsgedanke war zu diesem Zeitpunkt noch kaum auf seine erste Entwicklungsstufe gelangt, Gegenstand der Überlegungen und Wünsche der Denker und Dichter zu werden. Erst ein Menschenalter nach dem Löwen wird Walther von der Vogelweide[170] diesen Ton gelegentlich anschlagen.

---

[166] Statutum in favorem principum – ein Gesetz zur Begünstigung der Fürsten.

[167] Confoederatio cum principibus ecclesiasticis – das Bündnis mit den Kirchenfürsten.

[168] Heinrich der Löwe (1142–1189), erhielt von Kaiser Friedrich Barbarossa 1156 das Herzogtum Bayern verliehen, von dem Österreich als eigenes Herzogtum (für die Babenberger) abgegliedert wurde. Dadurch erhielt das damals noch auf Niederösterreich beschränkte Österreich die ehemalige Randlage Bayerns, während Bayern selbst »verinlandete«.

[169] Otto IV. von Braunschweig, römisch-deutscher Kaiser (1198–1218), Sohn Heinrichs des Löwen.

[170] Walther von der Vogelweide, bedeutendster deutschsprachiger Lyriker des Mittelalters (1170–1230 vermutlich Würzburg).

Tatsächlich ist Heinrich der Löwe sehr früh – und lang, bevor er sich von Barbarossa offen trennte – ein Parteigänger des Papstes gewesen; sein Denken war universalistisch entsprechend der ersten Phase der Kaiserpolitik. Die Welfen hatten ihre Hausmacht in Deutschland und standen begreiflicherweise dem Versuch der Hohenstaufen, eine italienische Hausmacht zu bilden, äußerst kühl gegenüber. Die Politik Heinrichs des Löwen war in einem sehr gesunden Sinn föderalistisch; die zwei noch bestehenden Stammesherzogtümer, Niedersachsen und Bayern, sollten ihr Gewicht und ihre Freiheit im Reich behalten. Vielleicht hätte Heinrich, wenn er Kaiser geworden wäre, eine andere Richtung eingeschlagen; in Wirklichkeit hat er es nicht getan. Über die östliche Kolonisation, die er in einem durchaus universalistisch-abendländischen Streben förderte, wird gleich nachher zu sprechen sein. Es ist kein Zufall, daß seit dem Löwen der Begriff »welfisch« für alle föderalistische und universalistische Politik steht, für die Tendenz, dem Papst wie auch den deutschen und italienischen Staatsbildungen ihre Freiheit gegen den Zentralismus eines selbstvergessenen Kaisertums zu sichern. Welfentum ist das Bekenntnis zum wahren Reich des christlichen Universalismus. Es ist unendlich schade, daß der größte Dichter des Mittelalters, der uns soviel von der großen Ordnung und dem Reich zu sagen hatte, ein Ghibelline[171] gewesen ist.
Von Heinrich dem Löwen bis zu *Windthorst*,[172] ja bis zu *Don Sturzo*[173] ist Welfentum eine eindeutige Parole geblieben, die in

---

[171] Guelfen und Ghibellinen, die großen italienischen Parteien, die während des Kampfes der Anhänger des Welfen Otto IV. und des »Waiblingers« Friedrich II. entstanden. »Ghibellinen« – die antipäpstlichen Waiblinger.

[172] Windthorst, Ludwig, Politiker, Kaldenhof 17.1.1812–14.3.1891 Berlin, mehrfach Justizminister des Kgr. Hannover, seit 1867 MdR, seit 1871 Wortführer der Zentrumspartei, scharfer Gegner Bismarcks, besonders im Kulturkampf.

Italien mindestens ebensoviel Echo fand als in Deutschland. Denn ihren stärksten Widerstand hat die staufische Hausmachtpolitik in Italien angetroffen. An die Stelle einer wirren Abenteurerpolitik war in Ober- und Mittelitalien die starke Demokratie der neuaufgelebten Städte getreten. Sie wollten ihre Freiheit um keinen Preis verlieren und haben deshalb den weltgeschichtlichen Kampf unternommen, der unter den denkwürdigsten Zeugnissen der Menschheit für Freiheit und Recht seinen Platz hat: »μέγιστον δὲ τεκμήριον ἡ ἐλευδερία τῶν πόλεων.«[174]
In diesem Licht wird auch die päpstliche Politik des Mittelalters verständlich, über die so viel gestritten worden ist. In der ersten Phase der Kaiserpolitik ist die Auseinandersetzung zwischen Papst und Kaiser rein kirchenpolitisch. *Gregor VII.*[175] und sein Nachfolger haben den Kampf aufgenommen, um der Simonie ein Ende zu bereiten, die die Kassen des Kaisers und der Großen schmählich füllte. Die Freiheit der Investitur war der Gegenstand des Ringens, nicht die politische Machtverteilung in Italien, die erst ganz langsam, beginnend mit der Frage der mathildischen Güter,[176] auf den Schauplatz trat. Lehrentscheidungen zu treffen, lag dem Papst gänzlich fern; er stritt bloß um sein Recht, das klar genug schien und das lediglich durch das beginnende Territorialfürstentum der Prälaten in Deutschland verdunkelt war.
Der sogenannte »dictatus papae« Gregors VII. hat manche Diskussion veranlaßt. Gleichviel, wie sein Problem noch gelöst

---

173 Don Sturzo, siehe »Der Staat« 107.

174 Denn das größte Zeugnis ist die Freiheit der Bürgerschaft (der Vielen).

175 Gregor VII., Papst (seit 1073), Benediktiner, Toskana 1021–25.5.1085 Salerno. Simonie: Vorsätzlicher Austausch geistlichen Gutes gegen Vermögenswerte.

176 Mathildische Güter; Mathilde, Markgräfin von Tuszien (1046–24.7.1115) setzte die römische Kirche zur Erbin ihrer Güter in Mittelitalien ein.

wird, die stark staatsfeindliche Note, die an mancher seiner Stellen hervortritt, ist psychologisch und nicht doktrinell zu vertreten. Das Verhältnis von Papst und Kaiser, von Kirche und Staat war klar, seine Normen unanfechtbar. Fast drei Jahrhunderte eines nach menschlichen Maßstäben glücklichen Zusammenlebens und enger Zusammenarbeit hatten das alles gestaltet. Es lag Gregor fern, in diesem Bereich Fragen aufzuwerfen. Ganz anders wurden die Dinge, als die Hohenstaufen begannen, den Papst in Italien in die Zange zu nehmen und einen ganz neuen Rechtsanspruch des Kaisertums zu verkünden. Die neue Phase des Kaiserpolitik erheischte auch eine neue Antwort. Der Schauplatz verschob sich nun auf das politische und doktrinelle Gebiet. *Alexander III.*,[177] *Gregor IX.*[178] und *Innozenz IV.*[179] haben das sehr bald erkannt und ihre Kundgebungen danach abgefaßt. Sie haben sich selbstverständlich mit allen freiheitsliebenden Mächten Italiens und Deutschlands verbündet und so die Freiheit der Kirche mit der Freiheit der Staaten und Städte auf Leben und Tod verknüpft. Die Menschheit ist ihnen dauernden Dank schuldig, daß sie diesen gefährlichsten Versuch des Caesaropapismus in Europa vernichtet haben, indem sie ihren Kampf für die Freiheit des religiösen Gewissens mit der Sache der politischen Freiheit verschmolzen. Das ist ein Schatz, von dem wir in mancher Beziehung noch heut zehren. Was die Hohenstaufen wollten, das wird am besten klar, wenn man die kümmerlichen Gestalten ihrer Gegenpäpste betrachtet und sich den Zynismus bewußt macht, mit dem Religion und Kirche anfechtbarsten politischen Bestrebungen dienstbar werden sollten.

---

[177] Alexander III., Papst (1159–1181), Orlando Bandinelli; Siena –30.8.1181 Civita castellana.

[178] Gregor IX., Papst (1227–1241), Graf Ugolino von Segni, Anagni 1160–22.8.1241 Rom.

[179] Innozenz IV., Papst (1243–54), Sinibaldo Fieschi; gest. 7.12.1254.

Selbstverständlich war der Sieg, wie gewöhnlich, für die Menschheit teuer erkauft. Der Absolutismus der Reichsinstanz in Deutschland war für mehr als 600 Jahre beseitigt, aber dieses Ziel war nur erreichbar gewesen, indem der junge **Absolutismus** des französischen Königtums freie Bahn erhielt. Ganz sicher war der französische Absolutismus das kleinere Übel. Immerhin hat *Philipp der Schöne*[180] in seinem Königreich viel von dem erreicht, was Friedrich II. in Italien angestrebt hatte. Der moderne souveräne Zentralstaat erhob sich hier und suchte die Kirche zu seinem Werkzeug zu machen. Philipp ließ den letzten der großen Päpste des Mittelalters, *Bonifaz VIII.*,[181] gefangennehmen und zwang das Papsttum nach Avignon. Indem »die Lilie« in Anagni[182] eindrang, wurde ein neues Kapitel des Caesaropapismus eröffnet, das erst mit Pius VII.[183] in Fontainebleau schließt. Philipp hat die Linie begonnen, auf der Ludwig XI.[184] und die Bourbonen den Absolutismus vollendeten und die notwendig in die Revolution auslief.
Die Auflösung Europas in **Nationalstaaten** folgte dem Verfall des Reichs. Denn das Reich war von den Hohenstaufen preisgegeben worden und kam nicht wieder. Das Bewußtsein der religiösen Gemeinschaft in der Christenheit erlosch. Die Ansätze zum Völkerrecht, die in ihm und überhaupt im Reichsgedanken enthalten waren, machten der Raubtiermoral Platz, die jetzt zwi-

---

[180] Philipp der Schöne, Le Bel, König von Frankreich (1285–1314), Fontainebleau 1268–29.11.1314 Fontainebleau.

[181] Bonifaz VIII., Papst (1294–1303), Benedetto Gaetani, Anagni; 1235–11.10.1303 Rom.

[182] Anagni, Stadt in der italienischen Provinz Frosinone, 18.500 Einwohner, Bischofssitz.

[183] Pius VII., Papst (1800–1823), Barnabe Chiaramonte; Cesena 14.8.1740–20.8.1823 Rom.

[184] Ludwig XI., König von Frankreich (1461–83); Bourges 3.7.1423–30.8.1483 Plessis-les-Tours.

schen den nationalen Zentralstaaten wieder herrschend wurde. Das Schicksal *Konradins* ist eine große Tragik, vor der sich niemand verschließen kann. Doch die Schuldigen dieser Tragik sind die eigenen Vorfahren Konradins, die mit zynischem Heidentum alle christlichen Bindungen zerstörten und Italien mit Gestalten vom Schlag Enzios[185] beglückten. Der **Nominalismus** *Occams*[186] löste das Naturrecht auf und bereitete den Weg für die Glaubensspaltung. Das Universale ging verloren und mit ihm die Fähigkeit, Welt und Menschheit als eine große Einheit zu sehen. *Marsilius*[187] ersann die Konziliartheorie, die ein großes Mißverständnis darstellt, weil sie den grundlegenden Unterschied in der Struktur von Kirche und politischem Bund verkennt; tatsächlich hat auch das Konzil – weder in Konstanz noch in Basel – der Kirche die notwendige Reform gebracht. Auf der anderen Seite hat der Kampfeseifer kirchlicher Autoren **theokratische** Lehren erzeugt, die das Reich und den Staat letzten Endes verneinten. *Aegidius* Romanus[188] ist aber nur noch der Epigone des Thomas von Aquin. Der Papst hat sich von aller theokratischen Doktrin freigehalten. Im Gegenteil, gerade der viel angegriffene *Bonifaz VIII.* hat in der »Unam sanctam« die ursprüngliche Fülle der weltlichen Gewalt gelehrt und nur jene »ratio peccati« eingeführt, die dreihundert Jahre später von *Bellarmin* zur »potestas indirecta« ausgebaut worden ist; wir haben das früher bereits erwähnt. Doch der Theokratismus hat eine gewisse Verantwortung dafür, daß die Anwälte des National-

---

[185] Enzio, »Heinz«, König von Sardinien, natürl. Sohn Kaiser Friedrichs II., um 1220–14.3.1272 Bologna.

[186] Occam (Ockham), Wilhelm von, scholast. Theologe und Philosoph, Franziskaner; Ockham bei London 1285–9.4.1349 München.

[187] Marsilius von Padua, Staatstheoretiker, Palma 1290–1342/43 München.

[188] Aegidius Romanus, scholast. Philosoph und Theologe; Rom 1245–22.12. 1316 Avignon.

staats ins volle Heidentum abschwenkten und daß alle Aussprache mit ihrer leidenschaftlichen Besessenheit hoffnungslos schwierig wurde.

In diesem Buch ist es weder meine Aufgabe noch mein Wunsch, die **religiöse** Haltung der Männer zu diskutieren, die ihren christlichen Glauben aufgegeben haben, um in einer heidnischen Weltanschauung zu leben. Man könnte natürlich auch fragen, warum Menschen, die nachdachten, im 13. Jahrhundert diesen Weg gegangen sind. *Reinald von Dassel* war ein kalter Zyniker und als solcher eine Ausnahme in seiner Zeit. Friedrich II. war bei allem Zynismus, mit dem er seine Politik machte, eine heißblütige, stolze und von seinen Zielen innerlich überzeugte Natur, durchaus charakteristisch für sein Jahrhundert. Mußte das Christentum diesen Typ von Menschen verlieren, gerade als das theologische, philosophische und juristische Denken eine klassische Höhe erklommen hatte, die in mancher Hinsicht später nie wieder erreicht worden ist? Hat die religiöse Gestaltung des Individuums mit diesem kulturellen Aufstieg nicht Schritt gehalten, eine Erscheinung, die sich möglicherweise in allen großen kulturellen Aufstiegsperioden wiederholt und dauernd zu neuen Katastrophen drängt? Wir sind hier weit davon entfernt, den späteren Hohenstaufen und allen, die ihnen folgten, aus ihrer religiösen Überzeugung einen Vorwurf machen zu wollen. Unsere Analyse hat lediglich festzustellen, daß der Verlust des christlichen Denkens dem Kaisertum, dem Reich und dem abendländischen Universalismus eine unheilbare Wunde geschlagen hat.

Europa ist bloß durch die gemeinsame christliche Idee oder durch die Macht des Stärkeren zur Einheit zu bringen. Die Hohenstaufen haben sich zum ersten Mal in der deutschen Geschichte entschlossen, die Einheit allein in der Macht des Stärkeren zu suchen. Sie haben den Kampf um diese Macht verloren, aber mit ihrem Kampf haben sie die Einheit vernichtet und die große Stellung ihres eigenen Volks verspielt. Wie ein Dämon ist seither der Versuch durch die deutsche Geschichte gegangen, das, was die Hohenstaufen vergeblich angestrebt hatten, mit wirkungsvolleren Mitteln doch noch zu erreichen. Als er die Reihe seiner Politiker und Staatsmänner erschöpft sah, hat dieser Dämon einen Gangster aufgetrieben, um seinen Versuch noch einmal zu wagen. So tief war die politische Moral der Deutschen gesunken, daß ihm breite Schichten und leistungsfähige Techniker zur Verfügung standen. Unmöglich, diese Dinge zu verstehen, ohne ihre Wurzel aufzudecken. Ein moralischer Vorwurf kann indessen den Hohenstaufen nicht erspart bleiben. Hatten sie ihre christliche Religion preisgegeben, so durften sie für ihre Politik das Kaisertum nicht mehr benutzen, das nun schon so lange Zeit, seit *Konstantin* und erst recht seit *Karl dem Großen*, eine völlig christliche Einrichtung geworden und mit dem christlichen Denken der Völker verwachsen war. Unter dem Schutz der christlichen Kaiserkrone heidnische Politik zu treiben, bedeutete Betrug. Der Heide mußte dem Kaisertum entsagen, wenn er sein Gewissen rein erhalten wollte. Was ein anderer, Größerer, in der deutschen Geschichte getan hat, wäre für die Hohenstaufen das Mittel gewesen, innerlich sauber zu bleiben und ihren Überzeugungen tiefe Achtung zu gewinnen: der Verzicht auf das Kaisertum.

Mit dem Ausgang der Hohenstaufen endet das Mittelalter. Eine lange **Übergangsperiode** von zweihundert Jahren folgt, in der sich die Neuzeit immer mehr durchsetzt. Das Reich ist am Ende. Es ist unmöglich, einer Institution wie dem Reich soviel zuzumuten wie die Hohenstaufen, ohne sie zugrund zu richten. Das Reich hat allerdings noch die zweihundert folgenden Jahre überlebt, weil Europa noch soviel Zeit brauchte, um für eine andere Zeit zu reifen. An der Grenze beider Perioden hat *Karl V.*

noch einmal einen großartigen Versuch unternommen. Mit Hilfe seiner habsburgischen Hausmacht wollte er das Reich erneuern. Der Versuch ist gescheitert, und Karl hat mit bewundernswerter Folgerichtigkeit der Kaiserkrone entsagt. Karl V. ist der letzte Römische Kaiser gewesen. Dann blieb nur noch die habsburgische Hausmacht übrig, die die Insignien des Reichs gehütet hat; sie hat es für uns alle bis zum November 1918 getan. Bis ins 19. Jahrhundert hat sie das Reich juristisch zu halten gestrebt. Austerlitz[189] und Königgrätz[190] haben diesem Streben und seiner Restauration ein zweimaliges Ende gesetzt. Was vom Reich noch übrig geblieben war, ist den beiden stärksten Militärmächten des 19. Jahrhunderts erlegen.[191]

Die **dritte** Phase der Kaiserpolitik, die etwa von *Rudolf von Habsburg*[192] bis zu Karl V. reicht, ist durch auffallend viel Verzicht charakterisiert. Nicht nur der Plan einer italienischen Hausmacht ist endgültig aufgegeben, sondern der Universalismus des Kaisertums schmilzt unter dem Verzicht seiner Träger mehr und mehr zusammen. Die. Kaiser lassen sich noch in Rom krönen, aus ähnlichen Motiven wie in der ersten Phase. Doch der Gedanke einer ihnen anvertrauten europäischen Ordnung welkt mehr und mehr. Dem Territorialfürstentum in Deutschland zu steuern, ist nach der kaiserlosen Zeit unmöglich geworden. Nichts anderes bleibt übrig als aus der Konkursmasse des Stammesföderalismus eine möglichst große Hausmacht herauszuho-

---

[189] Austerlitz, Stadt in Südmähren, »Dreikaiserschlacht« am 2.12.1805 (Napoleon I., Alexander I., Franz II.).

[190] Königgrätz, böhmische Stadt an der Mündung der Ader in die Elbe; in der Schlacht bei K. am 3.7.1866 siegten die Preußen über die Österreicher und Sachsen.

[191] Frankreich und Preußen.

[192] Rudolf I. von Habsburg, römisch-deutscher Kaiser (1273–91); 1.5.1218–15.7.1291 Speyer; Stammvater aller späteren Habsburger.

len. Hausmacht zu gewinnen und Hausmacht zu sichern, ist dann auch die Hauptbeschäftigung der Kaiser in dieser Phase.
Es ist verständlich, daß die Föderalisten sich für diese Hausmachtpolitik nicht hergeben wollten. Demgemäß haben sie ihr Heil in einer möglichst vollkommenen Freiheit von der Reichsgewalt gesucht. So wurde dem Föderalismus die partikularistische Linie aufgezwungen, die noch unter Weimar sein Verhängnis gewesen ist. Auch die beiden großen »Separationen« der Reichsgeschichte haben am Anfang und am Ende dieser Periode ihren Ursprung. **Die Schweizer** lehnten es ab, in die Habsburgische Hausmacht eingereiht zu werden. Sie haben dem Reich lang die Treue gehalten, bis zum Westfälischen Frieden,[193] solang als noch irgendeine Hoffnung bestand, das Reich zu retten oder wiederzugewinnen. Dann haben sie sich offen vom untergehenden Reich getrennt; das war jedenfalls viel ehrlicher als die Politik so vieler anderer, die formal im Reich blieben und sich über alle Reichsinteressen hinwegsetzten, wenn ihr partikularistischer Vorteil das anzuraten schien. Nach der Annexion Österreichs durch Hitler mußte man in die Schweiz gehen, wenn man noch Reste des wahren Reichs antreffen wollte. Die Eidgenossen haben mit ihrem Widerstand gegen die Hausmachtpolitik und mit ihrem schließlichen klaren Austritt aus dem Reich viel mehr fürs Reich geleistet als irgendeiner der anderen Reichsstände. Die deutschsprechende Schweiz besitzt ungleich mehr alte deutsche politische Kultur als das »zweite« oder »dritte Reich«. Darüber hinaus hat sie der Menschheit die klassische Form des politischen Bunds geschenkt.
Hat sich der erste »Separatismus« an den Quellen des Rheins entwickelt, so hat der zweite an der Mündung des Rheins seinen

---

[193] Westfälischer Frieden oder: Friede von Münster und Osnabrück, beendete am 24.10.1648 den Dreißigjährigen Krieg.

Platz. Der Rhein ist ja die Achse des Reichs, und daß er bloß in seinem Mittellauf dem Reich erhalten wurde, konnte jeder Einsichtige als Zeichen dafür deuten, daß das Reich seinem Ende entgegentrieb. Die **Niederlande** haben unter *Karl V.* treu zum Reich und zum Kaisertum gehalten. Sie haben sogar als Habsburgische Hausmacht gedient, solange diese Hausmacht ihrerseits im Dienst des Reichs stand. Aber sie wollten nicht zum spanischen Nationalstaat gehören. Dabei hat die religiöse Frage eine ganz andere Rolle gespielt, als gewöhnlich angenommen wird. *Wilhelm V. von Oranien*[194] hat – wie fast alle deutschen Fürsten – den Protestantismus benutzt, um seine politischen Pläne zu fördern. Umgekehrt haben die protestantischen Mächte in den Niederlanden die Stelle erkannt, wo *Philipp II.*[195] tatsächlich sterblich war, und deshalb die dortige religiöse Auseinandersetzung geschürt. Natürlich haben auch die Katholiken ihr gehäuftes Maß an Schuld, indem sie die niederländische Kirche als Staatskirche mißbrauchen ließen und so das Odium einer spanischen Institution auf sich luden. Ob Philipp **der** katholische König war, als den ihn die Geschichte bisher darzustellen liebte, scheint mir sehr zweifelhaft.

Philipp war ein überaus komplexer und komplizierter Charakter, wie es die begabten Söhne einer langen ruhmvollen Ahnenreihe meistens sind. Weniger als andere kann er mit einer Formel beschrieben werden – oder gar verstanden. Daß er ein »großer König« war, wird heut kaum noch bestritten werden. Allein, er war ein Gefangener seiner Idee vom Königtum. Er hat über das ab-

---

[194] Wilhelm V. von Oranien, geb. 4.3.1748–9.4.1806 Braunschweig; folgte 1751 seinem Vater Wilhelm IV. als Erbstatthalter der Niederlande, flüchtete 1795 vor den Franzosen nach England, erhielt 1802 Corvai und Fulda.

[195] Philipp II., König von Spanien, Sohn Kaiser Karls V. und der Isabella von Portugal; Valladolid 21.5.1527–13.9.1598 Madrid.

solute, zentralistische, nationalstaatliche Königtum seiner Zeit nicht hinausgesehen. Zur wirklichen Größe fehlte ihm der Wille, unabhängig von den Zeitströmungen die Dinge in eine ganz bestimmte Richtung zu drängen, wie ihn sein Vater besessen hatte. So war er ebenso ängstlich wie gewissenhaft, ebenso mißtrauisch wie gläubig. Ihm fehlte die schöpferische Leidenschaft der Idee, die über die eigene Stellung hinausführt. Es ist kein Zufall, daß fast seine ganze Regierungszeit von Konflikten mit dem Papsttum angefüllt war, die sich schließlich unter *Sixtus V.*[196] zu einer scharfen Auseinandersetzung steigerten. Sein Statthalter in Mailand geriet wegen seiner staatskirchlichen Tendenzen mit dem Erzbischof *Carl Borromaeus*[197] in Streit, ein Zeugnis für die Starrheit und letztlich Enge von Philipps System. Immerhin hat die Idee *Philipps II.* bis in unsere Tage einen ganz enormen Einfluß ausgeübt. *Paul Claudel*[198] hat ihm in einem seiner schönsten Werke ein Denkmal gesetzt, und man begegnet seinen Argumenten in der politischen Diskussion der Gegenwart nur zu häufig. Er war eben der erste nationalstaatliche und absolutistische König, der bewußt das Reich aufgegeben hatte. Andererseits mag gerade an seiner Gestalt ermessen werden, wie tief das Reich gesunken war. Wenn es aber kein Reich mehr gab, wenn der Universalismus wirklich tot war, dann war auch jeder Grund weggefallen, weshalb die Niederlande zu Spanien gehören sollten.

---

[196] Sixtus V., Papst (1585–90), Felice Peretti; Grottamare 13.12.1521–27.8. 1590 Rom.

[197] Carl Borromäus, Arona 2.10.1538–3.11.1584 Mailand; Erzbischof von Mailand, erließ Reformdekrete; seinem Kampf gegen den Protestantismus diente der von ihm gegründete »Goldene Bund« der sieben kath. Schweizer Gemeinden.

[198] Claudel, Paul, franz. Dichter; Villeneuve (Aisne) 6.8.1868–23.2.1955 Paris.

Es ist bemerkenswert, daß sowohl die Schweiz wie die Niederlande nach ihrer Trennung von der deutschen Familie einen außerordentlichen politischen und kulturellen Aufschwung erlebten. Die Eidgenossenschaft war für ein Jahrhundert die stärkste Militärmacht Europas; sie hat auf der einen Seite ein Patriziat, auf der anderen eine Bauernkultur entwickelt, die von keiner anderen europäischen Gesellschaft übertroffen worden sind. Das politische Gewicht der Holländer hat niemand eindringlicher geschildert als *Voltaire*[199] in seiner Geschichte *Ludwigs XIV*. Und die kulturelle Leistung der Niederlande ist noch heut für jeden sichtbar, der die Galerien unserer großen Städte durchwandert. In den Werken des Rembrandt, Frans Hals, van Dyck tritt eine ganz große Malerei auf den Plan; sie ist ausgesprochen individualistisch wie fast immer die Malerei; zweifellos bedeutet sie einen der Gipfel europäischer Kultur, und mit vollem Recht hat sie *Rilke*[200] als solchen bezeichnet.

Schweizer und Niederländer haben sich aus Treue zum Reich vom Reich separiert. So paradox das klingt, dieser **Separatismus der Treuen** ist eine fast notwendige Erscheinung in der Geschichte der Auflösung des wahren Reichs und seiner versuchten Ersetzung durch die Fälschungen des 19. und 20. Jahrhunderts.

Ein Separatismus bloß staatlichen Interesses war jener des **Deutschen Ordens**[201] im Osten. Die deutsche Ostkolonisation ist, sowenig wie das deutsche Kaisertum, als einheitliche Erscheinung zu werten. Sie hat ihre Phasen, die in mancher Hinsicht mit

---

[199] Voltaire (eigentl. Arouet) François-Marie, franz. Schriftsteller; Paris 21.11.1694–30.5.1778 Paris.

[200] Rilke, Rainer Maria, Dichter; Prag 4.12.1875–29.12.1926 Montreux.

[201] Deutscher Orden, Deutschherren-, Deutschritterorden, im Zusammenhang mit den Kreuzzügen 1190/98 von Lübecker und Bremer Kaufleuten gestiftet.

denen des Kaisertums zusammenzufallen scheinen. Jedenfalls ist die Kolonisation seit dem 13. Jahrhundert ein völlig weltliches Phänomen. Das Christentum war von da ab für sie wie für so manche anderen Bewegungen nur noch der ideologische Vorspann. Der Deutsche Orden, der ja erst zur dritten Phase der deutschen Kaiserpolitik gehört, hat von Anfang an nicht mehr als die Insignien des Ritterordens besessen. Er war eine politische, keine religiöse Gründung. Er hat für sich, nicht für das Christentum, gearbeitet. Ebensowenig kann er für die Hausmachtpolitik der Welfen oder der Askanier[202] in Anspruch genommen werden. Der Deutsche Orden hat unser Verhältnis zu den Slawen und Litauern – wie man fürchten möchte – für immer zerstört Auch wenn die Schilderung übertrieben ist, die Sienkiewicz[203] von ihr entwirft, so bleibt seine Schuldrechnung doch erdrückend genug, um seine Tätigkeit als eine der unerfreulichsten Begebenheiten der deutschen Geschichte zu charakterisieren. Wie wenig er in Wahrheit zum Reich gehörte, das hat er selbst bewiesen, indem er sich überraschend schnell von Reich und Kirche trennte. Als der Hochmeister *Albrecht von Brandenburg*[204] 1525 um das Lehensverhältnis zum polnischen König nachsuchte, hat er sich an die Spitze jener deutschen Fürsten gestellt, die aus den Trümmern des Reichs einen absoluten und souveränen Staat bauten.

---

[202] 1. Welfen oder 2. Askanier, 1. Deutsches Herrschergeschlecht ungeklärter Herkunft, um 800 nachweisbar. 2. Ahnherr der Askanier ist Adalbert von Ballenstedt im 12. Jahrhundert; Nachkommen regierten bis 1918 in Anhalt.

[203] Sienkiewicz, Henryk, poln. Schriftsteller; Wola Okrzejska 5.5.1846–15.11.1916 Vevey.

[204] Albrecht von Brandenburg (Albrecht, der Bär), um 1100–18.11.1170 Stendal, Sohn Graf Ottos von Ballenstedt.

Die Türkennot hat das Reich noch einmal lebendig gemacht. Am 7. Oktober 1571 bei **Lepanto**[205] und am 12. September 1683 vor **Wien**[206] ist das christliche Abendland zum letztenmal einig geworden, um sich gegen die Invasion eines herrschsüchtigen und mächtigen Heidentums zu verteidigen. Die Siege von Lepanto und Wien haben die religiöse, politische und kulturelle Freiheit Europas gerettet. Lepanto ist von einem Sohn Karls V. gewonnen worden[207], Wien von *Johann Sobieski*,[208] dem König des mit dem Reich eng verbundenen Polen. Der Kaiser selbst hat beide Male nicht mehr eingegriffen, Europa hat für ihn gekämpft, weil die Situation Europa lehrte, daß es das Reich nötig habe. Es ist ungemein charakteristisch, daß die Kirche beide Tage in den offiziellen Kalender ihrer Feste[209] aufgenommen hat, und daß zwei große Heilige – übrigens beide Italiener – neben diesen Siegen stehen: Papst *Pius V.*[210] und der Kapuziner *Marco d'Aviano*[211].

---

[205] Lepanto; hier siegte am 7.10.1571 in der letzten großen, äußerst blutigen Galeerenschlacht Juan d'Austria mit vom Papst unterstützten Spaniern und Venezianern über dieTürken.

[206] Wien 1683, zweite sehr gefährliche Türkenbelagerung. Am Kahlenberg Sieg des Entsatzheeres aus kaiserlichen, bayerischen, sächsischen und polnischen Truppen.

[207] Juan d'Austria, 24.2.1547–1.10.1578, natürlicher Sohn Kaiser Karls V. und der Regensburger Bürgertocher Barbara Blomberg, schlug die Türken in der Seeschlacht von Lepanto.

[208] Johann III. Sobieski, Olesko 2.6.1624–17.6.1696 Wilanow, wurde 1673 zum König von Polen gewählt, Schwiegervater Kurfürst Max Emanuels von Bayern.

[209] Unsere Liebe Frau vom Rosenkranz und Mariae Namen.

[210] Pius V., Papst (1566–72), Michele Ghisleri; Bosco 17.1.1504–1.5.1572 Rom (Konzil von Trient, Catechismus Romanus, Breviarum Romanum, Missale Romanum).

[211] Marco d'Aviano, Aviano 17.11.1631–13.8.1699 Wien, Kapuziner, als päpstlicher Legat beteiligt an der Rettung Wiens 1683, las am Vorabend

Die Aufteilung des Reichs in Territorialstaaten hat nicht sofort den Sieg des territorialen Absolutismus bedeutet. Dazu waren die föderalistischen Kräfte in Deutschland noch zu stark. Im Gegenteil, die dritte Phase des Kaisertums hat einen glänzenden Aufstieg der **ständischen** Freiheiten gesehen, dem allerdings mit dem Ende des Reichs auch ein auffallend schneller Verfall folgte. Die Magna Charta[212] ist keineswegs auf England beschränkt geblieben. Stände haben sich in allen deutschen Staaten entwikkelt, und eine schriftliche Anerkennung der ständischen Rechte durch den Landesherrn ist vielerorts erkämpft worden. Hundert Jahre nach der Magna Charta, 1313, hat Herzog Otto von Niederbayern in der »Ottonischen Handfeste«[213] seinen Ständen fast das gleiche zugestehen müssen. Die »Handfeste« bezeichnet bloß den Anfang einer langen Reihe. Gerade im reichsten und kulturell fortgeschrittensten der drei bayerischen Teilherzogtümer, in Niederbayern, und ebenso in Niedersachsen, haben die ständischen Freiheiten eine großartige Entwicklung durchgemacht. Es wurde für den Herzog unmöglich, ohne die Bewilligung der Stände Krieg zu führen. *Lerchenfeld*[214] hat die »alt-

---

der Schlacht die Heilige Messe, wobei ihm Johann III. Sobieski und Kurfürst Max Emanuel ministrierten.

212 Magna Charta, siehe »Der Bund« 52.

213 Ottonische Handfeste, unter Otto IV., Herzog von Niederbayern, zur Sicherung eines Rechts ausgefertigte Urkunde (1311).

214 Lerchenfeld auf Köfering und Schönberg, Hugo Graf von und zu, bayerischer Diplomat; Berlin 13.10.1843–23.6.1925 Köfering bei Regensburg; 1868 Berufung ans Bayerische Außenministerium, 1870 bayerischer Gesandter in Wien, 1880–1918 bayerischer Gesandter in Berlin, 1911 Ritter des Hubertusordens, verfaßte »Erinnerungen und Denkwürdigkeiten«, 1935 herausgegeben von seinem Neffen Hugo Graf Lerchenfeld-Köfering, 1921/22 Bayerischer Ministerpräsident und Staatsminister des Äu-

ständischen bayrischen Freiheitsbriefe« in einem Band gesammelt, und *Rockinger*[215] hat ihn mit einer Einleitung versehen. Ich habe oft lächeln müssen, wenn ich Leute über den deutschen Parlamentarismus urteilen hörte, die von diesen Dingen nicht das Geringste wußten. Der Parlamentarismus ist eine Überlieferung, die im wahren deutschen Volkscharakter genau so tief wurzelt wie im englischen. Eine »unvordenkliche Überlieferung« haben die hannoverschen Vertreter auf dem Wiener Kongreß die Verkörperung der Volksrechte in den deutschen Ständen genannt. Doch auch das Reich hat in dieser Epoche seine Verfassung erhalten, die im Reichstag eine Art von Parlament besaß; Kaiser *Karl IV.*[216] hat in der »Goldenen Bulle« das langsam wachsende Reichsrecht kodifiziert.
Wie die italienischen, so haben sich damals eine Anzahl von deutschen Städten ihre Unabhängigkeit vom Landesfürsten erkämpft. Umgekehrt waren weitsichtige Fürsten wie *Heinrich der Löwe* Städtegründer. Auf dem Boden des müd werdenden Reichs haben sich »Bünde« entwickelt, die zur Notwendigkeit wurden, weil der große Bund des Reichs nicht mehr voll arbeitete. Der »Schwäbische Bund«[217] hat ein halbes Jahrhundert lang in Süddeutschland eine wichtige Rolle gespielt, aber im Ganzen war er doch zu schwach und kam er zu spät, seinen Gliedern das zu geben, wofür die Schweizer Eidgenossenschaft

ßern, ab 1926 Gesandter in Wien; Köfering bei Regensburg 21.8. 1871–13.4.1944 München.

215 Rockinger, Ludwig von, Reichsarchivdirektor, Rechtshistoriker (1824–1914).

216 Karl IV., römisch-deutscher Kaiser (1346–78), Luxemburger; Prag 14.5. 1316–29.11.1378 Prag.

217 Schwäbischer Bund, 1488 gegründete Vereinigung der schwäbischen Reichsstädte zur Sicherung des Landfriedens. Der S. B. löste sich 1533 auf.

Vorbild war. Der Städtebund der »Hansa«[218] hat mit den drei deutschen Hansastädten noch in unsrer Zeit seine Bedeutung gehabt. Allerdings hat er sowenig wie irgendeine andere Macht versucht, die staatliche Selbständigkeit der drei Hansastädte im »dritten Reich« zu erhalten. Hamburg hat aufgehört eine freie Reichsstadt zu sein, und die Steuer, die es jetzt,[219] im Krieg, für seinen Gehorsam gegen Hitler zahlt, ist schrecklich genug.
Warum ist diese reiche bündische Entfaltung, diese gewichtige ständische Freiheitsbewegung, vor allem in Deutschland so rasch verschwunden? Mit *Gierke* möchte ich meinen, daß hier **soziale** Momente in erster Linie maßgebend waren. Der freie Bauernstand und die freie Landgemeinde sind im größten Teil Deutschlands von der feudalen Entwicklung verschlungen worden. Gegen diese Entwicklung anzugehen, war zweifellos eine der bewegenden Kräfte, die zur Bildung der Schweizer Eidgenossenschaft drängten. Allein nicht überall in Deutschland waren die Bauern so sehr darauf bedacht, ihre politische und soziale Freiheit zu wahren. Sie machten erst Revolution, als es längst zu spät war, und sie machten sie bloß, weil der materielle Druck der neuen ökonomischen Lage unerträglich schien; der Bauernkrieg war ein Anachronismus und ein Gefühlsausbruch, der sich über die Wirklichkeit der Faktoren keinerlei Rechenschaft gab. Ohne die Grundlage eines freiheitsbewußten Bauernstands aber, ohne Vertretung der »communitas regni«, ohne ein Unterhaus also, war die Demokratie in Deutschland zum Tod verurteilt.
Selbstverständlich hat die **Rezeption** des römischen Rechts in der gleichen Richtung gewirkt. Sie hat die Lage der Landwirt-

[218] Hansa (Hanse), Gilde deutscher Kaufleute im 12. Jahrhundert; die drei Städte Hamburg, Bremen, Lübeck.
[219] C. O. v. Sodens Gegenwart, 1942/43.

schaft noch weiter verschlechtert, ohne der gewerblichen Entwicklung in den Städten viel zu nützen. Ich habe auch einmal geglaubt, das römische Recht sei wegen seiner höheren technischen Durchbildung damals für Deutschland notwendig gewesen, als die alte ganz überwiegend agrarische Volkswirtschaft vom beginnenden Kapitalismus und Industrialismus der wachsenden Städte abgelöst wurde. Als ich meinem Lehrer, Konrad *Beyerle*,[220] diese Ansicht vortrug, antwortete er lediglich, ich solle einmal die Rechtsprechung des Magdeburger Schöffengerichts[221] nachlesen. Seitdem bin ich überzeugt, daß die einzig wirklich großen Gewinner bei der Rezeption die Landesfürsten gewesen sind. Jeder Territorialherr, mochte er noch so klein sein, nahm das »ius Caesaris« für sich in Anspruch. Der moderne Souveränitätsbegriff, den zuerst *Bodin* im Frankreich der Religionskriege entwickelte, war ohne römisches Recht unmöglich. Die Souveränität der Territorialstaaten verneinte nicht bloß jede höhere Souveränität des Reichs, sondern auch jede Beschränkung der fürstlichen Souveränität durch das innere Staatsrecht der Stände, wie es in der berühmten Äußerung *Friedrich Wilhelms* I.[222] von Preußen über den »rocher de bronze«[223] den deutlichsten Ausdruck fand. Das römische Recht (in der Form, die ihm der byzantinische Absolutismus gegeben hatte, und die historisch wirksam wurde) kennt keinen Bund. Das einzelne Individuum als Träger einer staatsrechtlichen Initiative ist ihm fremd.

---

[220] Beyerle, Konrad, Rechtslehrer und Politiker; Waldshut 14.9.1872–26.4. 1933 München.

[221] Magdeburger Schöffengericht: Der Magdeburger »Schöppenstuhl« stand in großem Ansehen. Das »Magdeburger Recht« war weit verbreitet.

[222] Friedrich Wilhelm I., König von Preußen (1713–40), Berlin 15.8.1688–31.5.1740 Potsdam.

[223] rocher de bronze – Felsen von Erz.

Umgekehrt[224] übersteigert es die Autonomie des Individuums in der privatrechtlichen Sphäre; darum ist es auf dem europäischen Festland das Recht des sogenannten wirtschaftlichen Liberalismus geworden. Aber es ist nicht minder das Recht des Absolutismus und seiner partikularistischen Souveränität. So hat es in hervorragendem Maß mitgeholfen, die Demokratie der Stände ebenso wie den Universalismus des Reichs zu erdrosseln.

Tragisch, daß der bedeutendste Herrscher *Bayerns*, eine der ganz wenigen überragenden Fürstengestalten der ersten Hälfte des 17. Jahrhunderts, Kurfürst *Maximilian I.*,[225] der ständischen Entwicklung in Bayern das Ende bereitet hat. Kurfürst Maximilian hat das, was vom Reich noch übrig war, vor dem Untergang im Dreißigjährigen Krieg gerettet. Er hat die Zerstörung des Reichs noch um über 150 Jahre hinausgeschoben und so das Reich bis ins 19. Jahrhundert hinein getragen. Vermutlich erst, wenn unsere eigene Zeit Geschichte geworden sein wird, werden wir begreifen, wie bedeutsam diese Leistung war. Maximilian hat den bayerischen Stamm endgültig in einem neuzeitlichen Staat organisiert und ihm so die Kraft gegeben, sich über die Periode des Staatsabsolutismus hinwegzusetzen. Er hat auf der anderen Seite keine Möglichkeit gesehen, einen neuzeitlichen Staat zu schaffen, in dem das Parlament seinen Platz behauptete. In dieser Beziehung war er – ähnlich Philipp II. – der Gefangene seiner Zeit. Nur daß er als der Fürst eines verhältnismäßig kleinen Staats tatsächlich gezwungen war, die politische Mode seines Zeitalters mitzumachen, während Philipp als der König der wichtigsten Großmacht dafür verantwortlich ist, daß diese Mode eingeführt wurde.

---

[224] Ein an dieser Stelle von Neuner gestrichener Satz lautet: Wir werden später bei Behandlung der juristischen Person davon zu sprechen haben.

[225] Kurfürst Maximilian I. von Bayern, der Große (1597–1651), seit 1623 Kurfürst; München 17.4.1573–27.9.1651 Ingolstadt.

Unter seinem Sohn *Ferdinand Maria*[226] hat der berühmte Kanzler *Kaspar von Schmid*[227] den Romanismus auf den Gipfel geführt. Schmid hat auch die bayerische Politik vom Reich weg und auf die französische Seite geführt, eine Orientierung, die mit geringen Änderungen bis zum Rücktritt des Ministers *Montgelas* 1817 angehalten hat[228]. Das war in dieser Zeit übrigens die Politik der meisten deutschen Staaten; der *»Große Kurfürst«*[229] hat Subsidien von *Ludwig XIV.* bezogen und ihm die Eroberung Straßburgs möglich gemacht. *Friedrich II.*[230] hat sich zweimal mit Frankreich gegen Österreich verbunden, und er hätte es gern ein drittes mal getan, wenn es ihm *Kaunitz*[231] und *Choiseul*[232] nicht unmöglich gemacht hätten. Man kann über diese Politik streiten; denn das Reich ist damals kaum noch eine Realität gewesen, und die letzte Absicht *Ludwigs XIV.* war, eine universalistische Ordnung zu schaffen. Nur hat der Weg des französischen Königs zunächst zu einem tiefen Tal der Zerstörung gelenkt, in dem mit dem Universalismus des Reichs auch alle individuellen

---

226 Ferdinand Maria, Kurfürst von Bayern seit 1651; München 31.10.1636–26.5.1679 Schleißheim.

227 Schmid, Caspar von, Kanzler des Geheimen Rats von Bayern, betrieb unter Ferdinand Maria frankreichfreundliche Außenpolitik. Vermutlich Schwandorf Opf. 1622–8.9.1693 Schönbrunn bei Dachau.

228 Montgelas, Maximilian, Graf von, Innen- und Außenminister Bayerns; München 10.9.1759–14.6.1838 München.

229 »Der Große Kurfürst« Friedrich Wilhelm von Preußen (1640–88). Die Eroberung Straßburgs durch französische Truppen ist gemeint, die Kurfürst Max II. Emanuel von Bayern zu verhindern trachtete. Der Kaiser war im Osten durch die Türken gebunden.

230 Friedrich II., König von Preußen (seit 1740); Berlin 24.1.1712–17.8.1786 Potsdam.

231 Kaunitz, Wenzel Anton, Graf von, österr. Staatsmann; Wien 2.2.1711–27.6.1794 Wien.

232 Choiseul, Etienne François, Herzog von, Marquis de Stainville, franz. Staatsmann; 28.6.1719–8.5.1785 Paris.

Freiheitsrechte getötet wurden; der Wiederaufstieg aus diesem Tal war weder Ludwig XIV. noch der Dritten Republik, noch überhaupt den Franzosen beschieden.
Das war die große Täuschung, der Ludwig und *Richelieu*[233] erlegen sind, das war der Fehler in der Mystik *P. Josephs*,[234] sofern man diesen Männern überhaupt zubilligen will, daß sie über ihre Nationalpolitik mit weiteren Ideen hinausgeschaut haben.
Richelieus Politik war bloß auf dem Boden eines in den Religionskriegen praktisch vernichteten Ständewesens möglich, die *Ludwig XIV.* bloß auf dem Rücken der niedergeworfenen Fronde.[235] Sie sind beide mit ihrem Absolutismus der christlichen Tradition Europas untreu geworden, und dafür hat die französische Gesellschaft der Revolution und der napoleonischen Kriege schwer gebüßt. Absolutismus und Nationalismus ist das Programmm des französischen Königtums seit *Philipp dem Schönen* gewesen. Die Valois haben in dieser Richtung alles getan, was sie konnten. Sie haben in der Bartholomaeusnacht die religiösen Instinkte benützt, um sich selbst souverän zu machen. Sie haben die Reaktion der Monarchomachen[235a] hervorgerufen, die später nie wieder eingeschlafen ist; Franz *Hotman*[236] hat den Weg für *Robespierre*[237] und *Combes*[238] bereitet. *Heinrich IV.*,

[233] Richelieu, Armand-Jean du Plessis, Herzog von, franz. Staatsmann, seit 1622 Kardinal; Paris 9.9.1585–4.12.1642 Paris.

[234] P. Joseph, Père Joseph (François le Clerce du Tremblay), Offizier, Kapuziner, Richelieu-Ratgeber; Paris 4.11.1577–18.12.1638 Rueil.

[235] Fronde, pol. Bewegung des franz. Hochadels, die während der Minderjährigkeit Ludwigs XIV. das Regiment der Königin Anna und Mazarins bekämpfte.

[235a] Monarchomachen, griech.: Monarchenbekämpfer.

[236] Hotman, Franz, franz. Jesuit dt. Abstammung; Paris, 23.8.1524–12.2.1590 Basel.

[237] Robespierre, Maximilian de, franz. Revolutionär; Arras 6.5.1758–28.7. 1794 Paris (guillotiniert).

der ein kluger Mann war, hat tatsächlich auch nichts anderes getan, als die Politik in die bourbonische Zeit hinüberzuführen, indem er sie mit liberalen Grundsätzen und der religiösen Indifferenz seines Landsmannes *Montaigne*[239] schmückte. Die Mühle der Parlamente hat noch unter Ludwig XIV. und der Regentschaft laut geklappert, allein sie gab kein Mehl parlamentarischer Regierung her. Als der Absolutismus unfähig geworden war, sein eigenes Ziel, einen starken Staat, zu erreichen, wurde die *Revolution* unvermeidlich.

Die Revolution begann mit einer völligen Änderung des jahrhundertalten Kurses; sie erklärte Menschenrechte, schaffte alle Vorrechte ab, befreite die Bauern, führte eine parlamentarische Regierung ein, teilte die Gewalten. Kein Wunder, daß ihr alle Idealisten in Deutschland und England zujubelten. Doch nach drei Jahren hatte sie in die alte Linie eingeschwenkt. Nur das Subjekt der Souveränität hatte gewechselt, um in der Sprache des 19. Jahrhunderts zu reden; an die Stelle des Königs war das Volk getreten; die Ausschweifungen dieser Souveränität waren die gleichen, ja in vieler Beziehung waren sie ärger als vorher, und schon wartete der Diktator, um sich selbst zum Subjekt dieser Souveränität zu machen.

Die Idealisten begannen an der Revolution zu verzweifeln, oder sie sammelten sich unter der Führung *Burkes*[240] zu einer konstruktiven antirevolutionären Politik. Die Französische Revolution wird noch Gegenstand unseres Buches sein.[241] Hier genügt es festzustellen, daß sie in ihrer ersten Phase nichts anderes

---

[238] Combes, Emile, franz. Politiker; Roquecoubre 6.9.1835–25.5.1921 Pons.

[239] Montaigne, Michel, Eyquem, Seigneur de, franz. Philosoph; Bordeaux 28.2.1533–13.9.1592 Bordeaux.

[240] Burke, Eduard, engl. Politiker; Dublin 12.1.1729–8.7.1797 Beaconsfill (»Reflections on the revolution in France«).

[241] Vorhaben des Verfassers.

wollte als in Frankreich die Rechte einzuführen, die in England trefflich arbeiteten und die in der neuen Freiheit der Vereinigten Staaten – teilweise unter französischer Hilfe – zum Durchbruch gekommen waren.
Tatsächlich waren auch die »Anglophilen« die stärkste und einflußreichste Gruppe der Nationalversammlung. In **Deutschland** hat man diese Ideen, die im Lauf des 19. Jahrhunderts zu uns kamen und die auch auf den Parlamentarismus *Erzbergers*[242] und seiner Freunde sowie auf die Weimarer Verfassung von Einfluß waren, **»westliche Ideen«** genannt. Mit Recht; denn sie sind aus dem Westen nach Deutschland gelangt und sie haben das Volk in West- und Süddeutschland vor allem begeistert.
Bayern bekam schon 1806 eine erste Verfassung, andere süddeutsche Staaten haben unmittelbar nach dem Wiener Kongreß begonnen, Verfassungen zu geben; Preußen hat erst nach 1849 und Österreich erst nach 1868 den Entschluß dazu gefunden. Den Übergang vom sogenannten monarchischen Konstitutionalismus zum parlamentarischen System hat zuerst in Deutschland Bayern gewagt, im Februar 1912, während der Parlamentarismus im Reich, wenn überhaupt vor dem Herbst 1918, so frühestens mit der Friedensresolution vom Juli 1917 zum Durchbruch kam.

Man hat mit der Bezeichnung »westliche Ideen« in Deutschland gänzlich vergessen, daß das die **eigenen, alten deutschen Ideen** waren, die nach dem langen Zwischenreich des Absolutismus jetzt endlich wieder heimkehrten, wo sie allerdings – wie so häufig – teilweise verschlossene Türen fanden. Historisch ist

---

242 Erzberger, Matthias, Politiker; Buttenhausen 20.9.1875–26.8.1921 bei Griesbach (Schwarzwald).

dieser Nachweis verhältnismäßig leicht. Walter *Jellinek*[243] hat ihn für die Menschenrechte geführt, indem er zeigte, daß die Menschenrechte der Französischen Revolution aus den Vereinigten Staaten gekommen sind. Politisch hat die amerikanische Freiheit den Franzosen viel zu danken; ideologisch ist Frankreich von den Vereinigten Staaten befruchtet worden, nicht umgekehrt. Das junge Kolonialvolk der Vereinigten Staaten aber hat die Menschenrechte aus der zwar ungeschriebenen, doch darum vielleicht mächtigeren englischen Überlieferung und Verfassung mitgebracht. *Washington,*[244] *Jefferson*[245] und die Kongresse von *Philadelphia*[246] haben sich nie auf irgendeine neue Erfindung des Staatsrechts berufen, die man den Engländern erst hätte erklären müssen. Sie sind von einem den Engländern durchaus geläufigen, Mutterland und Kolonien gemeinsamen Naturrecht ausgegangen, das *Georg III.*[247] verletzt habe.[248]

Die Überlieferung der Menschenrechte ist auf dem angelsächsischen Kulturboden ungebrochen. In Deutschland hatten wir sie

---

243 Jellinek, Walter, Staatsrechtler; Wien 12.7.1885–9.6.1955 Heidelberg.

244 Washington, George, erster Präsident der Vereinigten Staaten von Amerika (1789–97); Westmoreland 22.2.1732–14.12.1799 Mont Vernon.

245 Jefferson, Thomas, dritter Präsident der Vereinigten Staaten von Amerika (1801–09), Shadwell 2.4.1743–4.7.1826 Monticello.

246 Philadelphia, Stadt im US-Staat Pennsylvania.

247 Georg III., König von England (1760–1820), seit 1814 König von Hannover; London 4.6.1738–29.1.1820 Windsor.

248 Ein von Robert Neuner gestrichener Absatz sei hier mitgeteilt: Und die Engländer haben dieses Recht nicht etwa erfunden; Ideen zu erfinden wäre ihre schwächste Seite. Die Menschenrechte und der aus ihnen logisch fließende Parlamentarismus ist uraltes englisches Nationalgut, das mit den Angeln und Sachsen auf den Britischen Inseln Fuß gefaßt hat und das vor dem Absolutismus in Deutschland wie in England den gleichen Ausdruck fand. Die Deutschen müßten lediglich ihre eigene mittelalterliche Geschichte ein wenig kennen und den guten Willen haben, sich von Vorurteilen zu befreien, um das zu verstehen.

in der langen Zeit des Absolutismus und des Römischen Rechts verloren. **England und die angelsächsische Welt** haben *keine Rezeption* erlebt; das ist das Geheimnis ihrer Stärke in staatsrechtlicher und zum guten Teil in sozialer Beziehung. Deshalb werden sie für Deutschland ein dauerndes Vorbild bleiben, auch wenn sie noch so viel Schlachten verlieren und in ihrer Kriegsproduktion noch so weit zurückbleiben. Denn eine zum Volkscharakter passende politische und soziale Verfassung ist mehr wert als aller kriegerische Erfolg. Deshalb werden sie auch immer eine Art von Spiegel bleiben, in dem die Deutschen sehen, wie sie eigentlich sein sollten.[249] Wahrscheinlich ist das der Grund, warum die Angelsachsen von den Männern des »dritten Reichs« so wild gehaßt werden; denn **vor** dem Weltreich und seinen Reichtümern kommt die Aufgabe, sich den Charakter zu erwerben, den man haben soll.
Natürlich ist auch *England* von der Welle des Absolutismus berührt worden; denn der Absolutismus war eine europäische Krankheit. Die zweihundert Jahre der Tudors und der Stuarts[250] bilden gewiß nicht das beste Kapitel der englischen Geschichte. *Heinrich VII.*[251] war ein Absolutist, nicht mit den blutigen Mitteln seines Vorgängers, aber kaum weniger rücksichtslos. *Heinrich VIII.*[252] hat dann wieder zum Beil gegriffen. Er ist der eigentliche Gründer des Summepiskopats.[253] Die englische Kirche

[249] Ein von Neuner gleichfalls mit einem Fragezeichen versehener Satz.

[250] Stuarts, schottisches Geschlecht, das 1371 auf den schott., 1603 auf den engl. Thron kam und 1688 beide Kronen verlor.

[251] Heinrich VII., Tudor, König von England (1485–1509); Pembroke Castel 28.1.1457–21.4.1509 Richmond.

[252] Heinrich VIII., König von England (1509–47); Greenwich 28.6.1491–28.1.1547 Westminster.

[253] Summ-Episcopat, in den dt. evangel. Landeskirchen das landesherrliche Kirchenregiment. Seit der Reformation ist der Landesherr der summus episcopus.

hat sich im Lauf der Jahrhunderte von diesem Summepiskopat emanzipiert, der deutsche Protestantismus hat das bis 1918 nicht vermocht, und Hitler war sehr unangenehm überrascht zu sehen, daß er stärksten Widerstand fand, als er mit Hilfe seiner Usurpation des Summepiskopats die protestantische Kirche in Deutschland seinem Staat angliedern wollte. Jedenfalls ist der Summepiskopat eine Erfindung des Absolutismus und noch im Deutschland des 19. Jahrhunderts ein Werkzeug des Absolutismus gewesen.

Königin *Elisabeth*[254] hat absolutistisch regiert, mag auch ihre Zeit von den Engländern als eine ihrer größten kulturellen und politischen Aufstiegsperioden angesehen worden. Die *Stuarts* endlich haben ihren Absolutismus teils mit patriarchalischen Mitteln, teils mit der Sternkammer[255] zu befördern versucht. Beides ist gescheitert, weil es am Freiheitsbewußtsein des englischen Volkes zerbrach, wahrscheinlich auch, weil kein römisches Recht da war, dem Absolutismus eine staatsrechtliche Grundlage zu geben. *Cromwell*[256] war kein geringerer Absolutist als die Stuarts; und sein Zeitgenosse *Hobbes*,[257] der für die Stuarts schrieb, hat das alles geistreich, aber mit einer verderblichen Deutung in Theorie gesetzt. Immerhin, die Engländer sind verhältnismäßig schnell über den Absolutismus weggekommen, und als man 1688 dem neuen König *Wilhelm von Oranien* die

---

[254] Elisabeth I., Königin von England; Greenwich 7.9.1533–24.3.1603 Richmond.

[255] Sternkammer (Star chamber), mit Sternen ausgemalter Raum des Westminster Palace, Sitzungsraum eines seit 1487 bestehenden Ausschusses des Privy Concil.

[256] Cromwell, Oliver, Protektor der eng. Republik; Huntington 25.4.1599–3.9.1658 London.

[257] Hobbes, Thomas, engl. Philosoph; Malmesbury 5.4.1588–4.12.1679 Hardwicke.

»Bill of Rights«[258] als Bestandteil des englischen Staatsrechts vorlegte, war das Ziel erreicht, das die Franzosen erst 1814 und die Deutschen als Gesamtheit schwerlich vor 1918 erreicht haben. Der englische Absolutismus hat übrigens Kräfte geweckt, die zu den größten religiösen Bekenntnissen der Menschheit gehören. Die »englischen Märtyrer« werden stets eine Zierde des Christentums bleiben, und die Pilgrimsväter mit allen, die der Mayflower folgten, um ihre Religion zu erhalten, werden den dauernden Stolz alles christlichen Bekennertums ausmachen.[259] Leider kennen wir im Deutschland dieser Epoche nur sehr wenig Familien, die die Bürde der Auswanderung auf sich nahmen, um ihrem Glauben treu zu bleiben.
Der Staatsabsolutismus des 19. Jahrhunderts, der vom Konvent der Französischen Revolution und von Hegel seinen Ausgang nahm, hat fast ebenso sehr über den Kanal geschlagen wie der fürstliche Absolutismus des 16. und 17. Jahrhunderts. Wenn man den Weg ermißt, den die englische Rechtswissenschaft von *Blackstone*[260] zu *Austin*[261] zurückgelegt hat, wird einem das vollkommen klar. Dieses Denken ist allerdings nicht sehr tief gedrungen. Das Volk und die regierenden Kreise sind Blackstone treu geblieben. Doch auf die Intellektuellen besonders in dem »langen week-end« zwischen den zwei Kriegen hat der russische und der deutsche Totalitarismus merkwürdig stark Eindruck gemacht. Das ist der eigentliche Grund, warum England heute einen so bitter hohen Zoll zu zahlen hat.[262]
Mehr als aller fürstliche und staatliche Absolutismus dürften die **Stände** eine **abendländische** Erscheinung genannt werden. Das

---

[258] Bill of Rights (Gesetz der Rechte), engl. Staatsgrundgesetz seit 1689.
[259] Neuner: Aber welch eine Intoleranz folgte in Amerika!
[260] Blackstone, Sir William, Jurist; London 10.7.1723–14.2.1780 London.
[261] Austin, John, Jurist; Creating Mill 3.3.1790–Dez. 1859 Weybridge.
[262] Auf die Gegenwart des Verfassers bezogene Feststellung.

Altertum kennt sie nicht; die Alten hatten entweder eine Republik oder eine Monarchie, letztere stets als verlängerte Diktatur, als Tyrannis. Die Stände sind, wie der Parlamentarismus, der aus ihnen herausgewachsen ist, ein Erzeugnis des **Christentums**. Die Idee des Absolutismus ist unchristlich. Die Achtung vor der persönlichen Würde des Einzelnen, die uns das Christentum gelehrt hat, fordert, daß der Mensch von der Regierung seines Staates nicht völlig unterdrückt werde. Sein Staat soll ein »Bund« sein, in dem er gleichberechtigt mitzureden und mitzubestimmen hat.

Die Paganisierung der europäischen Kultur verläuft parallel mit dem Fortschreiten der Diktatur. Es ist logisch, daß der Diktator die christliche Religion unterdrückt oder daß er sie zu einer Staatsanstalt machen will. Man kann darüber streiten, wieweit das Christentum heut noch die Kraft hat, einen Staat und eine Gesellschaft zu gestalten. Wahrscheinlich ist die Welt heut schon zu entchristlicht, als daß diese Kraft sehr groß geblieben sein könnte. Die Christen haben auch nicht immer der Welt ein leuchtendes Beispiel gegeben. Immerhin hat das Christentum fertiggebracht, das Mittelalter in eine Ordnung zu fassen, die für diese wilde Zeit das Höchstmaß an Zivilisation und Pazifismus (Friedenswillen) gewährleistete. Es ist wahr: das Christentum hat diese Ordnung nicht zu halten vermocht. Immerhin soviel ist sicher, daß ihr Niederbruch von heidnischen Gewalten verursacht ist. Ich rechne völlig damit, daß das Christentum auch in der nächsten Zukunft kein staats- und gesellschaftsbildender Faktor sein wird. Allein das Christentum kann den unüberbrückbaren Gegensatz dartun, der zwischen ihm selbst und jeder heidnischen Regierungsart besteht. So wird es ein Hafen für alle Unterdrückten und eine innere Norm des späteren Wiederaufbaus sein.

Ich glaube, man kann sagen, daß in Deutschland die Kirche alles, was in ihrer Macht stand, getan hat, um das Aufkommen des »dritten Reichs« zu verhindern. Das war erfolglos, mußte es vermutlich sein, da die Masse der Deutschen – auch derer, die sich äußerlich zur Kirche zählten – die Prinzipien bejahte, auf denen das »dritte Reich« aufgebaut ist. Sie waren keine Nationalsozialisten; ich behaupte, daß zwischen 1933 und 1939 niemals die Mehrheit des deutschen Volkes nationalsozialistisch war. Aber sie waren in ihrem Denken vom Nationalsozialismus gefangen. Viel wichtiger war das Werk, an dem nach 1933 fast alle Diener der Kirche mitgearbeitet haben, nämlich zu zeigen, wie es für den konkreten Menschen unmöglich sei, zu gleicher Zeit Christ und Nationalsozialist zu sein. Zweifellos sind dadurch alle Kreise der Kirche entfremdet worden, die es liebten, einer klaren Entscheidung aus des Weg zu gehen. Allein diese Art von Menschen wird immer früher oder später den christlichen Glauben aufgeben (Mt. 22,14; Mt. 24,10; Joh. 6,66).[263]
Das Gewissen vom Einzelnen wegzunehmen und auf die Masse oder den Führer zu übertragen, ist in solchem Gegensatz zu aller christlichen Existenz, daß es hier nur ein für oder wider Christus gibt. Daß die Kirche in Deutschland den Menschen lehrte, Christentum ohne individuelles Gewissen sei eine leere Form, bleibt ein ewiges Verdienst. Die oberste Stelle im Staat wollte uns glauben machen, alles sei gut, was dem deutschen Volk nütze, alles sei schlecht, was ihm schade. Allein die Kirche wagte noch 1939 zu sagen, daß dieser ethische Relativismus falsch sei. »Unser Gewissen ist der Führer« riefen die Männer der Hitlerjugend. Wir wußten aus unserem christlichen Glauben, daß jeder

---

[263] Mt. Jh.: Viele sind gerufen, nur wenige sind auserwählt / werden viele zu Fall kommen und einander hassen und verraten / darauf zogen sich viele Jünger zurück und wanderten nicht mehr mit ihm umher.

einzelne Mensch sein eigenes Gewissen besitzt. Jede Seite der Bibel, doch die Bergpredigt mehr als alle anderen, gibt ein lautes Bekenntnis dafür ab, daß der Mensch ohne Gewissen kein Christ sein kann. Wir haben über das Wesen des Christentums im ersten Kapitel soviel angedeutet, daß niemand dieses Buch für eine Reduzierung der christlichen Religion auf ein System der Morallehre in Anspruch nehmen wird. Andererseits ist es unmöglich, den ontologischen Weg des Christentums zu gehen, ohne jene umwälzende moralische Entscheidung vollzogen zu haben, die einzig im Gewissen stattfindet und die absolut verhindert wird, sobald man dem einzelnen Menschen sein Gewissen raubt.

Einer der merkwürdigsten politischen Berichte findet sich in der Erzählung des Alten Testaments, wie sich die **Juden** ihren König wählten. Gott wollte ihnen keinen König geben, doch er setzte sich ihrem Drängen nicht entgegen. Er achtet ihren freien Willen, obwohl er weiß, daß sie sich mit ihm die Geißel flechten. Er weist auch seinen Propheten Samuel an, dem Volk zu willfahren, er soll ihnen lediglich das »Gesetz des Königs« verkünden, unter dem das Volk seufzen und bluten wird. Doch es ist, wie wenn das Volk diese Verkündigung gar nicht höre.[264]

Das ist Gott, der den **freien Willen** der Menschen geschehen läßt, selbst wenn Unheil aus ihm erwächst. Offenbar würde es größeres und schwerer heilbares Unheil bedeuten, den Menschen ihre Freiheit zu nehmen. Der christliche Gottesbegriff, der in dieser alttestamentlichen Stelle für jeden aufleuchtet, der sich durch die zeitbedingten Anthropomorphismen nicht stören läßt, stellt die individuelle Freiheit und den Wert der individuellen Persönlichkeit an eine ungewöhnlich hohe Stelle. Umgekehrt determinieren die Menschen ihr Schicksal oft genug selbst, ohne

---

[264] Erstes und zweites Buch der Könige.

auf alle Warnungen ihrer Freunde zu achten. Es ist die lebenslange Gefahr der Freiheit, daß sie sich selbst aufgeben kann.

Auf der **anderen** Seite steht die Methode der Menschen, ihre Mitmenschen bloß als Zahlen zu behandeln und ihre Kräfte nur als Werkzeuge zu gebrauchen. Sie trachtet danach, alle freie Reaktion des menschlichen Willens, soweit es irgend möglich ist, auszuschalten. Da der Wille von der Erkenntnis geleitet wird, muß sie die Möglichkeit der freien Erkenntnis verhindern. Deshalb verneint sie die Pressefreiheit, deshalb verbrennt sie Bücher, und wenn sie sich vor den Menschen rechtfertigen soll, nimmt sie ihre liebste Zuflucht zur **Lüge**. Die große Masse der Deutschen war überrascht, sich im siebten Jahr des Nationalsozialismus in einen Krieg verwickelt zu finden, der alles vernichtete, was die Nationalsozialisten zwanzig Jahre lang dem Volk versprochen hatten. Ein anderes Zeugnis dafür, wie gering die Machthaber den Untertanenverstand einschätzen und wie wenig sie sich ihm verantwortlich fühlen, sind die Verlautbarungen, mit denen die japanische Regierung in den letzten drei Jahren[265] Kabinettswechsel und entscheidende Wendungen ihrer Politik dem Volk zu erklären vorgab. Es ist kaum möglich, einen Stil zu schreiben, der zweideutiger und schwülstiger wäre. Es gibt keinen Weg, das Volk anzusprechen und es in krasserer Unkenntnis zurückzulassen. Gewalt und Betrug sind notwendig, wenn Menschen anderen Menschen gegenüber Gott spielen möchten.

Das Bekenntnis zum Christentum ist für die Mehrzahl der Menschen auch eine gesellschaftliche Schwierigkeit. Es gibt Verhältnisse, unter denen bloß die Heroen ihrem christlichen Glau-

---

[265] Die Jahre 1940 bis 1943.

ben nachleben können, sagt Papst *Pius XII.* in der öfters zitierten Rundfunkansprache. Deswegen kann die Veränderung gesellschaftlicher Bedingungen eine notwendige Voraussetzung sein, um einem Volk das christliche Leben möglich zu machen; denn ein ganzes Volk wird nie aus Heroen bestehen, und es ist unberechtigt, von allen seinen Gliedern Heroismus zu verlangen.

Das **wahre Reich** ist umgekehrt an eine gewisse **Sättigung der mittelalterlichen Gesellschaft mit christlichem Denken** und an ein starkes **religiös** gemeintes **Sendungsbewußtsein der Deutschen gebunden** gewesen. Deshalb glaube ich nicht, daß es wiederkehrt. Wir haben nach anderen umfassenderen und – wie wir hoffen – besseren Bünden der Völker auszuschauen, die der Welt das geben sollen, was das Reich in seiner Blütezeit Europa gewährte. Indes aber müssen wir uns mit den Fälschungen auseinandersetzen, die im Deutschland der letzten 75 Jahre aufgekommen sind.

II. Das falsche Reich

Die deutsche Geschichte und die deutsche Politik sind für Deutsche nicht leicht, für Nichtdeutsche fast unmöglich zu verstehen, weil die Deutschen unter allen alten europäischen Völkern vielleicht den am meisten komplexen Charakter aufweisen. Deshalb ist die deutsche Geschichte auffallend reich an plötzlichen, dem Beschauer unerklärlichen, ja wunderbaren Wendungen. Dieser Dialektik ein Ende zu setzen, wird kaum möglich sein, solang das deutsche Volk lebt. Aber es wäre für die Menschheit und die Deutschen schon überaus viel gewonnen, wenn sie auf hundert Jahre in einer friedlichen, dem konstruktiven Charakter der Deutschen angepaßten Bahn verlaufen wollte. *Königin Vikto-*

ria[266] hat gegen Ende ihres Lebens selbst einsehen können, wie völlig falsch das Axiom geworden war, das in ihrer Jugend weitgehend recht hatte: »Dear little Germany.« Man wird die Wendungen der deutschen Politik in den letzten achtzig Jahren nicht begreifen, ohne sich ein Phänomen klar zu machen, das von Bismarck bis Hitler für Deutschland gleichbleibend maßgebend gewesen ist: das **Preußentum.**

Bismarck hat das »zweite« Reich auf der preußischen Hegemonie aufgebaut. Nach Königgrätz[267] gab es in Deutschland keinen Platz mehr für einen Dualismus, geschweige denn für die Trias, die der schwache *König Max II.*[268] von Bayern vertreten hatte. Die Verfassung von 1871 begründete die sogenannte Einheit der Deutschen auf dem Bund der preußischen Großmacht mit den vielen deutschen Mittel- und Kleinstaaten. Diese »societas leonina«, wie sie Konstantin *Frantz* nannte, der Bund des Löwen mit den Mäusen, war alles andere als föderalistisch, denn es gehört zum Wesen des wahren Bunds, daß in ihm kein Glied im Besitz einer Übermacht sei. Tatsächlich weisen weder einer von den Schweizer Kantonen noch einer von den Staaten der nordamerikanischen Föderation eine Vor- oder gar eine Übermacht auf.

Es war ein schlauer Trick, den neuen Bund »föderalistisch« zu nennen; ungezählte süddeutsche Politiker sind auf ihn hereingefallen, und ich selbst habe noch vor und nach 1918 eine ganze Anzahl von Leuten gekannt, die im Ernst für das schwärmten, was sie »Bismarckschen Föderalismus« nannten. Preußen hatte nach der Annexion Hannovers, Kurhessens und Nassaus zwei

---

[266] Victoria, Königin von Großbritannien und Irland seit 1837; Kensington 24.5.1819–22.1.1901 Osborne.

[267] Königgrätz, siehe »Das Reich« 190.

[268] Maximilian II., König von Bayern, seit 1848; München 28.11.1811–10.3. 1864 München.

Drittel der Fläche,[269] zwei Drittel der Bevölkerung und das wirtschaftliche und finanzielle Übergewicht in diesem »Reich«. Allerdings hatte Preußen keine Mehrheit im Bundesrat. Aber es hat dort seinen Willen immer leicht durchgesetzt, weil der ganze Haufen der norddeutschen Kleinstaaten, die tatsächlich nichts anderes als Enklaven in der preußischen Landmasse vorstellten, regelmäßig mit Preußen stimmten; der Brotkorb wäre ihnen sonst zu hoch gehängt worden. So hat die Kleinstaaterei des deutschen Territorialfürstentums dem preußischen Zentralismus ihren letzten Dienst geleistet.

Um die Außenpolitik zu behandeln, hat Bismarck den »famosen« Bundesratsausschuß für auswärtige Angelegenheiten geschaffen, in dem Bayern den Vorsitz führte. Die offiziellen Bayern waren in ihrer politischen Unerfahrenheit über eine solche Auszeichnung sehr beehrt; in Wirklichkeit hat dieses System nur den einen Zweck gehabt, mit der außenpolitischen Verantwortung auch die bayerischen Schultern zu beladen. Bismarck hatte – wie der langjährige bayerische Gesandte in Berlin, Graf *Lerchenfeld,* berichtet – noch die Gewohnheit, den Stoff der Bundesratsverhandlungen mit dem Chef der bayerischen Delegation durchzusprechen. Unter seinen Nachfolgern ist diese Gewohnheit mehr und mehr in Vergessenheit geraten. Der Bundesrat wurde von der Reichsregierung vor »vollendete Tatsachen« gestellt, und es ist für den durchschnittlichen Menschen überaus schwer, gegen Dinge anzukämpfen, die ihm als »vollendete Tatsachen« bezeichnet werden. Ganz besonders war das auf dem Gebiet der Außenpolitik so. Die Regierungen in München, Stuttgart, Dresden haben vom Kommen des Krieges im Juli 1914 nicht viel mehr gewußt als der aufmerksame Zeitungsleser und

[269] Annexionen Hannovers, Kurhessens und Nassaus am 3.10.1866 durch Preußen.

jedenfalls weniger als die meisten gut unterrichteten Journalisten in Berlin (Diese autokratischen Methoden befolgte die Regierung des »zweiten Reichs« bis zu ihrem Ende).[270] Nachdem Kaiser *Karls* Versuch eines Sonderfriedens im Sommer 1917 gescheitert war, hat er im Sommer 1918 noch eine letzte verzweifelte Unternehmung eingeleitet, zusammen mit dem bayerischen König, Kaiser Wilhelm zum Abschluß eines Friedens zu bewegen. In München ist man mit Freuden auf diese Idee eingegangen. Aber der österreichische und bayerische Vorstoß prallten an der Reichsregierung ab wie die Bitte zweier Kinder am Eigensinn eines Erwachsenen, der ihnen erklärt, daß sie die Tragweite ihres Wunsches nicht verstehen.
Unter den wenigen Menschen, die in Bayern das Hegemoniesystem des »zweiten Reichs« begriffen, war König *Ludwig III.*[271] Er hatte als ganz junger Offizier 1866 bei Helmstadt in Unterfranken eine preußische Kugel ins Bein bekommen und hat dieses Zeugnis, wie Bismarck mit »Blut und Eisen« die deutsche »Einheit« betrieb, wahrscheinlich nie vergessen. Er hat 1871 in der bayerischen Reichsratskammer gegen die Versailler Verträge gestimmt, die den Eintritt Bayerns in Bismarcks Reich begründeten.[272] Als er 1912, fast 68 Jahre alt, seinem Vater, dem Prinzregenten, folgte, war es zu spät, um seine Ideale durchzuführen. Das Land war ein Vierteljahrhundert von einer fröhlichen Jagdgesellschaft regiert worden, der die deutsche Frage und der Charakter Bayerns vollkommen gleichgültig waren. Ludwig hatte über vierzig Jahre lang den Glanz und die schein-

---

[270] Ein von Robert Neuner eingefügter Satz.

[271] Ludwig III., König von Bayern, seit 5.11.1913; München 7.1.1845–18.10. 1921 Sarvar (Ungarn).

[272] Abstimmung in der bayerischen Abgeordnetenkammer an der Münchner Prannergasse am 21. Jänner 1871 mit 2 Stimmen über der erforderlichen Zweidrittelmehrheit für die Versailler Verträge.

bare Unabänderlichkeit des »zweiten Reichs« mit ansehen müssen; er war von diesem »zweiten Reich« gedemütigt und in die Schablone gepreßt worden. Wie sollte er nun Entschlüsse fassen, die den Acheron in Bewegung setzten?[273] Wir alle haben mit 68 Jahren das Privileg, uns von den Geschäften zurückzuziehen, und niemand erwartet von uns, daß wir dann noch einen Kampf auf Leben und Tod führen. König Ludwig III. hat bei Ausbruch des Kriegs wohl geahnt, welche Katastrophe für ihn und sein Land bevorstehe; das kam in einer seiner Stegreifansprachen, die er Anfang August 1914 an die jubelnde Masse vom Balkon seines Palastes[274] aus hielt, ziemlich deutlich zum Ausdruck.[275] Aber er sah es für seine Pflicht an, den Bund hochzuhalten, den seine Vorgänger eingegangen waren und den sie so lang bejaht hatten. Daß er sein eigenes Schicksal dadurch determiniert betrachtete, hat er mir wenige Monate vor seinem Tod am 5. Februar 1921 am Ende eines langen Spaziergangs durch den knietiefen Schnee von Wildenwarth mit den Worten erklärt: »Ja, 1866 war der Anfang vom ganzen Unglück.«

Edmund *Jörg*[276] ist der weitschauendste unter den bayerischen Politikern gewesen, die die Bismarcksche Gründung als preußischen Zentralismus ablehnten. Er hat sich keiner Täuschung darüber hingegeben, daß das Bismarcksche »Reich« hoffnungslos zum Zentralismus führen und auf die Dauer jedes politische Eigenleben der deutschen Stämme vernichten werde. Er hat wahrscheinlich auch den Untergang des ganzen Gebildes vorausgesehen, das in seinem Drang nach Herrschaft die europäi-

---

[273] Acheron, der Fluß der Unterwelt.

[274] (der Münchner Residenz).

[275] Neuners Anmerkung: Richtig! Ich hörte sie selber.

[276] Jörg, Joseph Edmund, kath. Politiker, Vorsitzender der Bayerischen Patriotenpartei, kämpfte gegen Bismarck und das Kleindeutsche Reich; Immenstadt 23.12.1819–18.11.1901 Burg Trausnitz ob Landshut.

sche Vormacht anstreben müsse, nachdem es die deutsche erobert hatte. Allein Jörg war zwanzig Jahre nach seinem Tod ein Vergessener, genau wie *Konstantin Frantz*. Der Erfolg des »Zweiten Reichs« und seine Dauer war wie immer die stärkste Kraft, um die Opposition zu ersticken. Bismarck hatte die Bücher Konstantin Frantz' aufkaufen und vernichten lassen; er hätte sich diese Mühe sparen können; im Land der Denker und Dichter hat, als Frantz und Jörg starben, fast niemand mehr den geistigen Mut besessen, das »zweite Reich« kritisch in Frage zu ziehen, und noch weniger Menschen hatten die Phantasie, sich die Möglichkeit einer anderen Lösung der deutschen Frage vorzustellen. Das ist auch der Grund gewesen, weshalb es so unendlich schwierig wurde, gegen das »dritte Reich« anzukämpfen. Seine Erfolge schienen jeden Appell an den kritischen Sinn zu einer hoffnungslosen Angelegenheit zu machen. Vielleicht darf man sagen, daß jene Menschen mehr Verantwortung für das »dritte Reich« tragen, die ihm seine Erfolge möglich gemacht haben, als die, die von diesen Erfolgen berauscht worden sind.
Im Norden hat Ludwig *Windthorst*[277] den Kampf gegen die Bismarcksche Gründung und ihren Scheinfoederalismus mit großartiger Tapferkeit aufgenommen. Er hat die welfische und die katholische Opposition geistig verschmolzen und so der Opposition eine Reichsauffassung geschenkt, die zwar von der nächsten Generation aus dem gleichen Grund verraten worden ist, aus dem Frantz und Jörg vergessen wurden, die aber immer wieder durchbricht, wie unter anderem dieses Buch beweist. Jörg hat sich als echter Süddeutscher in die Einsamkeit der Landshuter Trausnitz zurückgezogen,[278] als er seine Idee für das nächste Lebensalter untergehen sah. Der Niedersachse Windt-

[277] Windthorst, Ludwig, siehe »Das Reich« 172.
[278] Burg Trausnitz ob Landshut, wo Jörg als staatl. Archivar tätig war.

horst ist nach Berlin, in den Deutschen Reichstag, gegangen und dort das geworden, was ein moderner Schriftsteller den »ersten und letzten Parlamentarier« dieses Reichstags genannt hat. Jedenfalls hat es in diesen ersten sieben Jahren des »Bismarckschen Reichs« niemand gegeben, der Bismarck das parlamentarische Leben saurer gemacht hat als Windthorst. Jedesmal, wenn ich in *Hannover* war, habe ich das Grab Windthorsts im Chor der von ihm gestifteten Marienkirche mit tiefer Verehrung und Dankbarkeit besucht; denn wir deutschen Katholiken schulden ihm vor allem, daß wir nicht bloß eine Kirchenpolitik, sondern auch einen Reichsgedanken haben.
Es ist ein erhebliches Mißverständnis, Männer wie *Frantz, Jörg, Windthorst* und seine Freunde »Reichsfeinde« zu nennen. Sie so zu qualifizieren heißt, gehorsam dem Propagandaklischee folgen, mit dem die journalistischen Diener Bismarcks damals den halbgebildeten und im politischen Denken ängstlichen Deutschen gefangen haben, wie fünfzig Jahre später die Agitatoren Hitlers mit ihren noch schäbigeren Phrasen. Diese »Reichsfeinde« waren die Freunde und treuen Anhänger eines weit besseren, des **echten** Reichs, und darum mußten sie die Feinde des Bismarckschen Surrogats sein.
Vielleicht wird man fragen, weshalb an dieser Stelle der **Sozialdemokratie** keine Erwähnung geschieht, die man ja auch als »Reichsfeinde« zu bezeichnen pflegte. Ich gestehe, daß ich die Opposition der Sozialdemokraten gegen das »zweite Reich« für keine sehr bedeutende Angelegenheit halte. Nur ganz wenige Sozialdemokraten hatten und haben das Problem des Reichs, die deutsche Frage, begriffen. *Vollmar*[279] war einer von ihnen, und im München der ersten Nachkriegsjahre hat es um die Tages-

[279] Vollmar, Georg von, bayer. sozialdemokratischer Politiker; München 7.3. 1850–30.6.1922 Urfeld (Walchensee).

zeitung der sogenannten Unabhängigen, den »*Kampf*«, einen kleinen Kreis von Männern gegeben, mit denen man über diese Dinge sprechen konnte. Selbst *Bernstein*[280] hat nur ein Bruchstück des Problems gekannt. Im Allgemeinen hielten sich die Revisionisten über diesen »historischen und dynastischen Plunder« – wie sie es sahen – noch erhaben. Lohnbewegungen waren weit wichtiger als Verfassungsfragen. Die Orthodoxen hatten von Karl *Marx*[281] einen Staatsbegriff angenommen, den dieser wieder von seinem Lehrer Hegel hatte. Hier ist nicht der Ort, über den Staatsbegriff des Marxismus zu diskutieren. Wir glauben, daß er eine typische Form unseres Jahrhunderts darstellt. Aber es gab natürlich, auch ohne daß man den Stammbaum bis Hegel zurückverfolgt, eine gewisse Verwandtschaft zwischen dem sozialdemokratischen und dem preußischen Staatsdenken. Daß *Lassalle*[282] ein Verehrer Bismarcks gewesen ist, war kein Zufall. Unter den Revisionisten waren die Kreise nicht vereinzelt, die das Wilhelminische Deutschland für vollkommen in Ordnung hielten, wenn die Arbeiter genügend bezahlt und nicht zu stark ausgenützt würden. Sie waren eine Parallele zu den Zentrumsabgeordneten, die bereit waren, zu Bismarck, Preußentum, selbst zu Hitler »ja« zu sagen, wenn nur genügend katholische Staatsanwälte ernannt wurden und der katholische Religionsunterricht ungestört erhalten blieb. Beide Gruppen haben viel für das »zweite« und unendlich viel für das »dritte Reich« getan. Man könnte sogar davon sprechen, daß diese Sozialisten eine Art von Vorerziehung für das »dritte Reich« geleistet ha-

---

[280] Bernstein, Eduard, Begründer des sozialdemokratischen »Revisionismus«; Berlin 6.1.1850–18.12.1932 Berlin.

[281] Marx, Karl Heinrich, Begründer des Marxismus; Trier 5.5.1818–14.3. 1883 London.

[282] Lassalle, Ferdinand, Publizist und Politiker; Breslau 11.4.1825–13.8.1864 Genf (Duell).

ben, wie sie *Spengler*[283] ahnungsvoll in seinem »Preußentum und Sozialismus« angedeutet hat.
Selbstverständlich liegt es uns durchaus fern, die unbestreitbaren Verdienste der Sozialdemokratie schmälern zu wollen. Ohne die Wucht ihres Angriffs und die Macht ihrer Drohung hätten die Idealisten wohl nicht die Kraft aufgebracht, um den Arbeitern zu einigermaßen gerechten Löhnen, zum notwendigen Schutz vor der Ausbeutung und vor allem zum Koalitionsrecht zu verhelfen. Die christliche Idee der Gerechtigkeit hätte sich in einer so weitgehend entchristlichten Gesellschaft wie jener des europäischen Kontinents in den letzten siebzig Jahren kaum durchgesetzt, wenn ihr die Sozialdemokratie nicht eine Gasse geschlagen hätte. Die Sozialdemokratie war – wie ein süddeutscher Minister der Vorkriegszeit zu sagen wagte – eine »großartige Bewegung zur Hebung des Abeiterstands«. Doch mehr war sie nicht. Die Arbeiterparteien der angelsächsischen Länder, die, ohne umfassende Programme zur Reform der Gesellschaftsordnung aufzustellen, allein die Besserung der Lage der Arbeiterschaft als ihr Ziel bezeichnen, sind deshalb ehrlicher und sie sind auch erfolgreicher gewesen.
Daß der sogenannte Bismarcksche Föderalismus in Wirklichkeit der Zentralismus eines großpreußischen Staats sei, wurde nicht bloß von seinen Gegnern, sondern auch von denjenigen seiner Freunde anerkannt, denen ihre Stellung eine gewisse Offenheit möglich machte. *Lasker*,[284] der in der riesigen nationalliberalen Schar der Beglückten eine sehr maßgebende Stirne besaß, nannte die föderalistischen Besonderheiten und die sogenannten

---

[283] Spengler, Oskar, Geschichtsphilosoph (»Der Untergang des Abendlandes«); Blankenburg 29.5.1880–8.5.1936 München.

[284] Lasker, Eduard, Politiker, trennte sich von Bismarck und seiner Gründung, der nationalliberalen Partei; Jarotschin 14.10.1829–5.1.1884 New York.

Reservatrechte der mittleren Staaten »Schollen am Ufer, die der große Sturm der Entwicklung wegschwemmen werde«. Wie recht er damit hatte, können wir erst heut voll beurteilen.
Die Staatsrechtswissenschaft beeilte sich, den Begriff einer zwischen Bund und Einzelstaaten **geteilten Souveränität**, wie ihn noch *Waitz*[285] gelehrt hatte, zu verwerfen. Unter Führung von *Laband*[286] wurde dargetan, daß es nur **eine** Souveränität geben könne, was unter der Herrschaft des modernen Bodinschen Souveränitätsbegriffs zweifellos richtig war; diese Souveränität aber liege beim Reich, **nicht** bei den Einzelstaaten. Im Denken dieser Staatsrechtler hatten die Einzelstaaten damit den Charakter als Staaten verloren; denn die Souveränität gehörte für sie notwendig zum Staatscharakter. Selbstverständlich hat auch Max von *Seydel*,[287] den die bayerische Staatsrechtswissenschaft und die bayerische Bürokratie der Vorkriegszeit in einer geradezu komischen Weise unfehlbar nannten, zu dieser Schule gehört. Folgerichtig wurde das »Reich« Bismarcks nicht als Bund betrachtet, wie die offizielle Lesart lautete. Die Versailler Verträge, mit denen die Süddeutschen ins Reich eintraten, hätten nun genetisch das Reich begründet.[288] Nachdem sie einmal gesetzt waren, sei

---

[285] Waitz, Georg, Historiker; Flensburg 9.10.1813–24.5.1886 Berlin.

[286] Laband, Paul, Staatsrechtler; Breslau 24.5.1838–23.3.1918 Straßburg.

[287] Seydel Max Ritter von, bayer. Staatsrechtslehrer; Germersheim (Pfalz) 7.9.1846–23.4.1901 München; Hauptwerk: »Bayerisches Staatsrecht«.

[288] Bayern, Württemberg, Baden, Hessen-Darmstadt. Das Versailler Vertragswerk von 1871 wird selbst von führenden deutschen lexikalischen Werken zugunsten des »Zweiten Versailles« von 1919 verschwiegen, obwohl es dessen geistige Wurzel war. Der 1866 vom aufgerüsteten Preußen gegen die Staaten des südlichen deutschen Sprachraums (Österreich, Bayern, Württemberg, Baden, Hessen-Darmstadt) geführte Krieg hatte das Ziel der Zerstörung des Deutschen Bundes. Ohne die Ausrufung des deutschen Kaisers am 18.1.1871 im Spiegelsaal von Versailles hätte es

ihre Bedeutung verschwunden; jetzt, konstitutiv, beruhe das Reich auf seinem Eigenrecht. Natürlich hat dann keiner von diesen Professoren im »Reich« Bismarcks noch einen Rest vom Bund gefunden, der für unser Denken in jeder sittlich einwandfreien Staatsgründung irgendwie enthalten sein muß.

Aber diese Theoretiker sind der Wahrheit viel näher gekommen als die Praktiker mit ihren innerlich so unwahren Glaubensartikeln vom »Bismarckschen Föderalismus« und vom »Reich«. Die Gründung Bismarcks war tatsächlich nichts anderes als der **deutsche Nationalstaat,** der sich neben die anderen europäischen Nationalstaaten stellte. Sie wollte entsprechend dem Denken des Jahrhunderts auch gar nichts anderes sein und hat sich das Kostüm des Reichs bloß angezogen, weil sie mit seiner geschichtlichen Gegebenheit rechnen mußte. Das Werk *Cavours*,[289] das posthum, aber fast gleichzeitig mit dem Bismarcks fertig wurde, war aufrichtiger, indem es keinen anderen Anspruch erhob als ein italienischer Nationalstaat zu sein.

»Reich« war für die große Masse der von Bismarck gefangenen deutschen öffentlichen Meinung die besondere Form des deutschen Nationalstaats. Niemand von all diesen Menschen hat daran gedacht, eine moralische und politische Verantwortung zu übernehmen, wie sie das erste wahre Reich getragen hatte. Das ist die große Schuld der Deutschen im 19. Jahrhundert gewesen. Sie schwärmten dafür, sich mit der Kaiserkrone zu schmücken, aber sie lehnten es ab, die Mission zu erfüllen, die ihnen mit dem Reich angeboren war. Im Gegenteil, diese doppelte Mission des europäischen und des deutschen Föderalismus wurde mit Verachtung als eine völlig überholte Sache hingestellt. Verges-

---

nach Meinung C. O. v. Sodens keinen Versailler »Friedensvertrag« von 1919 gegeben.

[289] Cavour, Camillo, Graf von Benso di C., italienischer Staatsmann; Turin 10.8.1810–6.6.1861 Turin.

sen war das besondere individuelle Gesetz der Deutschen, das sie für ihr politisches Leben in sich trugen. Die Deutschen können sich von nun ab genau so benehmen wie Engländer und Franzosen, Spanier und Italiener. Daß sie mit ihrer Individualität etwas anderes sind und daß sie der Menschheit etwas anderes schulden, hat keiner von den Enthusiasten Bismarcks bedacht.

Bismarck selbst hat sicher am wenigsten solche Gedanken gehegt. Er nennt sich ein »normales Produkt« der preußischen Gymnasialerziehung. Seine Erinnerung an das, was ihm die Generation seiner Eltern von *Napoleon I.* erzählte, muß sehr lebendig gewesen sein. Er hat viel vom Europa *Napoleons III.* und der Romanows gesehen. Er fühlte im Jahre 1848 den dichten Rauch der Nationalstaatsdemokraten, der die ganze große deutsche Vergangenheit überdeckte. Überhaupt hat er in 1848 nur die Eindrücke des preußischen Reaktionärs, keine anderen, gehabt. Er erlebte in Frankfurt[290] ein Österreich, das epigonenhaft auf den Wegen Metternichs zu wandeln suchte. Woher sollte er eine Ahnung vom wahren Reich haben? Aber daß die Mehrheit der Deutschen sich eine Politik solcher geistigen und ethischen Verarmung aufdrängen ließ, war ihre unbestreitbare Schuld und eine schlimme Vorbedeutung für die letzten Dinge, die sich im 20. Jahrhundert auf dem gleichen Weg, nur in bedeutenderer Höhenlage, ereignen sollten.

Daß Deutschland sich zum Nationalstaat machen ließ, hat bei den europäischen Völkern einen ganz tiefen Eindruck hervorgerufen, der an Stärke bloß mit dem der Französischen Revolution verglichen werden kann. Viele Politiker der westlichen Welt sind sich erst in unserer Zeit der Stärke dieses Eindrucks bewußt geworden, der die ganzen letzten siebzig Jahre über angehalten

---

[290] Frankfurt, Paulskirche, 1848/49 Tagungsort der Frankfurter Nationalversammlung.

hat und durch das »dritte Reich« noch vergrößert worden ist. Die Nationalstaatsidee hat sich nach 1871 bei den Völkern der **österreichisch-ungarischen** Monarchie und am **Balkan** siegreich durchgesetzt. Natürlich hat dazu die Tatsache beigetragen daß die Ungarn 1868 ihren Nationalstaat erhielten und daß auch in Polen zwischen der zweiten und dritten Revolution die Nationalstaatsidee siegreich wurde. Der Revolution von 1830/31 hatte noch das alte Königreich Polen als Ziel vorgeschwebt; die Revolution von 1863 war ausgesprochen bürgerlich-nationalstaatlich; die großen Dichter des Exils haben sich zur Nationalstaatsidee bekannt, zu einer ungewöhnlich hohen und edlen Form dieser Idee zweifellos, aber eben doch zu dieser Idee. Bei den Tschechen ist der Panslawismus der Jungtschechen an die Stelle des habsburgischen Föderalismus der Alttschechen getreten. In ähnlichen Bahnen verlief der Nationalismus der Südslawen.
Wieso *Metternich*[291] und *Gentz*[292], die ein ganz richtiges Empfinden für die Notwendigkeit der europäischen Einheit besaßen, den nationalstaatlichen Bestrebungen ihrer Zeit nicht gewachsen waren, ist schon früher angedeutet worden. Vielleicht hätte der Wiener Kongreß nur dann zu einer konstruktiven Lösung der deutschen Frage gelangen können, wenn sich Metternich und *Stein*[293] zusammengesetzt und miteinander einen Plan für die deutsche Zukunft innerhalb der europäischen entworfen hätten, doch das war unmöglich, und so mußte auch das Deutschland des 19. Jahrhunderts unmöglich bleiben. Metternich ist dem Zollverein, der auf wirtschaftlichem Weg das Deutschland Bis-

---

[291] Metternich, Clemens, Fürst von, österr. Staatsmann; Koblenz 15.5.1773–11.6.1859 Wien.

[292] Gentz, Friedrich von, Publizist; Breslau 2.5.1764–9.6.1832 Weinhaus (Wien).

[293] Stein, Karl, Reichsfreiherr vom und zum, dt. Staatsmann; Nassau (Lahn) 25.10.1757–29.6.1831 Schloß Kappenberg.

marcks vorausbildete, ziemlich hilflos und passiv gegenübergestanden. Hundert Jahre später hat der deutsche Außenminister *Curtius*[294] den österreichischen Bundeskanzler *Schober*,[295] der sehr viel von der Polizei, aber sehr wenig von der Politik verstand, dazu gebracht, diesen Zollverein zwischen Deutschland und Österreich zu erneuern, um eine Stufe für den späteren »Anschluß« zu gewinnen – einen von den vielen unglücklichen Versuchen der Weimarer Verfassungsregierung, sogenannte nationale Erfolge zu gewinnen, mit denen man die Nationalisten im Zaum halten zu können glaubte. Jedenfalls war dieses Zollunionsprojekt in einem Geist entworfen, an dem die Erfahrungen der letzten Generation mit ihren Nationalstaaten spurlos vorübergegangen war; sein Geist mag hundert Jahre früher verzeihlich gewesen sein, aber 1930 war es wirklich eine unzeitgemäße Dummheit, mit solchen Mitteln Politik zu machen.

Wenn die Habsburger Monarchie Metternichs als Zentralstaat bestehen blieb, so mußte sie auch als Ganzes früher oder später in den Strudel der **ungarischen Revolution** geraten. Natürlich haben die Ungarn viel Schuld an der Entwicklung, die mit dieser Revolution einsetzte. Allein manches in dieser Entwicklung war auch rätselvolles Geschick; im entscheidenden Moment ist *Széchényi*[296] vorschnell gestorben und *Kossuth*[297] der nationale Führer geworden, ein Unglück für Ungarn und Europa. Nach der Revolution war der junge und unerfahrene Kaiser Franz Jo-

---

[294] Curtius, Julius, 1929 Reichsaußenminister; Duisburg 7.12.1877–10.11. 1948 Heidelberg.

[295] Schober, Johannes, österr. Politiker; Perg 14.11.1874–19.8.1932 Baden bei Wien.

[296] Széchényi, Istvan Graf von, ungar. Politiker; Wien 21.9.1792–8.4.1860 Wien (Selbstmord).

[297] Kossuth, Ludwig, Führer der ungar. Unabhängigkeitsbewegung; Monok 19.9.1802–20.3.1894 Turin.

seph tief erschreckt und ließ sich von seinen Beratern zu Methoden drängen, die gerade gegenüber dieser Nation mit ihrem hohen Ehrbegriff vollständig falsch waren. Über den unglücklichen *Bach*[298] und sein System herrscht heut wohl nur eine Ansicht. Überhaupt ist die »Restauration« der fünfziger Jahre in Österreich ebenso steril gewesen wie in allen anderen deutschen Staaten. Als die Ungarn unter dem vernichtenden Eindruck von Königgrätz endlich ihren »Ausgleich« erhielten, war nur eine Seite des Problems der Donaumonarchie gelöst. Die föderale Selbständigkeit wenigstens der kulturell weit vorangeschrittenen Westslawen mußte folgen, sollte der »Ausgleich« nicht einseitig und deshalb überaus gefährlich sein. Zweimal haben Habsburger mit Ernst versucht, diesen Weg zu beschreiten; beidemal sind sie vor dem Widerstand zurückgewichen, der von Berlin aus organisiert war. 1870 hat Kaiser Franz Joseph mit dem Ministerium *Hohenwart*[299] einen durchaus richtig gedachten Versuch zur Föderalisierung Österreichs begonnen. 1917 hat Kaiser *Karl* ein Ministerium *Lammasch-Foerster*[300] mit den gleichen Zielen bilden wollen. Als Lammasch ein Jahr später Ministerpräsident wurde, war es – wie fast immer – zu spät. Zwischen diesen beiden Projekten lag die lange bittere Zeit des »Weiterwurstelns«. *Franz Joseph,* der früh ein innerlich gebrochener Mann gewesen ist, hat sich und seine Völker in halbgewollten, schwachen Versuchen erschöpft. Womit man 1849 begonnen hatte, als die

---

[298] Bach, Alexander Freiherr von, österr. Staatsmann, Loosdorf 4.1.1813–12.11.1893 Schönberg; Innenminister von »reaktionärer, absolutistischer, klerikaler« Haltung, mußte 1859 zurücktreten.

[299] Hohenwart, Karl Siegmund Graf von, österr. Politiker; Wien 12.2.1824–26.4.1899 Wien.

[300] Lammasch-Foerster/ Lammasch Heinrich, österr. Straf- und Völkerrechtslehrer; Seitenstetten 21.5.1853–6.1.1920 Salzburg (letzter Ministerpräsident des alten Österreich 27.10.–11.11.1918).

kroatische Revolution unter *Jellatičić*[301] gegen Ungarn mobil gemacht wurde,[302] ist nun zum Hausmittel geworden; eine Nation wurde gegen die andere ausgespielt: Deutsche gegen Slawen und Slawen gegen Magyaren, Ruthener gegen Polen und Polen gegen Deutsche. *Badeni*[303] hat die Deutschen gereizt, ohne einer Lösung der slawischen Frage irgendwie näher zu kommen; die Ermordung des Statthalters *Potocki*[304] in Lemberg hat die Polen aufgeregt und war selbstverständlich gänzlich ungeeignet, das Problem des Zusammenlebens zwischen Polen und Ukrainern irgendwie zu fördern. Das Ergebnis dieser Methoden war, daß keine Nation mehr der Regierung traute, daß sie sich alle verraten fühlten und Österreich zu hassen begannen. Anstatt in der Zeit des Nationalstaats zu zeigen, wie notwendig die föderalistische Donaumonarchie für ihre Völker war, hat die österreichische Politik ihre Völker gezwungen, ihr Haus als Gefängnis zu empfinden, in dem die Nationalitäten zwar davor bewahrt blieben, die Dummheiten zu machen, die sie später begingen, aber in dem ihnen alle Hoffnung auf die Zukunft starb.

Es ist falsch, allein Kaiser *Franz Joseph*[305] dafür zu kritisieren. Wahrscheinlich hätten die meisten seiner Kritiker gar nicht fertiggebracht, weiter am Steuer zu bleiben, wenn sie erlebt hätten, was ihm nur in den ersten zwanzig Jahren seiner Regierung beschieden war. Wo war ein Mann, der der Aufgabe Franz Josephs

---

[301] Jellačić, Joseph, Graf von, österr. General; Peterwardein 16.10.1801–19.5.1859 Agram.

[302] Bemerkung von Neuner: Falsch. Das war eine von Wien bestellte Unterdrückung der Ungarn.

[303] Badeni, Kasimir, Felix Graf von, österr. Staatsmann; Surochow 14.10.1846–9.7.1909 Krasne.

[304] Pottocki, Andreas, 1903 Statthalter von Galizien; Krakau 10.6.1861–12.4.1908 Lemberg, von einem ruthenischen Studenten erschossen.

[305] Franz Joseph I., Kaiser von Österreich, König von Ungarn; Wien 18.8.1830–21.11.1916 Wien.

besser gewachsen gewesen wäre? Franz Joseph hat, auch in der Zeit, als er noch nicht überaltert und mißtrauisch geworden war, keinen Ratgeber gefunden, wie es *Kaunitz* oder *Metternich* für seine Vorgänger gewesen waren; scheinbar war kein solcher Mann mehr im Raum der Donaumonarchie gewachsen. Franz Joseph hat seinen schweren Weg allein gehen müssen. Will man Urteile fällen, so wird man selbstverständlich feststellen können, daß Kaiser Franz Joseph versagt hat. Indes, wer von den Männern, die zwischen 1866 und 1914 ein entscheidendes Wort auf dem europäischen Festland zu sprechen hatten, hat nicht versagt? Wie klein ist die Zahl der politischen, kulturellen, militärischen Führer in unserer eigenen Zeit, die nicht versagt haben! Wer gerecht urteilen will, muß die »gebildeten« Schichten des Deutschtums in Österreich weit strenger verurteilen; denn sie haben ärger versagt als der Kaiser, und ihre Obstruktion trägt ein volles Maß an Schuld für das Versagen des Kaisers. Übrigens wäre es richtiger, diese Schichten »halbgebildet« zu nennen: denn wirkliche Bildung war im Österreich der letzten hundert Jahre fast ebenso selten anzutreffen wie im »zweiten Reich«; ein wenig *Mach* und später ein wenig mehr *Freud*[305a] vermögen noch keine Bildung abzugeben. Der tiefe Mangel und die ernste Schuld des deutschen Bürgertums in Österreich war der fürchterliche Minderwertigkeitskomplex, den es seit *Joseph II.* angesammelt hatte.[306]
Damals hat sich Österreich zum ersten Mal von Preußen imponieren lassen. Joseph II. und sein Bürgertum wurden die Verehrer eines Staats, der ihnen an kriegerischer Tüchtigkeit (»Efficiency«) überlegen war. Dieser Minderwertigkeitskomplex ist durch Königgrätz noch erheblich vermehrt worden und ist seither das maßgebende Element der politischen Denkart des halbgebil-

---

[305a] Ernst Mach und Sigmund Freud.
[306] Neuner: Sehr richtig, glänzend!

deten Österreichers geblieben. Preußen wurde für ihn das Idol politischen Könnens, die Hohenzollern und ihr Staat das Ideal aller politischen Zielsetzung. *Schönerer*,[307] der bekannteste Typ dieser Richtung, sah in Wilhelm I. »den« Kaiser. Religiös sind er und sein Kreis durch das Schlagwort »los von Rom« bekannt geworden. Daß ihre Denkart heftigsten Antisemitismus einschloß, ist klar; denn das Judentum in den Donauländern zählt ja zu der nationalen Vielfalt, die diesen Alldeutschen verhaßt war. Natürlich war ihre Einstellung auch ausgesprochen antislawisch; im nationalen Grenzkampf gegen das Tschechentum ist die alldeutsche Politik groß geworden. Die Tschechen und alle Slawen zu mißachten, war ihr Lebenselement. Der Minderwertigkeitskomplex gegenüber Preußen hat einen krankhaften Stolz gegen die Tschechen genährt; daß die Alldeutschen die Hegemonie der deutschen Minderheit in Österreich um keinen Preis aufgeben wollten, hat die deutsche Politik in Österreich gegen alle föderalistischen Lösungsversuche verhängnisvoll versteift[308] (die katholischen und sozialistischen Parteien des deutschen Österreich waren nur daran interessiert, ihre Minderheitsansprüche zur Geltung zu bringen, und ermangelten, genau wie im »Reich« eines staatspolitischen Programms). Es war stets einer meiner politischen Grundsätze, die echten Preußen seien viel besser als diese verpreußten Österreicher; der Preuße, der das von Natur aus

---

[307] Schönerer, Georg Ritter von, österr. Politiker; Wien 17.7.1842–14.12. 1921 Rosenau bei Zwettl. Vorkämpfer der »Los-von-Rom-Bewegung«, 1899 Übertritt zum Protestantismus, in seiner antihabsburgischen, antisemitischen, antislawischen, antiklerikalen, deutschnationalen Haltung von starkem Einfluß auf den jungen Hitler, der sein ganzes Weltbild von Schönerer bezog. Der »Habsburger Platz« in München-Schwabing hieß von 1933 bis 1945 »Schönerer Platz«, während die Straßen- und Platzbenennungen nach allen nur denkbaren Hohenzollern – wie zu erwarten – von den Nazis nie angetastet wurden.

[308] Vervollständigung durch die Gießener Fassung.

ist, wird immer weit sympatischer bleiben als der Renegat aus Österreich, der sich gegen seine eigene Natur zu preußischem Denken vergewaltigt. Mein Grundsatz ist leider durch eine sehr unangenehme Erfahrung bestätigt worden.[309]
Es ist überaus charakteristisch, daß *Hitler* aus der Schicht des verpreußten Österreichertums gekommen ist und daß er Schönerer als den wichtigsten seiner Lehrer preist. Als ich im Herbst 1919 Hitler zum erstenmal in einer Versammlung des »Bayernbunds«[310] im »Löwenbräu« in München in der Diskussion reden hörte, war mir nach fünf Minuten restlos klar, wes' Geistes Kind er war. Er verherrlichte die preußische Politik und verdammte alles Österreichertum; die Habsburger waren für ihn der Inbegriff der Verrottung. Seine Zuhörer suchte er für eine Art von »Bismarckschem Föderalismus« gefangenzunehmen, und er war voller Hoffnung, daß Preußen Deutschland noch einmal zu einer glänzenden Zukunft bringen werde.
In den dreiundzwanzig Jahren, die seither verlaufen sind, hat mir Hitler nie mehr die geringste Überraschung bereitet, ich habe in dieser Zeit mein Urteil über ihn auch nicht um einen Grad verändert; überrascht hat bloß die Schwäche, Kurzsichtigkeit oder Unfähigkeit all seiner Gegner, auf die er innerhalb und außerhalb Deutschlands vor dem Herbst 1940 stieß. Tatsächlich hat Hitler nichts anderes gewußt und getan, als sein alldeutsches

---

309 Georg Graf von Soden-Fraunhofen schlägt folgende geglättete Formulierung vor: Im übrigen habe ich stets die wirklichen Preußen den wider ihre Natur preußisch denkenden Österreichern vorgezogen. Diese meine Auffassung ist leider...

310 Bayernbund. Ende November 1919 entstand in Bayern eine BAYERISCHE KÖNIGSPARTEI. An ihre Stelle trat im März 1921 der bis zum Untergang Bayerns bestehende BAYERISCHE HEIMAT- UND KÖNIGSBUND. Er wurde im Mai 1945 wieder gegründet und am 9. Juli 1967 auf Vorschlag Herzog Albrechts von Wittelsbach in BAYERNBUND umbenannt.

Programm auszuführen; wer dieses Programm kannte, hatte auch nicht ein einzigesmal Grund, über Hitler und seine Politik zu staunen. Ich rechne mir das nicht als intellektuelles Verdienst an; wenn man verstand, aus welchem politischen Kreis er kam – und das hatte er damals in der rauchigen »Löwenbräuhalle« mit ein paar Sätzen enthüllt –, war der Mann sehr leicht zu durchschauen. Sein ganzes Auftreten war so krankhaft, daß mein menschliches Urteil sofort feststand: »Das ist ein Psychopath« war alles, was ich einem enttäuschten Bewunderer, der mich nach meinem Eindruck fragte, zu sagen hatte; auch von diesem Urteil bin ich seit dreiundzwanzig Jahren keine Sekunde lang abgewichen. Der politische Fanatismus, der Minderwertigkeitskomplex und der mit ihm häufig verbundene Größenwahn sprachen so deutlich aus seinen entstellten, die innere Verkommenheit verratenden Zügen, daß es unmöglich wurde zu verkennen, wie dringend hier der Nervenarzt berufen war.
Sucht man nach Menschen, die für die Zerstörung der alten Donaumonarchie eine besondere Verantwortung tragen. So sind die Alldeutschen an erster Stelle zu nennen. Wenden wir unsere Terminologie auf diesen Problemkreis an, so war es die Aufgabe des Kaisers, die Herrschaftsverhältnisse, die sowohl in Österreich als auch in Ungarn bestanden, in **Bünde** umzuwandeln. Das Verhältnis zwischen Österreich und Ungarn war trotz aller Mängel des 1868er Ausgleichs ein Bund. Die beiden Einzelstaaten, Österreich und Ungarn jedoch, waren nun herrschaftlich organisiert, hier mit einer Hegemonie der deutschen, dort mit einer solchen der magyarischen Minderheit. Cisleithanien war in den Bund eines deutschen, eines tschechischen und eines polnischen Einzelstaats umzuwandeln, Transleithanien[311] in den

[311] Transleithanien, zwischen 1867 und 1918 gebräuchlicher Name für die Länder östlich der Leitha. Cisleithanien, Land diesseits der Leitha.

Bund eines ungarischen und eines südslawischen Einzelstaats. Natürlich waren dann auch gewisse Grenzverbesserungen zwischen Österreich und Ungarn notwendig, so z. B. um alle Südslawen in einem südslawischen Staat zusammenzufassen; umgekehrt waren damals die Slovaken ihrer kulturellen und sprachlichen Entwicklung nach den Polen am nächsten verwandt; doch das waren sekundäre Fragen, über die sich streiten und auch verhältnismäßig leicht einig werden ließ. Die ruthenische[312] und die rumänische Frage, deren Kern weit über die Grenzen der Donaumonarchie hinausreichte, wären durch eine ehrliche und großzügige Minderheitenautonomie vorläufig zu ordnen gewesen.

Da die Polen in Galizien bereits eine weitgehende Selbständigkeit besaßen, waren das berühmte »Böhmische Staatsrecht« in Cisleithanien und der ungarisch-südslawische Föderalismus in Transleithanien die schwierigsten und zugleich die entscheidenden Punkte des Streits. Aufrichtige und weitsichtige Freunde der Habsburger hatten längst vor 1848 begriffen, daß die Zukunft der Donaumonarchie davon abhänge, ob sich der österreichische Kaiser in Prag mit der Wenzelskrone krönen lasse. Sie waren sich bewußt, daß die Dinge, die nach der Schlacht am Weißen Berg in Böhmen geschehen waren, ein Unrecht und ein Unglück bedeuteten; nicht so die österreichischen Alldeutschen; ihr Ziel war von Anfang an der heutige Zustand: der nationalstaatliche Zusammenschluß der Deutschen unter preußischer Führung und die polizeiliche Unterdrückung der Nichtdeutschen.

Niemand wird abstreiten, daß auch die Tschechen ihre großen Fehler gemacht haben, indem sie einen Nationalstaat für sich anstrebten, noch dazu mit den panslawistischen Motiven, die das

---

[312] Die ruthenische Frage, die ruthenische (ukrainische) Sprache und Kultur betreffend.

tschechische Volkstum zu einer Karte im Spiel der russischen Politik werden ließen. Doch gerade *Masaryk*,[313] der die großen Ideen *Palackys*[314] erkannte, ist der überzeugte Gegner des Panslawismus gewesen. Masaryk hat sein ganzes Leben lang die Politik *Kramářs*[315] bekämpft; die Kluft, die zwischen ihm und den nationalstaatlichen panslawistischen Bestrebungen Kramářs bestand, war weit größer als die Entfernung, die ihn von den Vertretern einer aufrichtigen Donauföderation trennte. Masaryk hat es sich nach dem Ausbruch des ersten Weltkriegs sehr lang überlegt, ob er Österreich verlassen und den Bruch mit den Habsburgern vollziehen sollte; erst als er gar keine Hoffnung sah, die tschechischen Wünsche im Rahmen der Monarchie zu erfüllen, ist er gegangen. Vielleicht wäre es für uns alle besser gewesen, er hätte noch den Regierungsantritt Kaiser *Karls* in Österreich abgewartet, aber niemand konnte das von ihm verlangen. Ein guter Teil aller Geschichte besteht darin, daß sich diejenigen Männer nicht treffen oder, wenn sie sich treffen, sich nicht verstehen, deren Kompromiß die befreienden Lösungen bringen könnte.

Auch das nationalstaatliche Denken und der Panslawismus der Südslawen ist zu einem großen Teil in Budapest gekocht worden. Die beiden *Tiszas*[316] waren verhängnisvolle Gestalten der ungarischen Politik. Als die Führer der größten ungarischen

---

[313] Masaryk, Tomas Garrigue, tschech. Soziologe und Staatsmann, 1918–1935 Staatspräsident der Tschechoslowakei; Göding 7.3.1850–14.9.1937 Lana.

[314] Palacky, Frantisek, tschech. Geschichtsforscher und Politiker; Hotzendorf 14.6.1798–26.5.1876 Prag.

[315] Kramář, Karel, tschech. Politiker; Hochstadt 27.12.1860–26.5.1937 Prag.

[316] Tisza, Kálmán (Koloman) von, ungar. Staatsmann; Geszt 10.12.1830–23.3.1902 Budapest. Tisza, István (Stephan), Graf von (Sohn von Kálmán), ungar. Staatsmann; Budapest 22.4.1861–30.10.1918 Budapest (von meuternden Soldaten ermordet).

Partei tragen sie die meiste Verantwortung dafür, daß Ungarn keinen Ausgleich mit den Südslawen zusammenbrachte. Die maßgebenden Männer Ungarns schielten damals schon nach Berlin, das ihnen für ihre kurzsichtige antislawische Politik helfen sollte. Nicht alle ungarischen Politiker waren so. Ich habe in Ungarn »ältere Staatsmänner« angetroffen, die mit Freude auf die Stimme des Deutschland hörten, das ich zu repräsentieren suchte und das den europäischen Frieden und die volle Gleichberechtigung der Slawen vertrat. Allein ihr Ruf ging im Trubel der Nationalisten genau so unter, wie meine eigene Politik im Wirbel des wiedererstarkenden Preußentums versank.

Es wäre eine außerordentlich dankbare Untersuchung, zu bestimmen, wie sich der Einfluß Berlins auf die österreichischen Alldeutschen und die ungarische Einheitspartei konkret gestaltete. Die finanzielle Unterstützung, die zu Hitlers Zeiten reichlich floß, ist eine alte Mode gewesen; auch Weimar hat im ganzen Raum der Nachfolgestaaten an alle Kräfte gezahlt, die ihm für seine Politik nützlich erschienen, und das Berlin der Wilhelminischen Zeit war in dem bescheidenen Rahmen der damaligen Zeit durchaus freigebig. Natürlich hat Berlin auch eine feinere Mechanik gekannt als den Scheck. Menschen mit persönlichen Ehren, mit Jagdeinladungen und Orden, und schließlich mit politischen Versprechungen zu binden, waren Methoden, die schon Bismarck glänzend zu spielen wußte. Als *Hindenburg*[317] und *Ludendorff*[318] den Oberbefehl über die deutschen Armeen übernommen hatten, wurden robustere Mittel angewendet, die im Fall Kaiser Karls bis zur Drohung des Einmarsches in österreichisch-ungarisches Gebiet gingen. Immer war der Gedanke der

---

[317] Hindenburg, Paul von Beneckendorff und H.; Posen 2.10.1847–2.8.1934 Neudeck; preußischer und deutscher General, Reichspräsident.

[318] Ludendorff, Erich; Kruszewnia 9.4.1865–20.12.1937 Tutzing; preußischer General, trat für »artgemäße deutsche Gotterkenntnis« ein.

gleiche: durch die Donaumonarchie die West- und Südslawen für die Zwecke der Berliner Politik zu benützen. So wie Deutschland ein Werkzeug in der Hand Preußens geworden war, so sollten auch die Slawen Österreich-Ungarns vor den preußischen Wagen gespannt werden. Das war die innerste Triebkraft, die zum Zweibund mit Österreich-Ungarn geführt hat; manche Freunde der Habsburger Monarchie in Deutschland freuten sich über diesen Zweibund, als ob mit ihm die Notwendigkeit der Monarchie für eine wahre deutsche Einheit spät, doch wirksam anerkannt werde. Sie sahen nicht, daß seit 1866 **jede** Form der deutschen Einheit die preußische Hegemonie stärken müsse.
Bismarck war klug genug, seinen Nationalstaat als »saturiert« zu bezeichnen. Abgesehen von seinen kolonialen Erwerbungen hat sich Bismarck auch nicht darauf eingelassen, das Reichsgebiet zu vergrößern. Er hat genau gewußt, daß Österreich-Ungarn immer mehr zu einem Vasallenstaat seines »Reichs« werden müsse. Seine Nachfolger waren nicht so weitsichtig und haben sowohl in der Kolonialpolitik wie im Verhältnis zur Donaumonarchie das Tempo übersteigert. Wenn das »Reich« keine Sendung mehr hatte, so konnte es die gleiche Art von Außenpolitik machen, die die Nationalstaaten im Westen betrieben. Der deutsche **Imperialismus** baute die Flotte, das unglückliche Instrument, das den Krieg mit England erzwang. Sehr viele Deutsche glauben auch heut noch, daß die Engländer aus Handelsneid uns 1914 mit Krieg überzogen. Daß die Engländer als gute Rechner längst vor 1914 wußten, alle Konkurrenz sei ein besseres Geschäft als ein noch so siegreicher Krieg, wird diesen Faschisten, die im politischen Bereich stets schlechte Rechner bleiben werden, schwerlich klarzumachen sein.
Tatsächlich war die deutsche Außenpolitik ein paar Wochen vor Kriegsausbruch über die gesamten Orientfragen, in denen sich die deutschen und die englischen Handelsinteressen am meisten

stießen, zu einem Abkommen mit den Engländern gelangt. Es ist schwer einzusehen, welches Handelsproblem nachher verblieb, das zum Krieg hätte drängen sollen. Doch daß der patriarchalisch aussehende *Tirpitz*[319] den englischen Kriegsminister Haldanc,[320] der nach Berlin gekommen war, um zu hören, wofür eigentlich die Flotte bestimmt sei, zu belügen suchte, hat die Engländer mit tiefstem Mißtrauen gegen die regierenden Männer in Berlin erfüllt. Der Krieg ist schließlich ausgebrochen, weil Berlin das sich schon ganz als Erbe der alt gewordenen und zum Sterben reifen Habsburger Monarchie fühlte, über ein Stück dieser Erbschaft mit dem von ihm großgezogenen Panslawismus in Streit kam.

Natürlich, jedermann weiß, daß das österreichische Ultimatum an Serbien am Ballhausplatz in Wien entworfen worden ist. Aber die Umgebung Franz Josephs, die dieses Dokument und die Politik seiner Durchführung auf ein leichtes Gewissen nahm, bestand damals fast ausschließlich aus Männern, die praktisch die ausführenden Organe der Berliner Politik waren und die keinen anderen Weg als den des engsten Anschlusses an Berlin und seine Weisungen kannten. England, das unter der liberalen Regierung der *Asquith*, *Lloyd George* und *Grey*[321] 1914 mindestens ebenso lang gewartet hat als 1938/9 unter dem konservativen

---

[319] Tirpitz, Alfred von, Großadmiral seit 1911; Küstrin 19.3.1849–6.3.1930 Ebenhausen bei München. Ludendorff, Tirpitz und viele weitere Zuzügler aus dem hohen Norden »scheuten sich nicht, ein ihnen völlig wesensfremdes Land als Basis für ihre antidemokratische Politik auszusuchen.« (C. O. v. Soden).

[320] Haldane, Richard, Viscount of Cloan; Cloan 30.7.1856–19.8.1928 Cloan.

[321] Asquith, Herbert Henry, Earl of Oxford, brit. Staatsmann; Morley 12.9. 1862–15.2.1927 London. Lloyd George, David, Earl, brit. Staatsmann; Manchester 17.1.1863–26.3.1945 Llangstumdwy.
Grey, Edward, Viscount, brit. Staatsmann; Fallodon 25.4.1862–7.9.1933 Fallodon.

Neville Chamberlain[322] und seinen Ratgebern, hat endlich eingegriffen, weil ihm eben die rätselhafte Flottenpolitik zusammen mit der Ablehnung jeder völkerrechtlichen Bindung im Falle Belgiens unerträglich erschien.
Ich habe unter den Diplomaten der Wilhelminischen Aera einige Freunde besessen, die behaupteten,[323] eine etwas klügere Politik Berlins und Petersburgs[324] hätte den Krieg vermeiden können. Das war – wie ich fürchte – eine Täuschung. Kein Zweifel, die deutschen Botschafter in London und Washington haben ihr Bestes getan, um den Frieden zu erhalten. Doch sie befanden sich dabei in einem fast ständigen Krieg mit der Zentrale in der Wilhelmstraße. Nahezu alle Männer dieser deutschen Auslandsvertretungen sahen ihre Karriere früher oder später mit einem Krach beendet, weil sie gegen den Strom schwammen. Und eine Anzahl anderer deutscher Diplomaten wurde kaltgestellt, weil ihre Berichte und Vorschläge nicht in die allgemeine Linie der deutschen Politik paßten. Die Weimarer Regierung hat darin die Erbschaft der hohenzollerschen Zeit treulich gepflegt. Das Deutschland *Bismarcks* und *Wilhelms II.* **mußte** eine Politik der europäischen Hegemonie treiben, an deren Ende der Krieg stand. Wer sich dem entgegensetzte, konnte alsbald im Ruhestand über seine Illusionen nachdenken, während er heut im Konzentrationslager endet; das ist gewiß ein erheblicher Unter-

[322] Chamberlain, Arthur Neville, brit. Politiker (konservativ); Birmingham 18.3.1869–9.11.1940 Heckfield. War oft Minister, 1937–40 Premierminister. Seine Politik, durch Verhandeln mit Hitler und Mussolini (Münchner Abkommen) den Weltfrieden zu retten (appeasement), war erfolglos.

[323] Neuner formulierte: Einige der deutschen Diplomaten der Wilhelminischen Aera, die ich kannte...

[324] St. Petersburg, so genannt bis 1914 und wieder seit 1991; bis 1917 Hauptstadt des russischen Reiches und Residenz des Zaren.

schied, aber im Grund genommen ist es der einzige zwischen heut und vorgestern.

Zwischen den steinigen und windigen Höhen des »zweiten« und »dritten Reichs« liegt das fruchtbare Tal *Weimars*[325]. Weimar ist in der Tat sehr fruchtbar gewesen; denn es trug die mannigfachsten Entwicklungsmöglichkeiten in sich. Daß es schließlich ins »dritte Reich« ausmündete, war in dem Augenblick unvermeidlich geworden, in dem die Föderalisten sich als unfähig erwiesen, Weimar für ihr Reich zu gewinnen. Das »Reich« Bismarcks war notwendig dazu bestimmt, im »Reich« Hitlers zu enden. Aber Weimar hatte diese Entwicklung unterbrochen und noch einmal an die Willensfreiheit der Deutschen appelliert, einen anderen Weg zu gehen. Die Gelegenheit ist versäumt worden. Der bayerische Minister *Graf Montgelas*[326] wird für das Wort in Anspruch genommen, die bayerische Geschichte sei die Geschichte der versäumten Gelegenheiten; die deutsche Geschichte der Weimarer Periode ist es nicht weniger.
Weimar war ehrlicher als Bismarck. Bismarck hatte seinem Staat eine Verfassung gegeben, die föderalistisch aussah, weil er wußte, daß das politische Schwergewicht diesen Föderalismus zur bloßen Form machen werde; er war sich klar, daß die föderalistischen Normen seiner Verfassung eine nach der anderen vom realen Zentralismus seines Staats erstickt werden würden. Weimar dagegen hat allen *Unitarismus*, den es bejahte und erstrebte, in seine Verfassung hineingeschrieben. Die Weimarer

---

325 Weimar, nach der thüringischen Kreisstadt benannte Epoche der deutschen Geschichte zwischen dem 1. Weltkrieg und Hitlers »Machtergreifung«.

326 Montgelas: »L'histoire de la Bavière est le repertoire des occasions manquées et des moments perdus« (Die Geschichte Bayern ist eine Ansammlung verpaßter Gelegenheiten und verlorener Augenblicke).

Verfassung hat einen langen Katalog von Reichszuständigkeiten aufgestellt, daneben einen Katalog sogenannter konkurrierender, auf Reich und Länder verteilter Zuständigkeiten. Sie hat die *Postreservate* abgeschafft und die Verreichlichung der Finanzverwaltung und der *Eisenbahnen*[327] vorbereitet. Artikel 17, der für alle Länder die gleiche republikanisch-parlamentarische Verfassung vorsah, war eine Nachbildung von Artikel IV, Sect. 4 der Verfassung der Vereinigten Staaten. Ebenso waren die Grundrechte, die den zweiten Teil des Verfassungsdokuments ausmachten, eine durchaus begrüßenswerte Nachahmung der Bill of Rights. Allerdings war das alles durch den bekannten Artikel 48 wieder in Frage gestellt, der einen Notstand der Diktatur vorsah und der einer der formalen Steigbügel Hitlers geworden ist. Die große Errungenschaft, die Weimar für die Föderalisten aufwies, war sein *Artikel 18*. Auch er hatte ein gewisses Vorbild in Artikel III, Sect. 3 der nordamerikanischen Verfassung. Er stellte fest, daß durch Volksabstimmungen bestehende Länder geteilt und auch zusammengelegt werden konnten.
Die »Bismarckschen Föderalisten« in München waren entzückt, mit Hilfe dieser Vorschrift Coburg an Bayern anzugliedern, praktisch bloß eine Belastung für das bayerische politische Leben; denn Coburg war eine Hochburg des sozialistischen Radikalismus und wurde ein Nest des Nationalsozialismus. Die beste Anwendung des Art. 18 bestand darin, daß sich die übrigen thüringischen Kleinstaaten zu einem lebensfähigen Mittelstaat mit der Hauptstadt Weimar vereinigten; eine weitsichtige bayerische Politik hätte diesem neuen Thüringen das Leben erleichtert, indem es ihm nicht nur Coburg, sondern auch die Gebiete von Hof und Bayreuth überließ; allein das offizielle Bayern hatte schon seit fast hundert Jahren alle Weitsicht verloren. Preußen erwies

[327] »Verreichlichung« der bayerischen Staatseisenbahn 1919.

sich als ebenso habgierig und beschränkt, indem es Erfurt, das mitten im Thüringer Land eine Enklave bildete, um keinen Preis Thüringen abtreten wollte. Am wertvollsten war natürlich, daß mit Hilfe von Artikel 18 Westdeutschland aus dem preußischen Staatsverband gelöst und damit Gesamtdeutschland von der preußischen Hegemonie befreit werden konnte. Das bedeutete, daß der Bismarcksche Weg, die deutsche Einheit zu schaffen und zu erhalten, endgültig verlassen und eine durchaus neue Linie der Entwicklung beschritten worden war. So wäre Weimar imstand gewesen, das Bismarcksche Reich zu überholen und einen ganz neuen Anfang zu setzen. Der Föderalismus wäre endlich wirklich geworden, weil nun die Einheit Deutschlands auf dem Zusammenschluß ungefähr gleich großer und gleich starker »homogener« Staaten beruhte. Die »societas leonina«, die im Bismarckschen Deutschland keinen echten Föderalismus gestattete, war nur so zu überwinden; es gab, wie die Dinge lagen, nur diese eine Möglichkeit, zu einem echten Föderalismus der Gleichberechtigung zu gelangen, weil nur diese eine Möglichkeit bestand, die preußische Vorherrschaft zu beseitigen.
Bismarck hat seine Lösung der deutschen Frage mit einer Gewalttat begründet, der kriegerischen Annexion Hannovers, Kurhessens, Nassaus und der Freien Reichsstadt Frankfurt.[328] Diese Gewalttat konnte durch Artikel 18 wieder gutgemacht werden, indem der Staat Hannover als ein freies Niedersachsen zusammen mit Schleswig-Holstein wiederhergestellt wurde, während die bestehende kleine Republik Hessen mit der preußischen Provinz Hessen-Nassau vereinigt und mit Frankfurt als Hauptstadt, eventuell auch unter Angliederung der bayerischen Rheinpfalz als mittelrheinischer Staat erstand. Die unteren Rheinlande

---

[328] Preußische Annexionen, siehe »Das Reich« 269. Sodens Weitsicht ist erstaunlich.

mit Westfalen waren dann vom preußischen Staatsgebiet getrennt; sie waren zweifellos zu einem selbständigen staatlichen Leben berufen. Daß sie durch den Wiener Kongreß an Preußen ausgeliefert wurden, ist eine der größten Dummheiten der deutschen Geschichte gewesen. Daß Köln von Berlin aus regiert wurde, war ein Zeichen, wie tief Deutschland kulturell und politisch gesunken war. Preußen hat die Rheinlande nie anders denn als Provinz behandelt; es war für den Durchschnittsrheinländer nicht möglich, Staatsanwalt oder Landrat zu werden, höchstens weit östlich der Elbe bestand einige Aussicht dazu, doch nie in Westdeutschland.

Umgekehrt hat allein die Steuerleistung der Rheinlande es Preußen ermöglicht, seinen tüchtigen, aber kostspieligen Verwaltungs- und Justizapparat im Osten aufrechtzuerhalten. Sehr viele von den weicheren Rheinländern meinten, bloß unter der preußischen Härte sei politisches Leben möglich. Das war der Ausgangspunkt jener verhängnisvollen Täuschung, der ein großer Teil der Deutschen erlegen ist und die ihre Gläubigen lehrte, politisches Können sei notwendig an ein hohes Maß von Brutalität und an den Korporalstock gebunden. Mit der Emanzipation des Rheinlandes wäre jedenfalls politisch wie geistig das Preußentum in Deutschland überwunden worden.

Die »Rheinische Republik«,[329] die von der französischen Besatzungsarmee begründet wurde, hat wahrscheinlich dem Föderalismus mehr geschadet als genützt; niemand wußte, ob sie innerhalb oder außerhalb des Reichs geplant war, und der Verdacht schien nicht unbegründet, sie wolle das linke Rheinufer den Franzosen in die Hände spielen. Eine solche Konzeption war natürlich falsch; die Rheinlande mußten ein bedeutender Staat sein; links des Rheins mindestens genau so stark verankert wie

[329] »Rheinische Republik«, Mainzer Republik.

rechts; so allein konnten sie der Aufgabe nachkommen, die ihnen in einem föderalistischen Deutschland zugedacht war: der volkreichste, wirtschaftlich stärkste und kulturell führende deutsche Bundesstaat zu sein.
Tatsächlich liegt hier der Schwerpunkt des föderalistischen Problems. Der preußische Staatsverband, der durch eine solche Lösung auf die sogenannten altpreußischen Provinzen zurückgeführt war, konnte die übrigen norddeutschen Kleinstaaten seines Raums aufsaugen; ihre Existenz war bloß durch dynastische Bindungen gerechtfertigt gewesen. Deutschland bestand dann – abgesehen von den drei Hansestädten – **aus neun annähernd gleichwertigen Mittelstaaten,** von denen keiner auch nur entfernt eine Mehrheit der Bevölkerung des Gesamtbundesstaats erreichte.
Selbstverständlich bedurfte es dann einer **starken Reichsgewalt**. Die ehrlichen Föderalisten hatten nichts gegen sie einzuwenden, sobald die preußische Hegemonie beseitigt und das verletzte Recht von 1866 wieder hergestellt war. Aller Unitarismus, den Weimar wünschte, war annehmbar, wenn das »Reich« ohne Vorherrschaft eines einzelnen Staats gegliedert wurde. Denn in einem solchen Bundesstaat war der *deutsche* Charakter der Reichsgewalt gewährleistet, während das »Reich« Bismarcks und das ungegliederte Deutschland Weimars auf einer langsamen, doch unausgesetzten **Verpreußung** beruhte. Das durch Artikel 18 gegliederte Deutschland war ein **Bund**. Vorher war es bloß der Herrschaftsbereich seines Machthabers, Preußens.
Hier handelt es sich um ein Phänomen, das für den Nichtdeutschen fast unverständlich ist. Niemand wird in Washington fürchten, daß etwa New Yorker oder New England-Männer oder Kalifornier in den dortigen Ämtern die Oberhand gewinnen könnten. Allerdings waren die Gründer der Vereinigten Staaten

klug genug, ihre Hauptstadt aus aller Beziehung zu einem Staat zu lösen und sie in einem selbständigen Bundesdistrikt anzusiedeln. Brasilien ist ihnen auf diesem Weg gefolgt. In der Schweizer Bundeshauptstadt besteht ein gewisses Übergewicht der Berner, das eine Quelle häufiger Opposition und noch häufigerer Witze im Land ist, aber es ist relativ ungefährlich, weil die Stadt Bern keineswegs die größte Stadt der Schweiz darstellt und der Kanton Bern keinerlei Aussicht auf eine hegemonische Rolle innerhalb der Eidgenossenschaft besitzt; schließlich muß man auch feststellen, daß die Berner keine Preußen sind.
In *Berlin* ist das alles ganz anders. Es ist viermal größer als Hamburg, die nächstgrößte deutsche Stadt. Es ist die Hauptstadt desjenigen deutschen Staats, der unzweifelhaft die Vormacht des Reichs in Händen hält und der mit seiner Herrschsucht und seinem Geltungsdrang den Glauben an eine besondere Qualifikation zur Herrschaft vereinigt. Die Berliner Ämter sind ganz überwiegend mit Preußen besetzt, und die Westdeutschen und Süddeutschen, die dorthin berufen werden, nehmen sehr schnell das preußische Denken und die preußische Art an; regelmäßig sind sie dann ärger als die eingeborenen Preußen, wie bereits oben bei Erwähnung des verpreußten Österreichers gesagt worden ist. Natürlich wird hier das Problem aus einem politischen zu einem psychologischen und geistigen. Das ist heut,[330] im dritten Reich, in besonders hohem Maß der Fall; denn die notwendige Verpreußung der Reichsbeamten wird jetzt durch den Nationalsozialismus schon in Köln, München oder Stuttgart besorgt. Dieses geistige Problem wird erst dann befriedigend gelöst werden können, wenn es auch für den Streber aufhört, erwünscht zu sein, irgendeine Uniform oder eine Mütze mit einem Abzeichen zu tragen und einen neuen Jargon anzunehmen – mit einem

---

[330] Sodens Bezug auf seine Zeit.

Wort: sich preußisch zu betragen. Soviel ist sicher, daß, wie unter Bismarck und Weimar, so erst recht unter Hitler jede Verwaltungsorganisation, die ihre Zentrale in Berlin bekam, unfehlbar verpreußt wurde.

Das war ein Grund dafür, daß die bayerischen Föderalisten so großen Wert darauf legten, die bayerischen *Staatseisenbahnen* zu erhalten. Die Eisenbahnen sind auf einem unsauberen Weg in die Zuständigkeit des Reichs geschmuggelt worden. Unter dem Vorwand, das sei für die Reparationszahlungen nötig, wurden sie zu einer einheitlichen Reichsbahngesellschaft vereinigt; als die Reparationen aufhörten, hätten sie wieder auf die Eisenbahnländer zurückübertragen werden können, wenn dieser Grund stichhaltig war. Doch nichts dergleichen geschah; die Form der privaten Unternehmung wurde beseitigt und die »Reichsbahn« als Reichsunternehmen proklamiert. Von allem kaufmännischen Standpunkt aus ist das ein Unsinn; nirgends auf der Welt wird ein so großes Netz von einer Zentrale aus verwaltet, nirgends gibt es auch eine solche Unsumme von Bürokratismus, Doppelarbeit und mit Autorität prunkender Unfähigkeit. Die Schalter der süddeutschen Städte waren schon vor Kriegsausbruch mit Beamten beglückt, die den dortigen Dialekt nicht verstanden, und die Direktionspräsidenten laufen sich ihre SA-Stiefel ab, um ihre nationalsozialistische Gesinnungstreue an der Zentrale in Empfehlung zu bringen. Natürlich funktioniert die Maschine, weil sie seit Generationen mit einem hochwertigen Stock mittlerer und unterer Beamter versehen ist und weil es kein Kunststück ausmacht, das Monopol zu leiten, das keine Eisenbahnschulden mehr hat. Die Erträgnisse, die an die Reichskasse abgeliefert wurden, waren in dieser ganzen Zeit viel geringer als die Eisenbahneinnahmen der Eisenbahnländer in den letzten Vorkriegsjahren. Selbstverständlich war es möglich, die Reparationsleistungen auf fünf oder sechs einzelne Eisenbahngesellschaften aufzuteilen – natürlich unter Aufrechterhaltung der Betriebsmittelgemeinschaft, die bereits in der Vorkriegszeit die deutschen Eisenbahnen umfaßte; vom wirtschaftlichen Standpunkt war das sogar vorzuziehen, weil jenseits eines gewissen Umfanges Dezentralisation sparsamer und wirkungsvoller arbeitet als Zentralisation. Nur mußte man mit einem solchen ausgearbeiteten Vorschlag an den amerikanischen Reparationssachverständigen oder wenigstens an den Reparationskommissar herantreten und ihn dafür gewinnen. Die bayerische Politik, die lediglich Proteste und Denkschriften nach Berlin sandte, wurde dort nach 1924 überhaupt nicht mehr ernst genommen. Die Agitation zur Verreichlichung der Eisenbahnen war schon vor dem 1. Weltkrieg aufgenommen worden; die Unitaristen hatten sich danach den verabschiedeten preußischen Direktionspräsidenten *Kirchhoff* [331] dafür verschrieben, aber der Lärm, den er vor allem mit der Prestigetrommel vollführte, blieb erfolglos, weil Preußen nicht auf die gute Einnahme verzichten wollte, die es aus seinen Eisenbahnen zog. Nach dem Krieg war die Situation anders; die klügeren preußischen Politiker begriffen, daß zwar der preußische Partikularismus der Verreichlichung zum Opfer falle, daß aber Verreichlichung stets nur den Anschluß und das Aufgehen der viel schwächeren süddeutschen Organisation im großen preußischen Apparat und damit eine indirekte Verpreußung bedeute. Es gibt nichts, das uns empfinden ließe, die bayerischen Staatseisenbahnen seien nun eine »Reichsbahn«; alles zwingt zu der Meinung, sie seien ganz einfach von den preußischen Staatseisenbahnen verschluckt worden.[332]

---

[331] Kirchhoff, preußischer Eisenbahndirektionspräsident, gehörte zur verbreiteten norddeutschen Familie Kirchhoff.

[332] Die Münchner Lokomotiven-Fabrik von Joseph Anton Maffei produzierte jährlich bis zu 150 D-Zug-Lokomitiven, seit dem Wegfall der Reservatrechte 1919 höchstens noch 2 Lokomotiven jährlich; den Rest produzierte

Diese Verpreußung des gesamten politischen und sozialen Lebens in Deutschland ist zweifellos ein Unglück. Es ist klar, daß auch die Preußen ihre vorzüglichen Eigenschaften haben. Doch die West- und Süddeutschen verlieren die ihren, wenn man sie zu Preußen macht. So haben die letzten siebzig Jahre zu einer ungewöhnlichen **geistigen Verarmung** Deutschlands geführt, und die Weimarer Zeit hat dieser Verarmung nicht zu steuern vermocht, weil sie nicht fähig war, zu einem wirklich föderalistischen Aufbau Deutschlands durchzudringen. Unter Hitler hat in den letzten zehn Jahren diese ganze Entwicklung ihren Höhepunkt gefunden. Der entwurzelte Österreicher, der Deutschland das Preußentum unter einer Maskerade von Sozialismus und Volkstümlichkeit überstülpte, hat das naturgemäß besser verstanden als die geborenen Preußen, die bloß autoritär und herrschaftlich auftreten. Wir wünschen ein föderalistisches Deutschland, weil wir im Staat der Deutschen den **Bund** wiederfinden wollen, ohne den es keinen ganz echten Staat und vor allem keinen Staat bewußt christlicher Menschen geben kann. Wir wünschen es aber auch deshalb, weil nur der Föderalismus die **kulturelle Leistung** ermöglicht, die von den Deutschen gefordert ist. Die deutsche Kultur ist aufs engste mit dem Föderalismus verbunden. Die kulturelle Leistung der Deutschen ist bis heut – übrigens wie die jedes anderen Volkes – individualistisch gewesen. Sie wird unmöglich gemacht, wenn das Individuum erdrückt wird. Ich darf wiederholen, daß das Deutschland der letzten siebzig Jahre auffallend kulturarm und das Deutschland der letzten zehn Jahre kulturlos geworden ist; heut ist die ganze deutsche Kultur mit fast ihren gesamten großen Dichtern,

---

Berlin. Der Konkurs wäre ohne Maffeis Fusion mit dem in seinem Kontingent nicht beschnittenen Kleinlokomotivenhersteller Krauss unvermeidbar gewesen.

Schriftstellern, Komponisten, Malern, Gelehrten im Exil oder in Konzentrationslagern. Die kulturelle Leistung der Deutschen ist aber auch bis heut durchaus stammlich gewesen. Ich behaupte, daß das universale »deutsch«, getrennt von der individuellen Bestimmung etwa als Rheinländer oder Schwabe oder Bayer, eine unwirkliche Abstraktion darstellt. Es wäre eine sehr schöne Aufgabe zu zeigen, wie *Goethe* und *Schiller*, die ihr Leben lang den Dialekt ihrer Heimat gesprochen haben, die letzte und feinste Bildung ihres Wesens vom Stamm empfingen, zu dem sie gehörten. Ganz das Gleiche läßt sich vom großen *Johann Sebastian Bach*, von *Mozart* und *Haydn* sagen. In der Gegenwart wird man wohl kaum einen besseren Typ des Hanseaten entdekken als *Thomas Mann.* Ja selbst für *Richard Wagner* ist diese These gültig, der so vollständig vom Nationalsozialismus mißverstanden wird; es ist unmöglich, Wagners politische Ansichten zu begreifen, ohne von der Freundschaft zu wissen, die ihn *mit Konstantin Frantz* verband. Wagners größtes Werk entstand im Schweizer Exil am Ufer des Zürchersees und löst das menschliche Drama ungewöhnlich stark von allen sozialen und politischen Voraussetzungen ab.
Allein das alles führt weit über den Rahmen dieses Buchs hinaus. Hier haben wir bloß zu fragen, weshalb diese Kulturleistung des stammlichen Elements im Deutschtum politisch unterbaut sein muß. Die Antwort lautet: weil es keinen kulturellen Föderalismus ohne ein gewisses Maß von politischem Föderalismus gibt. Das Eigenleben der deutschen Stämme ist ohne eine bescheidene politische Eigenständigkeit unmöglich. Das politische Element im menschlichen Leben ist heut viel zu stark, als daß ohne seine Mitwirkung kulturelle Leistung möglich wäre. Die kulturelle Bildung beginnt mit einem Mindestmaß an politischer Bildung; das haben die Sowjets sehr richtig erkannt. Es ist ein Betrug oder eine Illusion zu glauben, die deutschen Stämme als

kulturschaffende Faktoren könnten in einem politisch zentralisierten Deutschland leben oder gar in einem Deutschland, das geistig vom Preußentum überschwemmt ist. Deutsches Volkstum ist deutsches Stammestum; mit dem deutschen Föderalismus wird auch das deutsche Volkstum vernichtet.

Selbstverständlich sind die deutschen Stämme heut nicht mehr das, was sie zur Zeit der Sachsenkaiser gewesen sind. Das rheinisch-westfälische, das mitteldeutsche und das oberschlesische Industriegebiet sind große Schmelztiegel der deutschen stammlichen Individualitäten geworden, und es ist im allgemeinen ebenso schwer, einen Mann aus Essen oder Gelsenkirchen als Rheinländer oder Westfale zu charakterisieren, wie einen Mann aus Kattowitz oder Beuthen als Deutschen oder Polen. Es ist deshalb eine fast unmögliche Aufgabe, durch diese Industriegebiete politische Grenzlinien zu legen. Indessen, der Kern der deutschen Stämme besteht noch und gleicht sich den Zugewanderten überraschend schnell und tief an. Der Mann aus Köln oder aus Hannover oder aus Stettin ist stammesgebunden, und er zerstört sein bestes Selbst, wenn er dieses Stück seiner Individualität abstreifen will. Sein Dialekt wird noch nach zwanzig Jahren Lebens in Amerika kenntlich sein. Umgekehrt hat sich das Auslandsdeutschtum, das diese Bindungen an die Heimat bewußt aufgegeben hat und »nur deutsch« sein möchte, zur kulturellen Unfruchtbarkeit verurteilt; es lebt allein von der Kultur des Mutterlandes; das Auslandsdeutschtum hat lediglich das Mutterland mit einer Anzahl von nationalsozialistischen Führern beglücken können, die dem Stammestum, diesem wichtigsten Element der deutschen Nation, ahnungslos gegenüberstehen.

Übrigens ist es sehr charakteristisch, daß die Nationalsozialisten heut in Mittel- und Osteuropa die Völker auf die gleiche Art zu vermischen, zu verpflanzen und zu entwurzeln suchen, wie sie es mit den deutschen Stämmen getan haben; bloß der deutsche Na-

tionalstaat soll in diesen Ländern möglich sein, kein anderer. Jede Individualität, die dem Deutschtum gegenübergestellt werden kann oder die dieses Deutschtum innerlich weiter individualisiert, ist ihnen verhaßt und soll ausgetilgt werden. Niemand denkt daran, Deutschland heut rein stammlich aufzugliedern; das würde aus den erwähnten Gründen unmöglich und auch deshalb unerwünscht sein, weil ein langes Zusammenleben wirtschaftliche und geistige Einheiten geschaffen hat, die nicht überflüssigerweise zerrissen werden sollen; die vernünftige Politik der Neugliederung wird in Deutschland so wenig wie möglich ändern. Das Mindestmaß an Wechsel, mit dem der preußische Großstaat aufgelöst und die noch bestehende Kleinstaaterei beseitigt werden kann, wird zugleich das Höchstmaß an politischer Geschicklichkeit sein. Die neun annähernd gleichwertigen Mittelstaaten, von denen die Rede war, sind als **Synthesen stammlicher, wirtschaftlicher und geistiger Gemeinsamkeiten** gedacht.
Dieses Programm der Neugliederung war allerdings für die Männer der Weimerer Periode zu kühn. Die leitenden Persönlichkeiten der nicht preußischen Einzelstaaten waren teilweise in einen ausgesprochenen Partikularismus versunken; wenn sie nur ihre Sonderrechte behalten konnten, so war ihnen jede Form des Reichs recht. Sie vertraten das, was jetzt in einem größeren Rahmen »Isolationismus« heißt, und es ist begreiflich, daß man schon damals diese Politik bei allen kurzsichtigen und egoistischen Menschen sehr populär machen konnte. Dieser Partikularismus war vor allem das Unglück der bayerischen Politik von 1918 bis 1933, so wie er 1866 das Unglück der bayerischen Strategie gewesen war. Teilweise waren diese leitenden Persönlichkeiten Sozialdemokraten, die mit viel Charakter und Überzeugungstreue, aber geringer staatspolitischer Einsicht alles von der gemeindlichen Biersteuer bis zum Völkerbund bloß unter dem Gesichtspunkt der Klassenpolitik zu beurteilen pflegten.

Natürlich waren auch die bayerischen Regierungsmänner, soweit sie aus der Bayerischen Volkspartei kamen, Ehrenmänner. Sie hatten fast alle eine lange, verdienstvolle Laufbahn, viele eine solche ansehnlicher Opfer hinter sich; denn auch in Bayern war vor 1911 eine ausgesprochen katholische Überzeugung für alle Beförderung eher hinderlich.
Allein ältere Ehrenmänner sind – wie das klassische Wort heißt – meist »bequem und wollen, daß auf ihre Art man sie nehm'«. Sie waren im Bismarckschen Deutschland groß geworden und hatten nie von etwas anderem als diesem »zweiten Reich« gehört. Sie waren von Mißtrauen gegen Programme gesellschaftlicher oder politischer Reform erfüllt und von einer ehrlichen Angst vor dem Kommunismus, die sie übrigens mit nahezu allen europäischen Politikern dieser Epoche teilten.
Der einzige maßgebende Mann in Bayern, der die Notwendigkeiten einer aktiven und konstruktiven föderalistischen Politik voll begriff, war der Bauernführer Dr. **Georg Heim**.[333] Aus der landwirtschaftlichen Genossenschaftsbewegung hervorgegangen, hatte er ein sehr gesundes Empfinden für die Anforderungen, die vom landwirtschaftlichen Standpunkt an die bayerische Politik gestellt werden mußten; er war ein erklärter Gegner aller Arten von Zollunion mit den Donaustaaten oder von »Berlin-Bagdad«-Projekten. Von Haus aus und in seinem innersten Empfinden Demokrat – nicht ohne eine gewisse treue Anhänglichkeit an die in so vielen Stücken demokratische Familie Wittelsbach – war ihm das preußische Wesen widerlich. Er hat zwischen 1920 und 1923 geglaubt, die sogenannten »Schwarzweißroten«[334] in Bayern für seine Ziele einspannen zu können; das

[333] Heim, Georg, bayer. Bauernführer; Aschaffenburg 24.4.1865–18.8.1938 Würzburg.

[334] »Schwarzweißrot« – Farben des Norddeutschen Bundes, gebildet aus dem Schwarz-Weiß Preußens und dem Weiß-Rot der Hansestädte.

war eine Täuschung, eine Fehlberechnung, wie sie jedem Staatsmann unterläuft. Aber es war ihm vom Herbst 1918 an klar, daß der preußische Größenwahn zu einer zweiten ärgeren Katastrophe für Deutschland führen müsse und daß es sich lediglich darum handeln könne, welche Teile Deutschlands vor dieser Katastrophe bewahrt werden konnten.

Er liebte Bayern, und deshalb stand es im Mittelpunkt seines föderalistischen Programms. Doch er war zu gescheit, um sich von irgendeiner isolierten Aktion Bayerns viel für den Föderalismus zu erhoffen; er wußte, daß die Entscheidung über den deutschen Föderalismus in Norddeutschland fallen müsse. Er ist der Fähigkeit Weimars, die deutsche Entwicklung auf neue Geleise zu lenken, mit tiefster Skepsis gegenübergestanden und hat damit gegen meine positiveren Hoffnungen voll recht behalten. Sein größter Fehler war, daß er im Frühjahr 1920 nicht an die Spitze der bayerischen Regierung trat, sondern eine Kompromißfigur vorschob, die auch die Deutschnationalen binden sollte und die nach anderthalb Jahren bösen Schiffbruch erlitt. Als im Herbst 1923 die Dinge auf die Spitze trieben, lag er mit einer mißglückten Staroperation und einer schweren Herzattacke auf dem Krankenbett. So war er genötigt, sein Reichstagsmandat aufzugeben, und die vierzehn Jahre, die er dann noch zu leben hatte, waren die des halbblinden Kranken und altgewordenen Löwen. Auch damals hat er noch mit seiner fast zwei Meter großen Gestalt, seiner Stimme, die selbst die größten Sturmausbrüche in den Volksversammlungen übertönte, seinem schwarzen Schlapphut und vor allem seiner unvergleichlichen Beredsamkeit überall tiefen Eindruck gemacht, wo er hinkam, allein seine politische Tätigkeit war mit dem Verzicht auf den Parlamentssitz tatsächlich beendet. Hitler hatte dann den alten Mann aus allen seinen genossenschaftlichen Stellungen hinausgeworfen; allerdings sah er mit Grund in ihm einen unversöhnlichen Gegner. »Ich werde

ihm alle Knüppel zwischen die Beine werfen, die ich kann«, hatte er mir im Sommer 1933 mit Bezug auf Hitler gesagt.
Heims Art zu sprechen war gänzlich unautoritär; niemals hat er seine Zuhörer mit Monologen belästigt. Er war ein unbesieglicher Debatter, der die Zwischenrufe provozierte und sie ständig mit Humor zudeckte, so daß er immer die Lacher auf seiner Seite hatte. Wirtschaftlich hat er das Land wie kein Zweiter gekannt; von der Nürnberger Maschinenindustrie bis zur Preiselbeerernte im Bayerischen Wald war ihm alles gleich geläufig. In seinen Überzeugungen war er überaus tolerant; den Antisemitismus hat er verabscheut, obwohl seine Genossenschaft viel getan hatte, die Bauern von allen jüdischen Kunstdünger- und Saatguthändlern unabhängig zu machen. Er war kein Heiliger, was Staatsmänner ja fast nie zu sein pflegen, aber seine Verehrung und Liebe für die katholische Religion war groß und aufrichtig. Er hat gesehen, wie alles, was er auf politischem und genossenschaftlichem Boden erreicht hatte, zerstört wurde; seine letzten Jahre hat er »im Schatten« verlebt. Sein Leben hat auf eine besondere Weise unterm Kreuz geendet. Doch sein Kämpfen ist nicht umsonst gewesen; was von seinen sozialen und politischen Auffassungen im Wesen der Dinge und seines Volks begründet war, lebt dort weiter und wird auferstehen, wenn die blinden Kräfte der Vernichtung am Ende sind.
Die **Reichsregierungen** der Weimarer Zeit, die ja eigentlich die Hüter der Verfassung sein sollten, wußten mit Artikel 18 nichts anzufangen. Sie waren immer gleich und gern bei der Hand, mit Artikel 48 zu regieren;[335] Artikel 18 blieb ihnen fremd. Sie

[335] Artikel 18 und 48 der Weimarer Verfassung. Artikel 18: Darin geht es um Gebietsänderungen bei der Gliederung des Reichs, sowie um die Grenzen der Länder innerhalb des Reichs. Es wird verfügt, daß durch Volksabstimmungen bestehende Länder geteilt und auch zusammengelegt werden können. (Immerhin bestand 1919 und 1920 die Hoffnung, daß sich West-

fürchteten ihn, denn sie meinten, die »Klammer« sei unentbehrlich, die Preußen für die deutsche Einheit bedeute. Sie haben von Beginn an gesucht, die Anwendung des Artikels 18 zu sabotieren.

Schon das Ausführungsgesetz zu Artikel 18, das vier Jahre verzögert worden war, entfesselte die heftigsten parlamentarischen Kämpfe. Es war schwer genug, diesem Verfassungsartikel eine faire Ausführung zu sichern; der Münchener Rechtshistoriker *Konrad Beyerle*,[336] der einer der Väter der Verfassung war, hat sich dabei größte Verdienste erworben. Als es dann im Mai 1924 zur Volksabstimmung in Hannover über ein von Preußen freies Land kam, hat die Reichsregierung alles, was in ihrer Macht stand, getan, um der preußischen Staatsregierung in ihrem Kampf gegen die Abstimmung zu helfen. Preußen seinerseits hat alle Künste aufgeboten, über die es verfügte, um eine Mehrheit zu gewinnen, die für das Verbleiben im preußischen Staatsverband war. Die Staatsbeamten bis zum Dorfschullehrer wurden unter einen unerhörten Druck gesetzt; die Staatskasse zahlte für Agitationsmaterial und wahrscheinlich auch für Bestechungsgelder jeden Betrag; am Abend der Abstimmung waren einzelne Straßen der Stadt Hannover bis zu einem Fuß hoch mit Regierungsflugblättern bedeckt. Endlich wurde am Morgen der Abstimmung in den agrarischen Gebieten Nordhannovers, in

deutschland mit Hilfe des Artikels 18 von der preußischen Hegemonie lösen könnte.) Artikel 48 behandelt Maßnahmen bei der Störung von Sicherheit und Ordnung: Wenn ein Land die ihm nach den Reichsgesetzen obliegenden Pflichten nicht erfüllt, kann der Reichspräsident es dazu mit Hilfe der bewaffneten Macht anhalten. Die Befürchtung der patriotischen bayerischen Abgeordneten vom 21. Jänner 1871 erfüllte sich auf tragische Weise, daß die Freiwilligkeit des Beitritts zum Nordbund und Nordreich die letzte Freiwilligkeit sein würde.

[336] Beyerle, Konrad, siehe »Das Reich« 220.

denen eine Mehrheit für die Loslösung von Preußen sicher war, vom offiziellen Apparat ein gewaltiger Wahlschwindel in Szene gesetzt, der zu spät entdeckt wurde, um unschädlich gemacht zu werden.
Wer diese Abstimmung erlebte, bekam einen Begriff davon, was an Terror und Betrug in Deutschland möglich war, wenn die Regierungsmaschine für eine Partei eingesetzt wurde. Hitler hat diese preußische Leistung in Hannover wohl noch quantitativ überboten; in der Sache selbst ist er den Weg gegangen, den ihm die preußische Regierung gezeigt hatte. Mit der Niederlage des Föderalismus in Hannover und mit der fast gleichzeitigen Neubildung der bayerischen Regierung, die von überaus ehrenwerten, aber hoffnungslos kleinen Männern übernommen wurde, war das Schicksal des deutschen Föderalismus entschieden.
Stresemann[337] gelang es 1924, das »Reich« finanziell und innenpolitisch zu stabilisieren. 1925 schloß er die Locarnoverträge ab,[338] die einzige außenpolitisch konstruktive Leistung der Weimarer Zeit. 1926 gelang es ihm, in den Völkerbund aufgenommen zu werden. Ich habe damals geglaubt, das »Reich« sei nun innerhalb des europäischen Konzerts und auf der Weimarer Grundlage gesichert, allerdings als ein von wirtschaftlichen Mächten beherrschter Einheitsstaat; denn nach dem erfolglosen Vorstoß in Hannover gab es keine private Quelle mehr, um das Geld für eine neue Volksabstimmung im Sinn des Art. 18 aufzubringen, und daß der bayerische Partikularismus, der eine Stellung nach der anderen verlor, auf dem »Aussterbeetat« sei, war eine Realität, die nicht einmal sehr bedauerlich schien. Nach

---

[337] Stresemann, Gustav, dt. Politiker, Reichskanzler; Berlin 10.5.1878–3.10. 1929 Berlin.

[338] Locarnoverträge vom 16.10.1925; Vereinbarungen über ein gegenseitiges Sicherheitssystem zwischen Belgien, Deutschland, Frankreich, Großbritannien und Italien.

sieben schweren Jahren war endlich die Existenz eines halbwegs vernünftigen Staatswesens in Deutschland und der europäische Friede gesichert; das war so viel, daß man gern Opfer dafür bringen wollte. Allein diese Annahme war falsch. Es gibt sehr unfreundliche Menschen, die auch *Stresemann* die ehrliche Absicht absprechen; er habe das alles nur getan, um die »Revanche« vorzubereiten. Ich habe mit Interesse gesehen, daß *Geneviève Tabouis*[339] Stresemanns Aufrichtigkeit nicht anzweifelte. Wie dem auch sei, nach seinem Tod kamen die Dämonen mit verstärkter Gewalt in das gereinigte Haus zurück.

Die große Wirtschaftskrise, die in den Vereinigten Staaten *Hoovers*[340] ausbrach, hat in Deutschland ihre besondere Gestalt gewonnen. Sie wurde das Werkzeug der Schwerindustrie, um die Gewerkschaften zu unterdrücken. Nachdem die – nie zurückgezahlten – amerikanischen Kredite zu einer beispiellosen Rationalisierung der Großindustrie verwendet worden waren, die *Hitler* seinen Vorsprung in der Munitionsherstellung und in der Anfangsstrategie des zweiten Weltkriegs ermöglichten, wurde die Arbeitslosigkeit in Deutschland künstlich verstärkt, um die Arbeiter, wie man sagte, mürbe zu machen. Das von der Arbeitslosigkeit maßlos verängstigte Stadtvolk wählte Nationalsozialisten, weil es von ihnen Arbeit erhoffte – eine Hoffnung, die nicht getäuscht hat; denn Hitler hat nach der Vernichtung der Gewerkschaften Arbeit wirklich schaffen können. Die Führer der Industrie ließen ihn, den sie groß gezahlt hatten, nicht am Arbeitsproblem scheitern. Nur daß seine Arbeit ausschließlich darin bestand, den Krieg vorzubereiten; von Rechts wegen hätte

---

[339] Tabouis, Geneviève, französische Historikerin und Journalistin, geb. Paris 1892, gest. nach 1953, Werke zur Zeitgeschichte: Black Mail or War, New York 1938; Grandeurs et servitudes americaines, Paris 1945.

[340] Hoover, Herbert, 31. Präsident der Vereinigten Staaten von Amerika; West Branch 10.8.1874–20.10.1964 New York.

er jede Mark Lohn, die seine Politik auszahlen ließ, mit einem Totenkopf stempeln müssen, um den Arbeitern zu zeigen, daß er sie mit Blut und Leben ihrer nach ein paar Jahren in den Krieg gepreßten Söhne fütterte.

Herr *von Papen*[341] war – wie auch später – der Pionier, der die Stellungen für Hitler sturmreif machte. Reichskanzler mittels Artikel 48 der Verfassung, hat er die preußische Regierung in ein paar Stunden erobert. Eben dieses Preußen, das die früheren Reichsregierungen als »Klammer« nicht entbehren zu können glaubten, ist die leichte Beute der Reaktion und des Nationalsozialismus geworden. Die sozialdemokratischen Regierungen Preußens und ihre Freunde in der Reichsregierung hatten Preußen wohl erhalten für Herrn von Papen und Hitler. Die »Klammer« hatte sie nun selbst erstickt.

Mit Preußen war eine so gewaltige Polizeimacht in die Hände von Papens gekommen, daß ein Widerstand gegen seine Pläne kaum mehr möglich war. Zwar klagte die alte preußische Regierung beim Staatsgerichtshof in Leipzig, allein die Leipziger Juristen fügten sich dem geschehenen Staatsstreich und der Macht. Bayern hat sich, nachdem Hitler durch Papen endlich am 30. Januar 1933 zum Reichskanzler gemacht worden war, noch fünf Wochen lang gehalten; die Regierung der bayerischen Volkspartei hat in München bis zum 9. März regiert, und die Reden des Reichskanzlers Hitler und seiner Freunde waren in dieser Zeit im bayerischen Radio gesperrt. Dann ist auch die bayerische Regierung, weniger wegen ihres Mangels an polizeilicher Macht als vielmehr wegen ihres Mangels an Mut und Urteilskraft, gestürzt worden. Die Zahlen vom März 1933 hatten in Bayern den Nationalsozialisten bloß etwas mehr als ein Drittel

[341] Papen, Franz von, dt. Politiker, Reichskanzler; Weil 29.10.1879–2.5.1969 Obersasbach.

der Landtagsmandate gebracht; so mußte der Staatsstreich dort helfen, wo keine Mehrheit zustande gekommen war.
Österreich hat den Kampf für seine Unabhängigkeit mit außenpolitischer Hilfe noch fünf Jahre länger erfolgreich bestanden. Niemand vermag auszudenken, was geschehen wäre, wenn die gleiche außenpolitische Hilfe für Österreich im März 1938 aktiv geworden wäre, die anderthalb Jahre später Polen gewährt wurde. Oder wenn Bayern schon im März 1933 auf diese Hilfe sich hätte verlassen können...
Hitler hat fast alle Deutschen geeint, um sie alle in dieselbe Katastrophe hineinzutreiben. In Bayern, Österreich, in den Donaustaaten hatten wir uns bemüht, einen Teil des deutschen Volkes vor dem Anschluß an die Katastrophe zu bewahren. Es war umsonst gewesen. Nun ist auch das Verderben eine »alldeutsche« Angelegenheit geworden. Das »dritte Reich« hat die Reste des Föderalismus beseitigt, die nach Bismarck und Weimar noch übriggeblieben waren. Damit hat es das größte Unheil beschworen, das in der deutschen Geschichte jemals vorgekommen ist.
Vom »dritten Reich« kann natürlich jeder etwas berichten, der während seiner Dauer wenigstens einige Zeit in Deutschland gewesen ist. Wer das Deutschland des »dritten Reichs« ein paar Jahre lang miterlebt hat, der ist in der Lage, einen Memoirenband zu schreiben. Das ist durchaus nicht die Absicht, die hier verfolgt wird. Ich werde nur so viel über das »dritte Reich« sagen, als notwendig ist, um zu zeigen, daß es sich als den fast notwendigen Abschluß des »zweiten Reichs« darstellt. Das »dritte Reich« mußte dem »zweiten« folgen, *Hitler* auf *Bismarck.* Bloß eine sehr starke Hand, die das Deutschland von Weimar nicht besaß, konnte an der Weimarer Weiche das deutsche Schicksal auf ein neues Geleise bringen.

Vor allem ist zu betonen, daß Hitler nicht auf den Schultern des Volkswillens Diktator geworden ist. Er hat es so wenig wie ein anderer Diktator fertiggebracht, auf demokratischem Weg zur Dauerdiktatur zu gelangen. Deutschland ist in das Kostüm, das Hitler für es bereithielt, genau so hineingezwängt worden, wie siebzig Jahre zuvor in die Antwort, die Bismarck auf die deutsche Frage mit »Blut und Eisen« geben ließ. Hitler hat bei den Märzwahlen 1933, die er mit hunderttausenden von Verhaftungen und mit dem Wahlschwindel des Reichstagsbrands[342] im größten Teil Deutschlands selbst »machte«, nicht mehr als 40 % der abgegebenen Stimmen erzielt; in einigen Gegenden Deutschlands blieb seine Stimmenzahl noch erheblich hinter dieser Zahl zurück. Das größte Kontingent der nationalsozialistischen Stimmen ist aus der gewaltigen Masse der Nichtwähler früherer Zeiten gekommen, also ein typisches Erzeugnis der politischen Ungeschultheit und Urteilslosigkeit; die. großen historischen Parteien der Katholiken und Sozialisten haben ihre Stärke noch im März 1933 völlig gehalten.
Die Erfolge, die Hitler dann in wachsendem Maße aufwies, haben ihm sehr viele Menschen gewonnen, weniger aus veränderter Überzeugung als in der Furcht, man müsse sich ihm fügen, weil ja doch nichts gegen ihn zu erreichen sei. Sicher hat dabei auch ein gewisses Gefühl mitgespielt, seine Außenpolitik mache Deutschland »groß«, aber in den breiten Massen der Bauern und Arbeiter hat dieses Gefühl erst Oberhand gewonnen, als die Erfolge unerhört zu werden anfingen. Deshalb sind diejenigen, die Hitler zu seinen Erfolgen verholfen haben, weit mehr für ihn schuldig als die Mehrheit des deutschen Volkes. Ich habe keinen Zweifel, daß diese Mehrheit die einrückenden Amerikaner ge-

---

[342] Reichstagsbrand am 27.2.1933; vermutlich Brandstiftung durch eine terroristische Gruppe der NSDAP.

nau so begrüßen würde, wie die Pariser am letzten Märztag 1814 die russischen Sieger begrüßten.
Sicher sind die halbgebildeten Klassen Deutschlands Hitler schneller verfallen als die Bevölkerungsschichten, die frei von sozialem Ehrgeiz und frei von Angst um ihre soziale Stellung die Dinge mit angeborener Nüchternheit betrachteten. Die Menschen, die meinten, es gehöre zur sozialen Stellung, ein gewisses politisches Weltbild und eine gewisse politische Haltung zu besitzen, sind früher und freudiger in die braune Armee eingetreten als die, die das aus Angst um ihr Gehalt oder ihren Lohn oder aus Furcht vor dem Gefängnis oder Konzentrationslager taten. Ich darf an das erinnern, was ich oben über das geistige Preußentum gesagt habe. Daß die Panik der Arbeitslosigkeit eine ungewöhnlich große Rolle im ganzen Prozeß spielte, wurde bereits angedeutet; der durchschnittliche Deutsche dieser Zeit zog es vor, lieber zu sterben, als arbeitslos zu leben.
Es ist klar, daß Hitler nichts vom »Bund« wußte. Seine Kenntnis der deutschen Geschichte begann erst mit König *Friedrich II.* von Preußen, der ein sehr gescheiter, aber auch ein sehr skrupelloser und krankhaft ehrgeiziger Monarch gewesen ist. Friedrich II. hat jedenfalls seine Hausmacht ständig weit über das Reich gestellt.[343] Sein persönliches Heldentum hat auf die Deutschen seiner Zeit einen verhängnisvollen Eindruck gemacht; sie verehrten ihn, ohne die politische Frage zu beachten, die mit seiner Person untrennbar verknüpft war. *Goethe* sagt von seiner Jugend: »Wir waren alle fritzisch gesinnt, aber was ging uns Preußen an?« Joseph II. hat vermutlich genauso gedacht. Das ist das Deutschland, das in seinem formalen Schwarm für Helden-

[343] Preußen und Reich: Friedrich II, König von Preußen, nach Goethes und dessen Vaters Dafürhalten »ein Terrorist gegen das Reich« (Mitteilung in »Dichtung und Wahrheit«).

tum die Frage übersieht, wofür dieses Heldentum kämpft. Jede nationale Ethik lehrt, ein Held sei nur dann echt, wenn auch die Sache gut ist, für die er sich einsetzt. Die Deutschen, die heut wie damals *Kant* folgen, scheinen hoffnungslose Formalisten geworden zu sein. Hitler, für den das alles selbstverständlich ein Buch mit sieben Siegeln war, hat die Unterscheidung zwischen der formalen und materialen Seite Friedrichs II. nie geahnt. Er kannte das erste Reich lediglich in der Karikatur, die Friedrich II. von ihm entworfen hatte. Wahrscheinlich ist seinem Geist nicht ein einziges Mal die Möglichkeit aufgetaucht, daß es außer der großpreußischen Staatsidee, zu der Friedrich II. den Grund legte, noch eine andere politische Form für Deutschland tatsächlich geben könne. Er war ein naiv unkritischer Gefangener des Bismarckischen Denkens. Natürlich, der **verpreußte Österreicher**, als den wir ihn kennen gelernt haben, kannte keinen anderen Weg als den Bismarckschen. Demgemäß ist Hitlers Politik mit der Folgerichtigkeit des Monomanen darauf abgestellt, das großpreußische Programm zu verwirklichen. Nachdem das für Deutschland mit der Annexion Österreichs weitgehend erreicht war, ging er zu seiner Anwendung auf Europa und die Welt über. Immer handelt es sich um den gleichen Gedanken einer Hegemonie der norddeutsch-ostelbischen Rasse und des von ihr gebildeten Staats über die übrigen »minderwertigen« Deutschen und die anderen Völker ihres »Lebensraums«.
Hitler beherrschte nur **eine** Kunst: die schlechten Eigenschaften der Menschen auszunützen, ihre Bestechlichkeit, Habsucht, Feigheit, ihren Neid, ihren Ehrgeiz, ihre sexuellen Schwächen, ihre Inferioritätskomplexe. Damit hat er leichte Erfolge erzielt; denn es ist stets einfacher, die Menschen zu ihrer Schlechtigkeit zu erniedrigen als sie zum *Guten* emporzuziehen und dieses Gute zu entfalten, das nicht weniger als das Schlechte in jedem Menschen steckt. Daß diese letzte schwere Aufgabe das eigent-

liche Tagwerk des Politikers ausmacht, der ständig ein politischer Erzieher sein soll, war Hitler völlig fremd. Davon stand im Nietzsche nichts und auch nicht in *Houston Chamberlains* Modebuch über die Grundlagen des 19. Jahrhunderts.[344] Nichts im politischen Bereich hat die Kraft, diese guten Eigenschaften im Menschen so zur Geltung zu bringen als der Bund. Das ist der innere Grund dafür, daß Hitler dem Bund so erschreckend ferngestanden ist.
Ich bin auch immer erstaunt, daß Schriftsteller, die ihn nicht sehr genau kennen, Hitler einen *»Mystiker«* nennen. Die Theologie pflegt von einem *Mystiker* zu sprechen, wenn ein Mensch ein Stück oder eine Äußerung des göttlichen Wesens in körperlicher Gestalt wahrnimmt; in übertragenen Sinn bezeichnen wir als Mystiker jemand, der die Geheimnisse der göttlichen Schöpfung, etwa einer Persönlichkeit, eines Volks, einer Landschaft, einer Kultur intensiv zu verstehen beginnt; in diesem Sinn sind viele unter den großen Dichtern der Russen und Polen Mystiker gewesen. Hitlers Lebenslauf war von derartigen Erlebnissen zweifellos ganz frei. Wenn man jemand »Mystiker« heißen will, bloß weil er gelegentlich den Teufel sieht, so müßte man Iwan Karamasow oder den bösen Kaspar im »Freischütz«[345] als Mystiker bezeichnen, was offenbar ganz falsch ist.
Hitler hat von Anfang an nie gewünscht, Persönlichkeiten zu entfesseln und sie für ein Ziel einzusetzen, das ihrer Individualität gemäß war. Er wollte das Geld, das ihm die Macht geben sollte, Deutschland diktatorisch zu beherrschen. Bei seinem Auftreten im Löwenbräukeller, das vorhin geschildert wurde, hat er weitschichtige Auffassungen über die Arbeiterfrage geäu-

---

[344] Chamberlain, Houston Stewart, Schriftsteller; Portsmouth 9.9.1855–9.1. 1927 Bayreuth (verheiratet mit Eva Wagner).

[345] Iwan Karamasow in den »Brüdern Karamasow« von Dostojewski, Kaspar im »Freischütz« von Carl Maria von Weber.

ßert; hinter dem schwülstigen Patriarchalismus verbarg sich deutlich der Wunsch, die Koalitionsfreiheit zu beseitigen.
Bereits ein Jahr vor dem Münchener Putsch entzückte er die Industriellen, die im Münchener Herrenklub zusammengekommen waren, mit seiner Entschlossenheit zu einem Staatsstreich. Die Gelder dieser Industriellen waren für ihn schon in seinem ersten Beginnen Lebensfrage. Nie wäre er soweit gekommen, auch bloß eine Leibgarde zu besitzen, hätte er nicht über diese Gelder verfügen können. Die Industriellen haben ihm diese Gelder gegeben, weil sie in ihm den Mann erhofften, der die Arbeitergewerkschaften vernichten würde. Damals, in der ersten Hälfte der zwanziger Jahre, war Thyssen noch fern; die *Haniels* und ihr Hausmaier *Reusch*, die viel taten, um ihre wirtschaftlichen Interessen in Bayern politisch zu sichern, waren damals die wichtigsten Geldgeber. Das Denken dieser industriellen Geldgeber war **klassenpolitisch**; sie wollten eine Diktatur des Kapitals in Deutschland errichten, die die entscheidenden Machtstellungen im Staat innehaben sollte.
Da *Brüning*[346] die Gewerkschaften nicht beseitigen wollte, wurde er gestürzt, und Hitler, der ursprünglich nur als Sturmbock gedacht war, wurde Kanzler. Seit dem 1. Mai 1933 gibt es in Deutschland keine Gewerkschaften mehr, und die deutsche Industrie verdient so reich wie noch nie in ihrer Geschichte. Sie hat zwar hohe Steuern zu zahlen und gewaltige Summen von Schatzwechseln zu kaufen, aber wenn sie das tut, dann sind ihre Taschen voll Geld.
Eine falsche Propaganda entwirft ein Bild von Deutschland als von einem halbbolschewistischen Land. Das ist nicht richtig. Mit Ausnahme von Nordamerika gibt es nirgends auf der Welt

---

[346] Brüning, Heinrich, dt. Politiker, Reichskanzler; Münster 26.11.1885–30.3.1970 Norwich. Soden bezieht sich in diesem Absatz auf seine Zeit.

so viel reiche und schwerverdienende Leute wie in Deutschland. Das Geld, mit dem die Industriellen den Nationalsozialismus finanzierten, hat sich bis zur Stunde sehr gut rentiert. Wer restlos zu allem, was die politische Führung sagt und verlangt, sein »Ja« murmelt, wer auf jedes Recht der Kritik verzichtet, der hat im Deutschland Hitlers gute Tage, wenigstens was das Geldverdienen anlangt. Es wäre natürlich sehr ungerecht zu sagen, daß die ganze deutsche Industrie Hitler bezahlte; weite Kreise der verarbeitenden Industrie haben ihn bekämpft; allein der größte Teil der Schwerindustrie und des ostelbischen Großgrundbesitzes haben Kapital im Nationalsozialismus investiert. Unter ihrem Druck hat sich ein guter Teil der Deutschen ihre Freiheit abkaufen lassen, mit einer gut bezahlten Stellung, mit Achselstücken und sogar mit einem braunen Hemd.
Doch die große soziale Gesetzgebung des »dritten Reichs«? Sie wird sehr klein, wenn man sie genauer betrachtet. Die **Dividendensenkung** und die **Aktienreform** haben tatsächlich die Macht des Unternehmertums in der Industrie lediglich gestärkt. Es sieht sehr gut aus, wenn man uns sagt, die Dividendenbezieher könnten jetzt bloß noch einen Bruchteil ihrer früheren Gewinne beziehen. Aber erstens betrifft diese Einschränkung nur einen Teil der deutschen Kapitalisten; denn die Mehrheit des deutschen industriellen Kapitals ist nicht in Aktiengesellschaften investiert. Zweitens vermag nur der ein zutreffendes Urteil über diese Dividendenbeschränkung zu gewinnen, der ein wenig die soziale Struktur des deutschen Aktienwesens kennt. Die deutschen Aktienbesitzer zerfallen in die Eigentümer der großen Aktienpakete, die häufig Mehrheiten oder wenigstens qualifizierte Minderheiten darstellen, und in die stattliche Zahl der kleinen Eigentümer, die einer Aktie die sogenannte weite Streuung verleihen. Nur diese letzteren sind ausschließlich an der Höhe der Dividenden interessiert; die ersteren verlieren durch die Dividenden-

beschränkung an Ausschüttung, aber das so ersparte Geld bleibt im Unternehmen und hilft, dieses Unternehmen »innerlich zu kräftigen«, wie man gewöhnlich sagt. Dadurch steigt der Wert des Aktienpakets; die Einzelaktie dagegen steigt in ihrem Börsenpreis keineswegs im gleichen Maß; denn dieser Preis wird weitgehend von den Eigentümern der großen Pakete bestimmt. Die Dividendenbeschränkung wirkt also wie eine teilweise Enteignung der kleinen Aktienbesitzer durch die großen.
Diese Tendenz wird noch dadurch verstärkt, daß die großen Pakete sehr oft in der Hand der Verwaltungen sind. Erfolgreiche Generaldirektoren sichern sich gewöhnlich die Herrschaft über einen möglichst großen Teil des Aktienkapitals. Ist das erzielt, dann ist die Aktiengesellschaft von einem Bund zu einem Herrschaftsverhältnis geworden. Die Verwaltung trachtet meist darnach, die Dividende möglichst niedrig zu halten, möglichst viel Geld in das Unternehmen hineinzustecken. Dabei war ihr in früheren Zeiten die Generalversammlung wenigstens insofern hinderlich, als sie ihr klare Auskunft zu geben hatte. Das ist durch die neue Aktiengesetzgebung geändert; die Generalversammlung ist ihrer Macht entkleidet worden, und die Verwaltung kann jetzt, selbst ohne größere Aktienpakete, das Unternehmen ziemlich ungestört beherrschen. Der Klage der meisten Generaldirektoren, sie seien gezwungen, soviel Geld für die Dividenden aufzuwenden, ist durch die Aktienreformgesetzgebung und die Dividendenbeschränkung jetzt endgültig abgeholfen. Die Aktiengesellschaften haben allerdings einen großen Schritt vorwärts gemacht auf dem Weg zur Konzentration des Kapitals und um Instrumente von Einzelpersonen zu werden, die sich wirtschaftliche Machtstellungen erobern wollen.
Es wäre interessant, darüber zu diskutieren, daß diese ganze Gesetzgebung des »dritten Reichs« im Grund genommen einen Schlag gegen die Einzelpersönlichkeit bedeutet. Die Aktienge-

sellschaft wird in steigendem Maß von den Menschen unabhängig gemacht, deren Geld sie erhält; das Unternehmen als solches wird zum Selbstzweck. Es wird *hypostasiert*, ganz ähnlich, wie der Staat von den Menschen losgelöst wird, die ihn tragen und denen er dienen soll. Doch dies weiter zu vertiefen, würde über den Zweck dieses Buchs hinausführen.

Natürlich ist es richtig, daß einige Dutzend Millionen Deutsche durch Hitler wieder Arbeit bekommen haben. Allein das war nur möglich um den Preis einer unerhörten **Verschuldung**. Deutschland hat in den Friedensjahren von 1933 bis 1938 jährlich durchschnittlich 3 Milliarden Mark neue Schulden gemacht; in den folgenden Kriegsjahren durchschnittlich zehnmal so viel. Das sind selbstverständlich bloß Schätzungen; da wir seit Hitlers Regierungsantritt kein deutsches Budget mehr zu sehen bekommen haben, sind hier die deutschen Berichte über das Wachsen der Staatsschuld zugrunde gelegt, die wahrscheinlich stets geschminkt waren. Diese Schulden sind fast ausschließlich für militärische Zwecke eingegangen worden. Mir schwindelt bei dem Gedanken, was möglich gewesen wäre, wenn diese Gelder verwendet worden wären, um den Lebensstandard des deutschen Volkes zu heben. Allein die leitenden Männer Deutschlands haben nie den Gedanken aufgegeben, diese Schulden sollten sich durch militärische Erfolge bezahlt machen. Darum ist es nicht zu viel gesagt, wenn man behauptet, jenes berühmte »Wirtschaftskunststück« habe in hervorragendem Maß mitgeholfen, uns in den Krieg hineinzutreiben. Ob diese schlechte allgemeine Politik eine gute Sozialpolitik war, möge jeder für sich selbst beantworten. Jedenfalls waren vier Jahre der Vollbeschäftigung mit einem Krieg am Ende und über 20 Milliarden[347] Schulden teuer bezahlt.

---

[347] Neuner: 90 Milliarden Schulden.

Die Haltung eines erheblichen Teils der deutschen **Großindustrien** in dieser Sache ist unverzeihlich. Niemand ist so töricht, diesen Industriellen vorzuwerfen, sie hätten die Wirtschaftskrise von 1930 »gemacht«. Aber jeder, der diese Zeit in Deutschland miterlebt hat, weiß, daß sie die Krise nach Kräften verschärft haben. Von den Statistikern sagt man, sie könnten ihre Statistik ebenso leicht für eine Partei wie für die Gegenpartei aufziehen; für die Leute, die die Bilanz eines großen Unternehmens aufstellen, gilt das jedenfalls in gleichem Maß. Es war keine besondere Kunst Bilanzen zu entwerfen, die bewiesen, daß der rheinisch-westfälische Kohlenbergbau oder die Erzverarbeitung in diesem Bezirk unrentabel seien. Erst recht war es keine Kunst, mit Stillegungen Arbeiterentlassungen zu erpressen, was man politisch fordern wollte. Die Industriellen glaubten damit das zu töten, was sie Sozialismus nannten. In Wahrheit haben sie jeden nachdenklichen Beobachter dieser Dinge vor die Frage gezwungen, ob hier nicht ein schwerer Mißbrauch ihres Eigentums an Produktionsmitteln vorliege und ob solches Eigentum überhaupt moralisch vertretbar sei, sobald es auf diese Weise monopolitisch ausgenutzt werden kann. Auf der anderen Seite entwickelte England in vielen Unternehmungen *Betriebsparlamente*, natürlich mit lediglich beratender Funktion. Das ist ungefähr das gleiche, was unsere »Betriebsräte« 1919 und 1920 waren, bis sie der »Herr-im-Haus«-Standpunkt trotz eines Reichsgesetzes verschwinden machte.

Daß sehr viele neue **Wohnungen** im »dritten Reich« gebaut worden sind, ist nicht sein eigener Ruhm; denn bereits die vorangehenden Regierungen hatten Bedeutendes im Wohnungsbau geleistet, und schon wenige Jahre nach dem ersten Weltkrieg hatte sich das Antlitz vieler deutscher Vorstädte sehr vorteilhaft verändert. Das »dritte Reich« hat im Wohnungsbau lediglich das fortgesetzt, was die Regierungen der Weimarer Zeit begonnen

hatten. Übrigens hat in der Zeit zwischen den zwei Kriegen kein Land mehr für die Wohnungsreform getan als England. Sein einziges wirkliches Verdienst hat das »dritte Reich« in den Grundzügen seiner **Agrargesetzgebung** und mit den **Ehestandsdarlehen** aufzuweisen. Aber diese Agrargesetzgebung war in ihren wesentlichen Stücken längst vor 1933 gefordert worden. Ich habe schon 16 Jahre früher in einer Schweizer sozialpolitischen Zeitschrift ein Programm entwickelt, das über die Ideen *Darrés*[348] und seiner Mitarbeiter hinausging. Das Bayern der Zwischenkriegszeit studierte eine ganze Reihe von Maßnahmen, die der bäuerlichen Besitzbefestigung dienen sollten, allerdings ist davon nur wenig in der Gesetzgebung verwirklicht worden.
Man brauchte kein »drittes Reich«, sondern nur ein wenig Verständnis für die weiteren Ziele der Landwirtschaft, und etwas, was allerdings dem Weimarer Deutschland abging – Energie, um eine gesunde Agrarpolitik zu treiben. Es ist klar, daß gute Preise nicht das Ideal der Landwirtschaft erfüllen können; die Landwirtschaft ist an möglichst gleichbleibenden, vor der Ernte berechenbaren Preisen interessiert. Das Verhältnis des Erzeugers zu dem, der ihm seine Produkte abkauft, muß durch das Recht mehr versteift werden als sonst die Beziehungen zwischen Käufer und Verkäufer. Ebenso bedarf auch das Verhältnis des Bauern zu seinem Grund einer gewissen rechtlichen Versteifung, will man ein stabiles Bauerntum erhalten, wie es zweifellos das Interesse jeder sozialen Ordnung bedeutet. Ich glaube nicht, daß ein staatliches Monopol für den Aufkauf von Getreide und Vieh der Atlantic Charter widerspricht. Die Tschechen wer-

---

[348] Darré, Richard Walter, agrarpol. Beauftragter Hitlers, Reichsbauernführer, Reichsminister für Ernährung und Landwirtschaft 1933–1942; Belgrano 17.7.1895–5.9.1953 München.

den auf die vernünftige Regelung ihres Getreidemonopols auch im Europa von morgen nicht verzichten wollen.
Die Agrarpolitik ist das einzige Gebiet gewesen, auf dem das »dritte Reich« Menschen frei zu machen suchte und ihnen den Weg zur Persönlichkeit nicht verbaute. Das war aus der Erkenntnis heraus geschehen, daß jedes Herrschaftssystem Menschen braucht, und Menschen lassen sich unter modernen Verhältnissen bloß unter einigermaßen menschenwürdigen Verhältnissen gewinnen.[225a] Um so schlimmer ist der Mensch im **politischen Aufbau des deutschen Staatswesens** unterdrückt worden. Demokratie, Selbstverwaltung, Föderalismus wurden mit Stumpf und Stiel ausgerottet. Außer im absolutistischen Zeitalter ist Deutschland nie herrschaftlicher organisiert gewesen.
In den ersten fünf Tagen nach den Märzwahlen von 1933 ist Bayern im Mittelpunkt des Hitlerischen Ärgers gestanden. Es gab verschiedene Rezepte dafür, wie Bayern sein Eigenleben sogar gegen die nationalsozialistische Reichsregierung wahren könnte; wahrscheinlich traf auf sie alle die gleiche Charakteristik zu wie auf die anderen Versuche, Hitler zu bekämpfen, die Europa von 1933 bis 1941 unternommen hat: »Zu spät und zu schwach.« Hitler, der über die Münchener Versuche gut unterrichtet war, lehnte sie natürlich sämtlich ab und tobte, daß hier noch ein Platz in Deutschland sei, der sich ihm zu widersetzen wage und überhaupt zu widersetzen wünsche. Dann ließ er den Münchener Putsch vom 9. März[349] über die Bühne laufen, der

---

[225a] Diesen im Zusammenhang mit der Politik Darrés zu sehenden Abschnitt schlug Neuner zur Streichung vor: Die Agrarpolitik ist das einzige Gebiet gewesen, auf dem das »Dritte Reich« Menschen frei zu machen suchte usw.

[349] 9. März 1933: Eröffnung des Nazizeitalters in München und Bayern durch widerstandslosen Terror der SA; Stürmung des »Geraden Wegs« von Fritz Gerlich und weniger später der »Münchner Post«.

vor allem deswegen gelungen ist, weil die bayerische Reichswehr »neutral« zu sein erklärte. Bayern ist damals so vollkommen vom Reich unterworfen worden, wie nie mehr in den letzten tausend Jahren, seitdem Karl der Große den letzten Agilolfingerherzog Tassilo III. blenden und im Kloster Lorsch am Rhein einsperren ließ. Ein Angestellter Hitlers wurde als Reichsstatthalter eingesetzt.[350] Entsprechend wurden auch in den anderen deutschen Ländern, mit Ausnahme Preußens, Reichsstatthalter ernannt. Das Gesetz über die Reichsstatthalter ist mindestens dreimal abgeändert worden; jedesmal wurde die Macht dieses Landvogts vergrößert; doch von Anfang an war er nichts anderes als der Wächter, der auf die Landesregierung aufpassen mußte, damit sie keinen Versuch mache auszubrechen. Sehr bezeichnender Weise nahm der Reichsstatthalter in dem prächtigen Haus Wohnung, das Wilhelm II. für die preußische Gesandtschaft in München hatte erbauen lassen.[351]

Übrigens waren in Bayern wie in allen anderen deutschen Ländern die Landesregierungen vollkommen zahm, da sie aus alten Nationalsozialisten zusammengesetzt waren und praktisch von Hitler ernannt wurden; der bayerische Landtag wie die Landtage der anderen deutschen Länder sind in der Versenkung verschwunden und von dort nie wieder aufgetaucht. Von einem politischen Eigenleben der deutschen Länder ist seit 1933 keine Rede mehr gewesen. Deutschland ist unter Hitler unbestritten ein **Einheitsstaat** geworden. Und das kulturelle Eigenleben der Länder? Man wird es im nationalsozialistischenl Deutschland vergeblich suchen. Man könnte höchstens darüber streiten, ob es

---

[350] Epp, Franz, Ritter von, Reichsstatthalter, vereidigter Offizier des Königs, später Gefolgsmann Hitlers (Parallele zu Horthy); 16.10.1868 München – 31.12.1946 München.

[351] An der Prinzregentenstraße.

mehr dem Unitarismus oder den kulturfeindlichen Mächten des »dritten Reichs« zum Opfer gefallen ist.

Die gemeindliche **Selbstverwaltung** war in Deutschland von jeher eine überaus wichtige Angelegenheit. Sie hatte in den Städten zu einem guten Teil sogar die absolutistische Aera überstanden. Der Freiherr *vom Stein,*[352] der ein weitschauender Patriot war – wie man sie in Deutschland nicht so oft findet – hat die städtische Selbstverwaltung Preußens von allen absolutistischen Vergewaltigungen gesäubert und ihr neue sichere Grundlagen gegeben; er ist dadurch einer der Schöpfer demokratischen Lebens in Deutschland geworden. Bevor er eine ländliche Selbstverwaltung auf die Beine stellen konnte, mußte Stein die Bauern aus der Leibeigenschaft ihrer Grundherrn befreien; das hat er in den kurzen, fruchtbaren Jahren, die ihm zur Verfügung standen, auch getan. Dann waren die maßgebenden Männer Preußens froh, daß sie ihn durch den Machtspruch *Napoleons* los wurden. Er war zu sehr Westdeutscher, als daß ihn die Ostelbier hätten vertragen können. Nicht als preußischer, sondern als russischer Bevollmächtigter ist er zum Wiener Kongreß zurückgekehrt. Daß er sich mit *Metternich* nicht verstehen konnte, ist sicher ein Verhängnis der deutschen Geschichte des 19. Jahrhunderts geworden.

Stein hat noch nach Kräften mitgeholfen, die provinzielle Selbstverwaltung Westfalens lebendig zu machen. Nie hat er daran gedacht, die Selbstverwaltung könne das Parlament für den ganzen Staat ersetzen, aber er sah auf der anderen Seite, daß bloß durch Selbstverwaltung Demokratie gelernt werden könne. In *Bayern* war die Selbstverwaltung nicht durch den Romanismus der kurfürstlichen Zeit vernichtet worden, sondern erst durch den Zentralismus der napoleonischen Gesetzgebung. Zehn

---

[352] Stein vom und zum, siehe »Das Reich« 293.

Jahre später ist sie wieder auferstanden. Als 1818 der damalige Kronprinz, der spätere König *Ludwig I.*, das entscheidende Wort im Staat gewonnen hatte, und die von seinem Freund *Zentner*[353] entworfene Verfassung eingeführt wurde, ist auch durch ein neues Gemeindegesetz die städtische und die ländliche Selbstverwaltung wieder hergestellt worden. Die Selbstverwaltung hat dann in zwei weiteren Gesetzgebungen des 19. Jahrhunderts ihre Zuständigkeit dauernd erweitert und die sogenannte »Staatskuratel« über die Gemeinden zurückgedrängt; die Selbstverwaltungsreform von 1919 wollte sogar die Bezirksamtmänner zu gewählten Organen der bezirklichen Selbstverwaltung machen.[353a] Die **Verwaltungsgerichtsbarkeit**, die mit der Trennung von Justiz und Verwaltung in allen deutschen Staaten eingeführt wurde, hat der gemeindlichen Selbstverwaltung sehr geholfen, sich gegen alle Übergriffe der staatlichen Bürokratie zu verteidigen. Das Recht der Gemeinden, gegen Verletzung ihrer Selbstverwaltung durch die staatlichen Aufsichtsbehörden zu klagen, war eine von den wichtigsten Zuständigkeiten der deutschen Verwaltungsgerichtshöfe und wurde von diesen Verwaltungsgerichten mit anerkennenswerter Energie verteidigt.
Das »dritte Reich« hat die gemeindliche Selbstverwaltung in einen einzigen Trümmerhaufen verwandelt. Kein Bürgermeister wird mehr von seiner Gemeinde oder ihrer Repäsentation gewählt, sondern die Partei (offiziell die staatliche Behörde) setzt ihn der Stadt oder der Landgemeinde vor die Nase. Es gibt keine Stadt- und Gemeinderäte mehr. Die Polizei fast aller größeren Städte ist verstaatlicht worden. Die Verwaltungsgerichtsbarkeit ist praktisch so gut wie gefallen. Eine Reichsgemeindeordnung hat die Selbstverwaltung unitarisch aufgezogen. Hatte Preußen.

---

[353] Zentner, Georg Friedrich, bayer. Justizminister 1752–1835.
[353a] Landkreis.

noch die Verschiedenheit der ländlichen Selbstverwaltung in seinen westlichen Provinzen anerkannt, so wurde jetzt der gleiche Typ von »Selbstverwaltung« für ganz Deutschland verbindlich gemacht. Die gemeindlichen Budgets werden noch vom Bürgermeister entworfen, aber tatsächlich entscheidet die vorgesetzte staatliche Stelle über ihre Ziffern. Das ist allerdings eine Folge davon, daß die Gemeinden bereits unter dem Weimarer System finanziell unselbständig gemacht worden waren, indem Zuschüsse der Reichskasse den Hauptanteil der gemeindlichen Einnahmen bildeten. Das war eine notwendige Folge der Verreichlichung des gesamten Finanzwesens, in deren Verlauf Ländern wie Gemeinden ihre besten Einnahmequellen weggenommen wurden. Damals schon sind die Gemeinden – wie wir zu sagen pflegten – zu »Kostgängern« des Reichs erniedrigt worden. Selbstverwaltung und Föderalismus ohne ein gewisses Maß von finanzieller Selbstbestimmung sind leere Form. In diesen wie in so manchen anderen Sachen hat Weimar dem »dritten Reich« vorgearbeitet.
Doch schon im »zweiten Reich« war die offizielle Linie nicht durchaus selbstverwaltungsfreundlich. Zwar haben sich die Reichskanzler seit Bismarck gern ihre Minister aus dem Kreis der »Oberbürgermeister« geholt, zwar war die Anerkennung der gemeindlichen Selbstverwaltung eine gleichbleibende Phrase jeder Regierungserklärung. Aber im tiefsten Herzen haben die leitenden Männer der gemeindlichen Selbstverwaltung nicht getraut. Deshalb wurden die »Oberbürgermeister« der großen Städte nicht gewählt, sondern von der Regierung ernannt; deshalb hat diese Regierung ihre staatlichen Polizeipräsidenten in allen Großstädten besessen; deshalb wurde die Wahl sozialdemokratischer Bürgermeister und Landräte nicht bestätigt; die bayerische Regierung hat in all diesen Beziehungen das Vorbild nachgeahmt, das ihr von der preußischen Regierung gegeben

worden war. Die Polizei der gemeindlichen Selbstverwaltung in den großen Städten wegzunehmen und zu verstaatlichen, war eine Tendenz, die auch im Weimarer Reich anhielt. In *Frankreich* hat die dritte Republik erst unter *Pétain*[354] und natürlich unter *Laval*[355] diesen Kurs zur Verstaatlichung der Polizei eingeschlagen. Doch im Allgemeinen muß man feststellen, daß die dritte Republik, die mit sehr wenig Selbstverwaltung angefangen hat, bereits an der Jahrhundertwende die deutsche Selbstverwaltung eingeholt hatte.
Die **finanzielle Verantwortungslosigkeit**, die die wichtigste psychologische Folge des Systems der Überweisungen war, hat sehr viel zum Untergang der deutschen Selbstverwaltung beigetragen. Größenwahn wurde die Krankheit einer ganzen Anzahl von »Oberbürgermeistern« preußischer Großstädte. Sie begannen eine Schuldenwirtschaft, die nur in dem, was der Nationalsozialismus auf diesem Gebiet später geleistet hat, eine Parallele besitzt. Als die wirtschaftliche Krise kam, machten diese Städte bankrott. Staatliche Kommissare wurden zu ihrer Verwaltung eingesetzt, und damit war es um ihre Selbstverwaltung getan; allein das Beispiel hat die Selbstverwaltung als Ganzes ungemein kompromittiert. Man kann fragen: warum sind diese »Oberbürgermeister« größenwahnsinnig geworden? Die Antwort wird bezeichnender Weise darauf hinweisen, daß die Krankheit des Größenwahnsinns ganz allgemein der neudeutschen Mentalität naheliegt, die vom Preußentum geformt ist. Die Bürgermeister bayerischer Großstädte, die ihrem sogenannten bürgerlichen Beruf auch als Bürgermeister noch nachgingen, sind von ihr freigeblieben. Wie hilflos Weimar dieser Erscheinung gegenüber war, geht dar-

---

354 Pétain, Philippe, frz. Marschall und Staatschef; Cauchy-à-la-Tour; 24.4. 1856–23.7.1951 Port Joinville.

355 Laval, Pierre, frz. Politiker; Chateldon 28.6.1883–15.10.1945 Paris (hingerichtet).

aus hervor, daß es bloß die Symptome zu heilen wußte; Staatskommissare wurden eingesetzt und ein neuer Weg der städtischen Schuldentilgung ersonnen; gegen das Umsichgreifen des Größenwahns, der einzig auf dem Nährboden verhängnisvoller Inferioritätsgefühle gedeiht, geschah nichts.
Hitler hat durch die Vernichtung von Selbstverwaltung und Föderalismus alle Reste des ersten Reichs ausgetilgt, die er noch in Deutschland vorfand. Sein »Reich«, unitarisch und autoritär, konnte – wie die Dinge lagen – nur ein über ganz Deutschland ausgedehntes **Großpreußen** sein. Der Machtapparat mit seinen *Göring*, *Ribbentrop*, *Brauchitsch*, *Schacht* war preußisch; das Volk, das diesem Apparat als Material diente, war es nur zum kleinen Teil, doch das zählte nicht. Auch die Annexion Österreichs hat daran nichts geändert; denn die wirklich österreichischen Menschen kamen, so weit sie nicht fliehen konnten, in Konzentrationslager. Lediglich die Renegaten, die ihr Österreichertum der preußisch-nationalsozialistischen Religion geopfert hatten, sind im »dritten Reich« »etwas« geworden.
Vielleicht darf ich zur Illustration das Erlebnis eines Verwandten hier einfügen, das mir immer sehr charakteristisch schien. Ich war in diesen Jahren Pfarrer in einem Dorf des nördlichen Oberbayern an der Eisenbahnlinie von Berlin nach München; wenn man sich am Vormittag in Berlin in den Zug setzte, konnte man am Abend bei mir aussteigen. Ein naher Verwandter, der in Berlin leben mußte und der seinen Heimaturlaub bei mir begann, sagte mir am Abend, nachdem wir das Stück vom Bahnhof zu meinem Pfarrhaus zu Fuß zurückgelegt hatten: »Immer, wenn ich in Berlin bin, stehe ich unter dem Eindruck, wie dieses nationalsozialistische System uns dort auf den Leib geschrieben ist, wo alles vor dem Hochgestellten seine Verbeugung macht und nach unten trampelt, während es hier bei dir, bei deinem Volk, eine lächerliche **Maskerade** ist.«

Es ist klar, daß es für Hitler nötig war, auch außerhalb Deutschlands die Reste des ersten Reichs zu zerstören. Die *österreichische* Frage stand deshalb von vornherein auf seinem Programm. Daß die Schweiz noch existiert, ist ein Wunder. Hitler suchte zunächst mit wirtschaftlichen Mitteln Österreich sturmreif zu machen; die »famose« Tausendmarksperre war ein Werkzeug dazu. Als das nicht gelang, wurde *Dollfuß*[356] ermordet und das bewährte Rezept des Putschs angewendet. Erst als auch das nicht zum Ziel führte, wurde Österreich für dreieinhalb Jahre vertagt. Mit der Annexion Österreichs im März 1938 wurde naturgemäß das ganze Problem der Nachfolgestaaten der alten österreichisch-ungarischen Monarchie aktuell. Es spricht nicht für die Weitsicht der damaligen tschechoslowakischen Staatsmänner, daß sie sich mit den Berliner Zusicherungen beruhigten, es sei nichts gegen ihren Staat geplant. Sie übersahen vollständig, daß Hitler – wie alle Diktatoren – unter dem Gesetz der immer fortschreitenden Eroberung stand und daß dieses Gesetz in seinem Fall besonders dringend wurde, sobald er die Deutschen im **Donauraum** nationalstaatlich zu organisieren vermochte. Es gibt keinen selbständigen Staat in Böhmen und Mähren, sobald Wien und Linz einem deutschen Nationalstaat einverleibt sind. Das Grabgeläut für Österreich war deshalb auch das Grabgeläut für die Tschechoslowakei.
Selbstverständlich war es ein Vergehen gegen das wahre Deutschland, Österreich einem deutschen Nationalstaat zuzuschlagen; die große Aufgabe Österreichs ist, im Zusammenleben mit den Slawen und Magyaren jenen Rest der Symbiose aufrechtzuerhalten, die ein Lebensgesetz des ersten Reichs war.

---

[356] Dollfuß, Engelbert, österr. Politiker; Texing 4.10.1892–25.7.1934 Wien (ermordet). Jeder nach Österreich Reisende mußte 1000,– Mark hinterlegen.

Wird es ausgeschaltet, dann kann es nur Unterdrückung geben, weil jede nationalstaatliche Grenze der Deutschen im Osten eine Vergewaltigung bedeutet. Will man die Sudetendeutsehen zum deutschen Nationalstaat fügen, dann muß man eine unmögliche Grenze erfinden, die Böhmen und Mähren zerreißt, eine Grenze, die nie in der Geschichte existiert hat und die nie existieren wird. Hitler hat sie im September 1938 in München vermutlich gar nicht ernst genommen; nur *Chamberlain*,[357] der ahnungslose, hat das getan, und *Daladier*[358] war zwischen den beiden Polen – seiner Angst vor dem Krieg und seinem bösen Gewissen – hin- und hergeworfen. Daß der Rest der Tschechoslowakei im folgenden März annektiert wurde, war eine notwendige Folge der Angliederung des sogenannten Sudetenlands; denn man kann Böhmen bloß ganz oder überhaupt nicht besitzen. Allerdings hat Hitler, indem er seinen Nationalstaat mit den Sudetendeutschen abrundete, eben sein Nationalstaatsprinzip aufgeben müssen; denn diese Abrundung zwang ihn, acht Millionen Tschechen in sein »Reich« aufzunehmen.[359] Es gibt keinen besseren Beweis dafür, daß Deutschland bloß dann Nationalstaat sein kann, wenn es auf die Deutschen des alten Österreich-Ungarn verzichtet.

Ganz das Gleiche gilt für die Deutschen in Polen. Sie einem deutschen Nationalstaat einfügen zu wollen, heißt, den polnischen Nationalstaat verneinen und einen großen Teil Polens Deutschland einverleiben. Die Polen haben das auch sofort begriffen, als das Problem der Deutschen im »Korridor« aufgeworfen wurde. Sie wußten, daß am Ende jeder Verhandlung die

---

357 Chamberlain, Arthur Neville, brit. Staatsmann; Birmingham 18.3.1869–9.11.1940 Heckfield.

358 Daladier, Edouard, frz. Politiker; Carpentras 18.6.1884–10.10.1970 Paris.

359 »Protektorat« Böhmen und Mähren.

Annexion von sechs bis acht Millionen Polen durch das »dritte Reich« stehen werde, die vierte Teilung Polens, die – um voll wirksam zu sein – den Russen Ostpolen zugestehen müsse.[360] Im Grund ist dasselbe auch für die Deutschen in Ungarn, Rumänien, in der Slowakei und in Kroation-Serbien maßgebend. Hitler hat die Deutschen dieser vier Staaten nicht reklamiert und so ihre politische Selbständigkeit formell bestehen lassen. Allein Ungarn, Rumänien, die Slowakei und erst recht die südslawischen Nachfolgestaaten sind tatsächlich nichts als Vasallenstaaten des »dritten Reichs«. Deutschland hat mit dieser Machtstellung eine Ordnungsaufgabe im Donauraum übernommen, die weit über alle nationalstaatliche Existenz hinausreicht. Hitler hat nach Osten hin die Grenzen des ersten Reichs wiederhergestellt, ja überschritten. Aber alles, was das erste Reich durch seine religiöse und kulturelle Kraft geschaffen hat, hat Hitler mit der Drohung von Tanks und Sturzbombern erzwungen. Das erste Reich hat Menschen und Staaten gewonnen, um sie zur politischen Unabhängigkeit zu geleiten. Hitler hat Widerstrebende vergewaltigt, um sie für immer zu politischen Sklaven zu machen. Niemand hat den guten deutschen Namen im Osten so kompromittiert wie er, niemand hat hier – so sehr wie im Innern des Reichs – das Gegenteil von dem getan, was die Art des ersten Reichs gewesen war.
Diese Stellung in Osteuropa aufrechtzuerhalten, war für das »dritte Reich« nur möglich, wenn es sich eine **europäische Hegemonie** sicherte. Die Annexion Österreichs und die Münchener Konferenz von 1938 sind die ersten Marksteine dieser europäischen Hegemonie gewesen; denn sie haben den Großmächten des europäischen Westens, England und Frankreich, das Gesetz Hitlers aufgezwungen. München war im strikt diplomatischen

[360] Im Nichtangriffspakt zwischen Hitler und Stalin 1939 geschehen.

Sinn keine Niederlage der Westmächte gewesen. *Geneviève Tabouis*[361] berichtet, daß der gescheite alte Diplomat *Barrère*[362] im Münchener Abkommen mit den immerhin weiten Verpflichtungen, die Hitler in ihm übernommen hatte, einen Erfolg der Westmächte sah, vorausgesetzt, daß England und Frankreich darüber wachen wollten, ob Hitler diese Verpflichtungen innehalte. Da sowohl *Chamberlain* als *Georges Bonnet*[363] entschlossen waren, das nicht zu tun, gaben sie die diplomatischen Handhaben, die ihnen München bot, preis.

Die militärische Schwäche der Franzosen hat dann Hitler auch nach Westen hin sein Programm durchführen lassen, das die Annexion des Elsaß, Lothringens, Luxemburgs, Hollands und der flämischen Belgier und Nordfranzosen vorsah. Natürlich erforderte dieses Westprogramm noch ein Mehr an europäischer Hegemonie als das Ostprogramm. Das »zweite Reich« war auf dem Gedanken der **preußischen Hegemonie in Deutschland** und auf der Hoffnung, diese Hegemonie im österreichisch-ungarischen Raum zu errichten, aufgebaut. Das »dritte Reich« hat die Hegemonie des von ihm beherrschten Deutschlands und die wiederhergestellte Hegemonie im Donauraum zu einer europäischen Hegemonie ausgedehnt.

Talleyrand[364] hat bereits 1792 bemerkt, die Außenpolitik eines Staates müsse den Prinzipien entsprechen, die seine Innenpolitik beherrschen. Nirgends ist diese Wahrheit treuer zur Geltung gelangt als im Deutschland dieser letzten siebzig Jahre. Das Hegemoniestreben des Preußentums hat sich nicht auf Deutschland

---

361 Tabouis Geneviêve – siehe »Das Reich« 339.

362 Barrère, Camille, frz. Diplomat; La-Charité-sur-Loire 23.10.1851–8.10. 1940 Paris.

363 Bonnet, Georges, frz. Politiker; Bassillac 23.7.1889–18.6.1873 Paris.

364 Talleyrand, Charles Maurice, Fürst von Benevent, frz. Staatsmann; Paris 13.2.1754–17.5.1838 Paris.

beschränken können. Die innenpolitische Hegemonie mußte zu einer außenpolitischen führen. Um Deutschland zu einem hundertprozentigen Nationalstaat zu machen, war die europäische Hegemonie notwendig. Und wir sehen heute, daß diese europäische Hegemonie einzig durch eine Art von Welthegemonie gehalten werden kann.

Es gab nur **eine** Möglichkeit, diesem Drang nach einer immer neuen und weiteren Hegemonie entgegenzutreten: ihn da einzudämmen, wo er am Anfang seiner Wirksamkeit und am Anfang seiner Erfolge stand. 1966 hat das kaum einer von den europäischen Machthabern begriffen, aber daß diese Wahrheit noch 1933 und 1938 von den leitenden Persönlichkeiten im europäischen Konzert unverstanden war, bedeutet eine Schuld dieser Männer. Die deutsche Geschichte hat von 1918 bis heut ihren Weg von 1848 bis 1914 sehr genau wiederholt, ebenso wie die französische Geschichte in den vierzig Jahren von 1830 bis 1870 alles nochmals durchgemacht hat, was sie in den vierzig vorausgehenden Jahren erlebt hatte. Die Hegemonie durch einen echten Föderalismus zu ersetzen, ist im gleichen Maß die innen- wie die außenpolitische Lösung der deutschen Frage.

Es ist unmöglich, in diesem Buch das vollkommene Versagen der »neuen Ordnung« zu skizzieren. Soviel ist heut schon sicher: Die Probleme Europas sind nur durch einen Bund, nie herrschaftlich lösbar. Warum der Völkerbund dazu nicht imstande war, wird im nächsten Abschnitt zu besprechen sein. Hier mag lediglich ein Blick auf das *Donauproblem* geworfen werden, weil Hitler einen besonderen Anspruch darauf erhebt, die österreichisch-ungarische Erbschaft aufzuwerten. Außerdem herrschte in West- und Nordeuropa eine Ordnung, die niemand vergewaltigte und die im Wesentlichen nur wiederhergestellt zu werden brauchte. Die Tschechen sind in offener Revolte, die lediglich durch polizeiliche Kräfte niedergehalten werden kann. Sie haben ihre Regierung im Ausland.[365] Das Gleiche trifft auf die Serben und Slovenen zu. Unter den Kroaten beginnt sich eine heftige Opposition gegen das herrschende System zu entwikkeln, das niemand anderen als zwei Mörder an die Spitze des neuen Staats zu berufen wußte. Die Ungarn sind mißvergnügt, die Rumänen wütend, die Slowaken unglücklich. Die Schiedssprüche jagen sich, Grenzrevisionen ziehen wie ein Film am erstaunten Beschauer vorüber. Ungarn, Slovaken, Rumänen werden durch diese Schiedssprüche zum Schweigen gebracht, aber die Fragen, die ihren Grenzkonflikten zugrunde liegen, finden keine Lösung. Die Schiedssprüche können bloß Nationalstaaten schaffen. Sie ziehen nationale Grenzen, die ebenso künstlich sind wie die früheren. Keine Spur von konstruktivem Denken, von irgendeiner Weckung kooperativen Denkens oder Tuns! Niemand ist demgemäß zufrieden. Wo ist das Reich der heiligen Stephanskrone? Die neuen Grenzen geben den Ungarn ihre alte Mission nicht wieder, die durch ein Jahrhundert magyarischen Nationalismus verspielt worden ist. Sie zerschneiden wirtschaftlich Zusammengehöriges nicht weniger als die alten. Sie haben den Ungarn Städte ohne Hinterland gegeben und den Slovaken und Rumänen Land ohne Städte gelassen. Es ist richtig, daß Herr *von Ribbentrop*[366] auf seinen Geschäftsreisen nicht in diese Gegenden gekommen ist und deshalb ihre Probleme aus eigenem Augenschein nicht kennen konnte; aber etwas mehr Mühe hätte er sich geben können, sachlich in die Materie einzudringen. Nie hat die letzte Epoche der Habsburger Monarchie die Politik des Gegeneinanderspielens ärger betrieben. Immer hat der Deutsche hier die Pose dessen angenommen, der mit Min-

---

[365] Das Präsens des Entstehungsjahrs dieser Arbeit.

[366] Ribbentrop, Joachim von, nat.-soz. Politiker; Wesel 30.4.1893–16.10. 1946 Nürnberg (hingerichtet).

derwertigen verhandelt. Wenn die Presseberichte der letzten Zeit Glauben verdienen, dann ist die Kleine Entente zu neuem Leben erwacht; die Slovakei, Kroatien und Rumänien haben ein Bündnis geschlossen, um der weiteren territorialen Ausbreitung Ungarns entgegenzutreten. Das ist ein ungemein charakteristisches Zeichen, wie weit die politische Zersetzung im Donauraum unter der Patronage des »dritten Reichs« gediehen ist.

Die **Deutschen** dieser Länder haben einmal kolonisiert; sie haben mit ihrer Kolonisation ein großes Werk geleistet. Sie haben das noch bis 1918 getan, aber seit 1866 war die offizielle österreichische Politik bloß noch auf das Zusammenhalten der unter dem Eindruck und Einfluß Berlins auseinanderstrebenden Nationen gerichtet. Diese Sendung der Deutschen in- und außerhalb des selbständigen österreichischen Staates haben *Seipel,*[367] *Dollfuß* und *Schuschnigg*[368] richtig und klar erkannt. Das soll keine Entschuldigung für die Fehler sein, die jeder von ihnen auf seine Art gemacht hat; die Grundlinie ihrer Politik war gut, und Louis *Barthou*[369] hat das nach der Ermordung Dollfuß' in die klassischen Worte gekleidet: »Wir sind alle für Österreich verantwortlich. Der kleine Dollfuß war das echte Symbol des Kampfs gegen Hitler.«

Die große Donaukultur, die ein Stück von der Schönheit der Donau selbst widerspiegelt, ist die Kultur von Kolonisatoren.[369a]

---

[367] Seipel, Iganz von, österr. Politiker, kath. Priester; Wien 19.7.1876–2.8. 1932 Pernitz.

[368] Schuschnigg, Kurt von, österr. Politiker; Riva 14.12.1897–18.11.1977 Mutters.

[369] Barthou, Jean Louis, frz. Staatsmann; Oloron-Sainte-Marie 25.8.1862–9.10.1934 Marseille.

[369a] Es war die nach Osten gerichtete Missions- und Siedlungstätigkeit des alten regnum bajuvariorum, die Soden meint: Von Stephan (Passau) nach Stephan (Wien) bis zu Stephan (Gran-Esztergom). Es war zugleich die von Churchill favorisierte Nachkriegs-Achse. Das bayerische Heiligtum

Kolonisatoren in dem österreichischen Sinn: Natur, die menschenarm ist, zur Kultur emporzuführen und andere Völker das Geheimnis dieser Arbeit zu lehren ohne jeden politischen Hintergedanken, ohne jeden herrschaftlichen Anspruch. Vielleicht ist Kolonisation nie so ernst und verantwortungsbewußt durchgeführt worden wie hier im Gebiet der mittleren Donau. Mögen die Deutschen dort ihre Rolle als Kolonisatoren beendet haben – weil die anderen Völker zur Vollreife ihrer kulturellen und politischen Selbständigkeit gelangt sind – ihre erste Aufgabe ist, *mit* diesen Völkern in gegenseitigem Verständnis und geistigem Austausch zu *leben*. Eine starre nationale Grenze in diesen Ländern ist der schlimmste Streich, der dort gegen die deutsche Kultur geführt werden kann, weil sie Gräben zieht, wo Gemeinsamkeit herrschen sollte. Es gibt nur **eine Lösung** für die Probleme dieses Raums, einen **Föderalismus**, dem sich die Deutschen ohne alles Vormachtstreben hingeben müssen.
Selbstverständlich bietet auch der **Panslawismus** keine wahre Lösung, in erster Linie, weil er ein erweiterter Nationalismus ist. Zar *Alexander I.*, der Rußland und Polen unbedingt zu einer Personalunion verbinden wollte, ist der früheste Panslawist gewesen, allerdings in der aufgeklärten Art, die diesem großen Herrscher eigen war. Er hat den Polen nicht das bieten können, was sie mit Recht erwarteten, und so kam es, als die Krone auf seinen absolutistisch denkenden Bruder überging, vor dem Belvedere in Warschau zu jener »Novembernacht«[370], die der Anfang ungeheuren Ruhms, aber auch ungeheurer Tragik für Polen geworden ist.

Altötting stand Soden für die heilige Allianz zwischen dem Kaiser und dem »Blauen König«: Dort feierte er seine Vorprimiz im Oktogon der heiligen Kapelle.

370 »Novembernacht«. Die von Zar Nikolaus I. verfolgte repressive Politik löste den Novemberaufstand 1830/31 aus.

Ferrero[371] hat ganz zutreffend gesagt, daß Polen das eigentliche Opfer des Wiener Kongresses war. Der Kongreß war sich klar, daß ein Wiederaufbau Europas im restaurativen Sinn unmöglich sei, ohne die frischeste Untat der Revolution, die Teilung Polens, rückgängig zu machen. Es ist jedenfalls charakteristisch, daß Polen in den gleichen Epochen zugrunde ging wie das erste Reich. Allein der Kongreß brachte nicht die Kraft auf, Polen in seiner Substanz wiederherzustellen, und deshalb blieb alle »Restauration« seiner führenden Männer und später auch *Nikolaus' I.*[372] unwahr und kraftlos. Jedenfalls hat der Panslawismus einmal schon in der polnischen Frage versagt, und vielleicht ist das der tiefste Grund, weshalb Polen ihm im Lauf des 19. Jahrhunderts keine Sympathie entgegenbringen konnte.
Daß der Panslawismus unter den West- und Südslawen heut zu neuem Leben kommt, ist eine billige Feststellung; die großartige Leistung der Russen im Krieg gegen das nationalsozialistische Deutschland und das veränderte Gesicht des Bolschewismus tragen selbstverständlich sehr viel dazu bei; daß die Eigenstaatlichkeit in *Kroaten* und in der *Slovakei* in geradezu erschütternder Weise kompromittiert wurde, ist kaum weniger daran schuld. Die maßgebenden Männer dieser Staaten, die in den Serben und Tschechen ärgere Feinde ihres Volkstums erblickten als im »dritten Reich«, haben den giftigen Apfel aus der Hand Hitlers entgegengenommen; damit haben sie nicht nur sich selbst als Verbrecher gestempelt, sondern auch den politischen Anspruch ihres Volkstums ernstlich in Frage gestellt. Ich habe mein Leben lang die föderalistische Tendenz der Kroaten und Slovaken mit größter Sympathie verfolgt: ich kann das heut

---

371 Ferrero, Guglielmo, ital. Geschichtsforscher; Portici 21.7.1871–3.8.1942 Genf.

372 Nikolaus I., Zar; Zarskoje Selo 6.7.1796–2.3.1855 St. Petersburg.

nicht mehr, nachdem sich eine Klasse von ihren Politikern dermaßen von Hitler hat mißbrauchen lassen. Wie der Panslawismus des 19., so ist auch der des 20. Jahrhunderts vor allem ein Erzeugnis der Fehler deutscher Politik.

Auch die *Ungarn*, die mehr repräsentativ als klug von der Dynastie *Horthy*[373] regiert werden, haben mit ihrem eigenen Nationalismus den Panslawismus nicht geschwächt, sondern gefördert. Niemand wird leugnen, daß die ungarischen Minderheiten in der Tschechoslowakei und in Rumänien kein beneidenswertes Los hatten; das gleiche gilt übrigens von der deutschen Minderheit im Sudetenland. Allein das ist nicht die einzige und wichtigste Seite der Sache. Es ist falsch, bloß unter diesem Gesichtspunkt Politik zu machen. Wahrscheinlich wäre übrigens die Lage dieser Minderheiten gleich viel besser geworden, wenn sich ihr Nationalstaat nicht so auffällig und lärmend um sie bemüht hätte. Die neuen Staaten bekamen das Gefühl, daß die Minderheiten lediglich als Sturmbock für territoriale Ansprüche benutzt wurden. Außerdem waren im transsylvanischen Bodenreformstreit,[374] in dem das Völkerrecht für Ungarn sprach, maßgebende Männer der ungarischen Politik materiell interessiert. Ich persönlich zweifle, ob die Idee der Stephanskrone, die mit jener des ersten Reichs eng verwachsen war, haltbar ist, nachdem alle Überreste des ersten Reichs verschwunden sind. Die Ungarn haben durch ihren Nationalismus am meisten dazu beigetragen,

---

[373] Horthy, Nikolaus, ungar. Reichsverweser; Kenderes 18.6.1868–9.2.1957 Estoril. Vertreter einer bemerkenswerten Schaukelpolitik. Offizier Kaiser Franz Josephs, Gegner Kaiser Karls, Parteigänger Hitlers, suchte Kontakt mit den Alliierten des 2. Weltkrieges, die ihn 1945 vor der Auslieferung an Ungarn bewahrten und in Bayern internierten.

[374] Transsylvanischer Bodenreformstreit. Transsylvanien: Siebenbürgen (Erdely), 57.780 Quadratkilometer, gehört sei 1918 politisch zu Rumänien.

diese Idee zu zerstören. Nur eine Politik verständnisvoller Zusammenarbeit mit den Nachbarn, aufrichtiger Widerstand gegen alle Versuchungen, die von Berlin kamen, ehrlicher und großzügiger Föderalismus im Donaugebiet konnten das heilen, was durch zwei Generationen des Nationalismus vertan worden war. Das Leben fordert von uns viel Geduld; es ist unmöglich, Dinge ebenso rasch wiederzugewinnen, wie sie verloren worden sind. Andererseits kommt, wer mit Ausdauer, Treue und Glauben an seine Sache allen Enttäuschungen die Stirn bietet, gewöhnlich doch zum Ziel.

Es war bequem und versprach schnell reifende Früchte, an der Hitze seine Suppe zu kochen, die Berlin gegen die slawischen Nachbarn entfachte, allein das hat die Slawen bloß dazu veranlaßt, an Moskau zu appellieren. Im September 1926 hat der Reichsverweser auf dem Schlachtfeld von Mohács zur vierhundertjährigen Gedenkfeier des Ereignisses eine Rede gehalten, die ein Muster konstruktiver Politik war.[375] Diese Rede leitete eine Periode rückhaltloser Zusammenarbeit mit Südslawien ein. Es ist deswegen falsch, wenn der ungarische Ministerpräsident *Kallay*[376] eine zwanzigjährige Kontinuität der jetzigen ungarischen Politik in Anspruch nimmt. Doch leider ist die Kundgebung, die unter dem Eindruck der Stresemann'schen Völkerbundspolitik stand, im Frühjahr 1941 vergessen gewesen, als Hitler sein Ultimatum an Südslawien stellte. Die Mohácspolitik – wie wir sie nannten – war imstand, die ungarische Außenpolitik zum Mittelpunkt aller aufbauenden Bestrebungen im Donauraum zu machen; und sie versprach auf weite Sicht eine reiche Ernte. Sie gab den Ungarn wieder eine Mission, die über ihren eigenen klein gewordenen Nationalstaat hinausreicht. Heut ver-

---

[375] Am 29. August 1526 Sieg Suleimans II. über die Ungarn.
[376] Kallay, Miklos von, ungar. Politiker; 1887–14.1.1967 New York.

sucht Unterstaatssekretär Sumner Welles den Druck Hitlers in erster Linie für die Torheiten der Ofener Burg verantwortlich zu machen. Ungarn könnte sich keinen besseren Freund wünschen.[377]

Auch Polen hat im Schatten des »dritten Reichs« seine Torheiten gemacht. Sicher ist es ganz falsch, *Pilsudski* dafür verantwortlich zu machen. *Pilsudski* war ein Mystiker, deshalb war er einem großen Teil der Polen so teuer, doch deshalb wird es für den durchschnittlichen Westeuropäer sehr schwer sein, heute seine Politik zu verstehen. Vielleicht ist das überhaupt nur für den möglich, der das Milieu kennt, in dem Pilsudski seine ersten Eindrücke empfing, Wilna und die rauschenden litauischen Wälder, deren Klang *Mickiewicz*[378] sein Leben lang begleitet hat.

Daß Pilsudski und sein Kreis die Verständigung mit Deutschland wollte, war 1926 zweifellos ein absolut vernünftiger Wunsch; wir hofften fast alle damals, daß Deutschland in die Bahn einer dauerhaften Friedenspolitik einschwenke. Ich spreche ungern von mir selbst im Zusammenhang mit einem so großen Mann wie Pilsudski, aber mein Streben nach einer deutsch-polnischen Verständigung war so sehr auf der Zusammenarbeit mit dem damaligen Kreis Pilsudskis aufgebaut, daß es ausschließlich durch sie verständlich wird. Allerdings habe ich

---

[377] Welles, Sumner, amerik. Diplomat, Ratgeber F.D. Roosevelts; New York 14.10.1892–24.9.1961 Bernardsville, N. J.

[378] Mickiewicz, Adam Bernard, polnischer Dichter; Zaosie 24.12.1798–26.11.1855 Konstantinopel. Seit 1829 politischer Emigrant. Über seinen Aktivitäten lag wie ein riesiger Schatten die Unfreiheit Polens. M. steigerte die nationalromantische Dichtung zu einem Kult am polnischen Volk, schrieb Balladen, Romanzen, Epen. (Ein erst später geprägtes Schimpfwort konnten Vertreter der damaligen »Schutzmacht« Preußen nach Wissen des Herausgebers dem Dichter Mickiewicz, dessen Verse heute jedes polnische Kind lernt, noch nicht anhängen: »Berufspole«).

schon acht Jahre vor Hitler gesehen, was für mächtige Kräfte – in Deutschland und in Polen – dieser Verständigung entgegengearbeitet haben, und als Hitler anfing, dieses Instrument zu spielen, habe ich mich keinen Augenblick einer Illusion hingegeben. Es war zu deutlich, daß er einzig Zeit gewinnen wollte. Den Vertrag von 1934 habe ich die moralische Vorbereitung des Kriegs gegen Polen genannt. Ich war damals in Deutschland und konnte deshalb meinen polnischen Freunden nicht schreiben, was ich über Hitlers Politik dachte. Sein dauerndes Schweigen bei allen Dithyramben der offiziellen Außenpolitik gegenüber Polen war jedenfalls beredt genug. Pilsudski, der um diese Zeit sehr alt und krank geworden war, hatte den Kreis seiner Vertrauten und Mitarbeiter fast restlos gewechselt.
Während meines Aufenthalts in Polen hatte ich nie über den späteren Außenminister *Beck*[379] gehört. Als er Außenminister geworden war, hat man in Deutschland – sowohl im Lager Hitlers wie in dem seiner Gegner – bald gewußt, daß er die materielle Seite des Lebens sehr hoch schätzte. Es war äußerst unklug, sich auf irgendeine Sympathie Hitlers für Polen verlassen zu wollen; es war noch weniger klug, das »dritte Reich« zu benützen, um das Verhältnis mit Litauen zu klären oder um alte Streitigkeiten mit den Tschechen auszutragen. Pilsudskis bedeutendste Idee war, einen osteuropäischen Föderalismus zu schaffen. Alles, was zwischen den Polen und ihren Nachbarn das Mißtrauen vermehrte, war ein Verrat an dieser Idee. Hier – wie im Fall Ungarns – konnte nur eine lange Zeit friedlichen Zusammenlebens geschehenes Unrecht vergessen machen und den Bo-

---

379 Hier liegt unter Umständen ein Irrtum des Verfassers vor. Der spätere – am 20. Juli 1944 hingerichtete – Generaloberst Ludwig Beck war zum fraglichen Zeitpunkt Generalstabschef. Reichsaußenminister war bis zum Antritt Ribbentrops im Juli 1938 Konstantin Freiherr von Neurath, der spätere (ab 1939) Reichsprotektor von Böhmen u. Mähren.

den für einen späteren Aufbau bereiten. Den preußischen Unteroffizier für sich auftreten zu lassen, war weder nobel noch gescheit. Natürlich war es auch von den Ukrainern töricht, deutsches Geld anzunehmen und auf Berliner Versprechungen zu bauen, was in Lemberg wie in Kiew geschah; die Enttäuschung, die erfolgt ist, hat ernüchternd gewirkt.

Das »dritte Reich« hinterläßt bei all diesen Völkern einen grauenhaften Trümmerhaufen. Ich habe in dem kleinen Wirkungskreis, der mir offenstand, die Menschen zur Mäßigung, zum gegenseitigen Verständnis, zu friedlichem Zusammenleben und zu der ewig notwendigen Zusammenarbeit zu beeinflussen gesucht; ich denke, das war die vornehmste Aufgabe, die ein Deutscher hatte, wenn er in den Bereich dieser lauten Streitigkeiten und dieser jungen Nationalismen trat. Freilich war es viel leichter, mit jedem einzelnen dieser Völker eine Verschwörung anzuzetteln, jedem – auf Kosten der anderen – große Versprechungen zu machen und jeden – auf Kosten des deutschen Steuerzahlers – zu subventionieren mit der Absicht, auf diesem Kampf aller gegen alle die eigene Vorherrschaft zu errichten. Es ist stets einfacher, die Menschen zum Schlechten als zum Guten anzuhalten. Deswegen ist unter allen Verhältnissen der Versucher mehr schuld als sein Opfer. Und deshalb ist der ärgste Trümmerhaufen, den das »dritte Reich« angerichtet hat, in den Seelen der **Deutschen** selbst. Ich will hier nicht von den Greueln der Konzentrationslager, der Judenpogrome, der Methoden der Gestapo reden. Sie könnten genügend bekannt sein, wenigstens für Menschen, die die Pflicht in sich fühlen, sich zu unterrichten, weil nur der helfen kann, der weiß, wie die Dinge tatsächlich liegen. Aber daß das »dritte Reich« die Menschen systematisch zu Lügnern, Heuchlern, zu Aposteln des Streits auf der ganzen Welt zu machen suchte, ist – fast möchte ich es glauben – noch schlimmer.

Niemand hat in der Weltgeschichte soviel getan, um den Deutschen das Kostbarste zu nehmen, das jeder Mensch besitzt, die **Seele**. Das ist auch der Grund, weshalb dieses »dritte Reich« jede **Religion** hassen muß, gleichviel, ob es seine Religionspolitik einmal scheinbar gnädig und einmal offenkundig grausam handhabt. Christentum ohne Gewissen ist unmöglich. Wenn es nur **ein** Gewissen gibt, den Führer, wenn ich also kein persönliches Gewissen mehr habe, dann kann ich kein Christ mehr sein. Ob ich dann noch an einem christlichen Kultus durch äußere Anwesenheit teilnehme oder nicht, ist gleichgültig. Im Gegenteil, der Zynismus, der leichtherzig das Zugeständnis der äußeren Haltung macht, weil sie das billigste von allen Zugeständnissen ist, wird normalerweise mehr Schuld darstellen als die offene Feindschaft gegen alle Religion, die keine Kompromisse eingeht. Daß die Deutschen nicht mehr ehrlich sind, daß der »deutsche Michel« unter den Deutschen selbst zur ärgsten Spottfigur geworden ist, bedeutet den tiefsten Punkt in der moralischen Vernichtungsarbeit des »dritten Reichs«. Allerdings hat es auch hier lediglich mit einem Aufgebot an besonderer Schamlosigkeit vollendet, was die zwei vorhergehenden Generationen mit einer gewissen äußerlich traditionstreuen Heuchelei angebahnt hatten. Frau *von Staël*, die ein sehr offenes Auge für die Deutschen ihrer Zeit besaß, sagte: »Les Allemands ont en général de la sincérité et de la fidélité; ils ne manquent presque jamais à leur parole, et la tromperie leur est étrangère. Sie ce défaut s'introduissait en Allemagne, ça ne pourrait être que par l'envie d'imiter les étrangers, de se montrer aussi habile qu'eux et surtout de n'être pas leur dupe.«[380] Um uns den berühmten »Platz an der Sonne«

[380] Übersetzung: Die Deutschen sind im allgemeinen aufrichtig und treu, sie brechen fast nie ihr Wort. Betrug ist ihnen fremd. Wenn einmal diese Fehler in Deutschland aufkommen sollten, könnte es nur durch den Antrieb geschehen, die Fremden nach Kräften nachzuahmen und sich als

zu erobern, müßten wir – so meinten die Propheten des Alldeutschtums – lediglich schlauer und gewissenloser sein als »die anderen«.
Ich habe immer vor Hitler gewarnt. Nie einen Augenblick in diesen dreiundzwanzig Jahren habe ich ein Kompromiß mit seiner Weltanschauung oder seiner Politik oder mit einem Mann seines »gang« gemacht. Schon im Herbst 1919, kurz bevor ich Hitler zum erstenmal hörte, habe ich in der Basler »Nationalzeitung« darauf hingewiesen, daß es nur **eine** Lösung der deutschen Frage gebe, den **Föderalismus**. Auf die Dauer werde nur er imstande sein, Europa den Frieden zu bewahren. Setze er sich nicht durch, dann würden die letzten Dinge Deutschlands ärger als die ersten sein. Die Engländer, die in diesen ersten Jahren Weimars nach München kamen, hielten den deutschen Föderalismus für eine überholte Sache und Weimar für eine Dauerlösung. Man kann ihnen daraus keinen besonderen Vorwurf machen; denn das Bild vom Föderalismus, das sie in München empfingen, war äußerst schwach. Die Franzosen wollten, ohne sich zu belasten, schnelle Erfolge sehen; *Poincaré*[381] wie *Tardieu*[382] wollten vor allem Geld, Reparationsleistungen, und der französischen Linken kam der Föderalismus aus ideologischen Gründen verdächtig vor. Die Franzosen wünschten sich ganz allgemein, viel zu bekommen und möglichst wenig zu geben; allein diese Advokaten- und Bauernschlauheit ist ein schlechter Grundsatz in der Politik. Amerikanische Diplomaten habe ich damals in München keine zu sehen bekommen.

---

ebenso gewandt wie sie zu erweisen, vor allem aber, um nicht von ihnen an der Nase herumgeführt zu werden. »Über Deutschland«. Baronin von Staël-Holstein, Vol. 1, Tl.1, Kap. 2, Ausgabe 1856.

[381] Poincaré, Raymond, frz. Politiker; Bar le Duc 20.8.1860–15.10.1934 Paris.

[382] Tardieu, André, frz. Politiker; Paris 22.9.1876–15.9.1945 Mentone.

Von dem, was 1933 und später geschah, will ich nicht mehr viel sprechen. Zweifellos ist es zutreffend, was mir ein middle-class Amerikaner sagte, als ich[383] in die Vereinigten Staaten kam: Die ›*big men*‹ in England und Frankreich hätten ebenso mitgeholfen Hitler zu machen wie die in Deutschland. Wahrscheinlich hätte er hinzusetzen sollen: Und eine Anzahl von ›big men‹ unseres eigenen Landes. Das ist die Schuld, für die Europa seit 1939 und jetzt die ganze Welt in immer steigendem Maß zu büßen beginnt.

Die Deutschen haben das **Reich verspielt**. Wir werden es in dieser Generation nicht mehr sehen, weder in seiner echten Gestalt noch auch in seiner Maskerade. Die Deutschen haben zu lang das Linsenmus des Nationalstaats gegessen, als daß sie ihr Erstgeburtsrecht des Reichs noch geltend machen könnten. Werden später Menschen innerhalb und außerhalb Deutschlands noch einmal die Kraft aufbringen, ein wahres deutsches Reich lebendig zu machen? Niemand kann das heut sagen, und solang wird die Krone im tiefen Rhein liegen bleiben, ohne daß sie jemand hebt. Doch an seinen Ufern wächst auch dann noch der Wein und wachsen Menschen, für die wir hoffen, sie möchten wieder so stolz, froh und frei werden wie sie einst waren.

[383] Ende des Jahres 1940.

Der Völkerbund

An einem warmen und schönen Sommertag 1920 hatten meine Eltern den Besuch eines Bekannten aus New York. Da der Tag so prächtig war, hatten wir die tea-party im Freien, unter den alten Bäumen unseres Gartens und mit der Sicht auf den silbern blinkenden See. Die Hoffnungen unseres Gastfreunds für die deutsche Zukunft waren ebenso strahlend wie die Natur. Sie waren erstaunlich optimistisch. Der **Völkerbund**[384] – so versicherte er uns – sei so ziemlich dadurch erledigt, daß die Vereinigten Staaten nicht beigetreten wären. Im Herbst werde *Harding*[385] gewählt werden und damit sei alle amerikanische Intervention in europäische Dinge vorüber. Deutschland werde dann wieder seine Kraft in Europa voll zur Geltung bringen, und sie werde ihm zu dem wirtschaftlichen Platz an der Sonne verhelfen, den es verdiene. Er habe keinen Zweifel, daß unter solchen Umständen die deutsche Zukunft überaus aussichtsreich sei.

Das war alles ganz ehrlich gesprochen und gut gemeint. Was Deutschland anbelangt, war nur eine Tatsache übersehen, daß nämlich sehr maßgebende Kreise gar keinen wirtschaftlichen Platz an der Sonne wollten, solang der Korridor nicht wieder deutsch war und solang selbständige Regierungen in Wien und Prag bestanden. Die großen amerikanischen Kredite, die nach der Inflation nach Deutschland kamen, waren aus dem gleichen wirtschaftlichen Optimismus heraus gegeben, aus dem unser Gastfreund sprach. Dieser Optimismus hat die Amerikaner viel Geld und neuestens auch viel Blut gekostet. Deutschland, das

---

[384] Völkerbund, die zur Sicherung des Weltfriedes von 1920–46 bestehende Staatenvereinigung mit Sitz in Genf.

[385] Harding, Warren, 29. Präsident der Vereinigten Staaten von Amerika; Corsika (Ohio) 2.11.1865–2.8.1923 San Francisco.

bei aller seiner wirtschaftlichen Tüchtigkeit nie wirtschaftlich dachte, konnte sich wirtschaftlich selbst wieder auf die Beine helfen. Was es brauchte, war vor allem eine starke überstaatliche Autorität, die ihm dort half, wo es sinnlos gedemütigt wurde, und die auf der anderen Seite seine Politik zum Realismus zwang. Diese Autorität war der Völkerbund nicht mehr, nachdem *Wilsons*[386] Idee gescheitert war und die Vereinigten Staaten sich zum Isolationismus der Harding-Goolidge-Hoover-Epoche[387] zurückgezogen hatten.

Allein die Welt braucht einen Überstaat. Vielleicht ist dieser Krieg nur die letzte Stufe jener internationalen Anarchie, die mit Wilsons Ende heraufkam. Das Altertum hatte sein Römisches Reich, das Mittelalter sein »Heiliges Römisches Reich deutscher Nation«. Dann kam die Zeit der souveränen Nationalstaaten, die durch die Anfänge des Völkerrechts und durch künstliche Extreme wie das europäische Gleichgewicht erträglich gemacht wurde. Schon der Wiener Kongreß schrie nach einer europäischen Solidarität und nach einer Autorität über den zerfahrenen europäischen Staaten. Niemand hatte die Kraft, sie ihm zu geben. Das war damals noch nicht so schlimm, weil die Welt sehr groß und die Möglichkeit zur Neutralität noch wirklich war. Doch das änderte sich von Jahr zu Jahr. Eisenbahnen, Auto, Flugzeug, Radio haben die Welt klein gemacht. Es ist bezeichnend, daß gerade die Nation, die durch ihre Erfindungen und Maschinen am meisten beitrug, die Menschen einander zu nähern, den Staatsmann hervorbrachte, der den ersten praktischen Versuch unternahm, der Welt eine Art von Überstaat zu geben.

---

386 Wilson, Thomas Woodrow, 28. Präsident der Vereinigten Staaten von Amerika; Staunton 28.12.1856–3.12.1924 Washington.

387 Harding – Goolidge – Hoover – Epoche: »Isolationismus« der Vereinigten Staaten von Amerika ca. 1929–1937.

Daß dieser Versuch mißlang, ist eine von den großen Tragödien der Menschheit.
Die *naturrechtliche* Denkweise hat den Überstaat immer mit Nachdruck gefordert. Wenn der Staat im tiefsten Grund für die Menschen da ist, die ihn bilden, dann ist er keine oberste Norm, sondern er selbst ist von einer höheren Norm abhängig. Doch diese Norm ist bloß dann real, wenn sie sich auch sanktionieren kann. So fordert die überstaatliche Norm die überstaatliche Autorität. *Franz von Viktoria*,[388] der eine wichtige Stellung in der sogenannten scholastischen Renaissance des 16. Jahrhunderts einnahm, hat zum ersten Mal den Überstaat als Stück der. naturrechtlichen Ethik verlangt. In seinen »relationes tredecim«[389] in denen er übrigens die offiziellen spanischen Argumente für die Annexion des Koloniallandes erbarmungslos zerpflückt, hat er diese Lehre niedergelegt. Etwas später hat dann *Suarez*[390] die gleiche Norm aufgestellt. Suarez ist sich völlig klar darüber, daß das Reich keine Realität mehr bedeutet, die der Souveränität der jungen Nationalstaaten gewachsen wäre. Demgemäß sieht er die Staaten in einer völkerrechtlichen Gemeinschaft vereinigt, die selbstverständlich mit der notwendigen Autorität ausgestattet sein soll. Man hat Suarez den Vorwurf, gemacht, daß diese überstaatliche Instanz seiner Theorie nicht vor dem Willen der Staaten bestehe, die sie zu bilden berufen seien, sondern nach Art des Sozialvertrags erst vom Bund der Staaten geschaffen werden müsse: sie sei demgemäß von der Willkür der Staaten abhängig. Das letztere ist sicher nicht richtig. Sie ist sowenig der

---

[388] Victoria, Franz von, span. Dominikaner; Victoria um 1483–12.8.1546 Salamanca.

[389] Dieses Buch ist in den siebziger Jahren des 16. Jahrhunderts in Ingolstadt erschienen und heute leider vergriffen (Anmerkung des Verfassers).

[390] Suarez, Francisco, Theologe und Philosoph der span. Scholastik; Granada 5.1.1548–25.9.1617 Lissabon.

Willkür überlassen wie der Staat in der Staatsvertragslehre des Suarez. Sobald sich die Norm des Staats aktualisiert hat, ist es die Pflicht der Menschen, den Staat zu begründen, und sobald sich die Norm des Überstaats aktualisiert, sind die Staaten gebunden, ihn ins Leben zu rufen. Suarez läßt keinen Zweifel darüber, daß er in seiner Zeit diese Norm als aktualisiert ansah. Tun die Staaten das nicht, wozu sie normativ gebunden sind, so ist das eine Verletzung des ethischen Gesetzes, und die Zuständigkeit zur Begründung des Überstaats geht auf die Individuen über. Daß die Staaten berufen sind, durch ihren Vertrag den Überstaat zu bilden, halte ich für eine durchaus realistische Einsicht; das Völkerrecht und seine politischen Träger werden tatsächlich nicht ohne vertragliche Abmachungen wenigstens der bedeutendsten Staaten zustandekommen. Ohne Aktivität der Staaten wird kein Überstaat entstehen, und daß es die Staaten an dieser Aktivität bisher fehlen ließen, ja daß die meisten in reaktionärer Tendenz den bestehenden Völkerbund zu zerstören suchten, macht eine schwere Schuld der Männer aus, die für diese Politik verantwortlich waren.

Leibniz[391] und *Kant*[392] haben eine ganz ähnliche Haltung eingenommen. Ich habe die Lehre der beiden großen Philosophen zu wenig studiert, um diese meine Behauptung ausführlich begründen zu können, aber es ist gewiß, daß die Politik des einen und die Theorie des anderen lediglich dann verständlich ist, wenn die politische Organisation der Welt zu einem Abschluß über den jetzigen Staaten gelangt.

---

[391] Leibniz, Gottfried Wilhelm, Philosoph; Leipzig 1.7.1646–14.11.1716 Hannover.

[392] Kant, Immanuel, Philosoph; Königsberg 21.4.1724–12.2.1804 Königsberg.

Selbst bei *Hegel*[393] liegt die Norm des allumfassenden Staats auf dem Grund seines Denkens; bloß daß er diesen universalen Staat offenbar als das konstruiert sah, was er im »Staat« seiner Zeit vorzufinden glaubte. Daraus ist der Aberglaube unserer Zeit entstanden, *ein* Staat könne durch unmittelbare Beherrschung oder durch Hegemonie wenigstens in seinem Lebensraum die notwendige überstaatliche Autorität herstellen, ein Irrtum, der die Menschheit zum mindesten den jetzigen Krieg gekostet hat. Der Überstaat kann nur als echter Bund dauern, selbstverständlich ausschließlich, solang die moralische Kraft zum Bund in den Gliedern lebendig ist. Daß diese moralische Kraft fehlte, war der Anfang vom Untergang des Völkerbundes und überhaupt das gefährlichste Symptom unserer Zeit.
Es ist klar, daß sich diese Auffassung zur Lehre von der absoluten **Souveränität** in diametralem Gegensatz befindet. Hier ist nicht der Ort zu untersuchen, warum auf das Naturrecht des 18. Jahrhunderts und sein ausgesprochen völkerrechtliches Denken der Nationalismus des 19. folgte, dessen letzte Auswirkung die oben zitierte Denkweise Hegels und der Herrschaftsanspruch des »Dritten Reichs« ist. Soviel ist jedenfalls gewiß, daß eine wirklich überstaatliche Organisation mit der bisher herrschenden Souveränitätslehre unvereinbar bleibt. Die Grundfrage alles Völkerrechts ist die Frage nach seiner Entstehung und seiner verpflichtenden Kraft. Wenn das Völkerrecht lediglich eine Verpflichtung ist, die die souveränen Staaten autonom eingegangen sind, dann ist es aber nichts weiter als »äußeres Staatsrecht«, und letztlich hat jeder dieser Staaten die Möglichkeit, sich von dieser Verpflichtung ohne Rücksicht auf die anderen loszusagen. Angeblich hat die Welt im Herbst 1939 auf die Antwort des

[393] Hegel, Georg Wilhelm Friedrich, Philosoph; Stuttgart 27.8.1770–14.11. 1831 Berlin.

»Dritten Reichs« gewartet, ob es die von Deutschland übernommenen Verpflichtungen des Genfer Giftgasprotokolls von 1936 einhalten werde. Hitler hat die Frage mit »Ja« beantworten lassen und die Bedingung beigefügt, daß dieses »Ja« solang gelte, als die anderen Vertragsteilnehmer die Bestimmungen des Protokolls erfüllen würden; das war eine überflüssige Selbstverständlichkeit; denn wenn einer der Vertragsteilnehmer den Bund bricht, werden alle anderen von ihm frei. Die entscheidende Frage ist vielmehr, ob sich ein Staat durch die völkerrechtliche Norm objektiv für gebunden erachtet oder nicht. Selbstverständlich konnte das 19. Jahrhundert jenes Völkerrecht nicht entbehren, das in zwei vorhergehenden Jahrhunderten entwickelt worden war. Es bedurfte darüber hinaus eines weiteren und ausgedehnteren Völkerrechts, wie vor allem die zwei Haager Konferenzen,[394] das erwähnte Giftgasprotokoll und die Versuche zu einer völkerrechtlichen Normierung der Seekriegsführung beweisen. Die Zeit vor und nach dem ersten Weltkrieg hat sehr viel wertvolles Völkerrecht für Kriegs- und Friedenszeiten erzeugt. Allein der Wert all dieser Früchte wurde dadurch in Frage gestellt, daß die Staaten in völliger Autonomie ihre völkerrechtlichen Verträge ratifizieren konnten oder nicht.

Genauso stand es mit der politischen völkerrechtlichen Gemeinschaft, dem Völkerbund. Ob man sein Mitglied war oder nicht, lag seit der Ablehnung der Mitgliedschaft durch die Vereinigten Staaten, also sehr früh, im Ermessen jedes einzelnen Staats. Die Deutschen haben, als sie im Herbst 1926 beitraten, eine Reihe von politischen Bedingungen gestellt, die vielleicht bei der damaligen positiven Lage berechtigt waren, aber grundsätzlich eine Verneinung des Völkerbundgedankens bedeuteten. Für Euro-

---

[394] Haager Konferenzen, August 1929 und Mai 1930 im Haag, legten den Gesamtumfang der dt. Reparationen fest (34,5 Milliarden bis 1988).

pa war es bis zu Hitlers Austritt Mode, im Völkerbund zu sein; später wurde es Mode auszutreten oder sich wenigstens als von den wichtigsten verpflichtenden Artikeln ausgenommen zu betrachten. Das war im Fall sehr kleiner – militärisch nicht besonders bedeutungsvoller – Staaten und ererbter historischer Neutralitätsrechte – wie bei der Schweiz – eine annehmbare Möglichkeit; auf einem weiteren Feld dagegen war es Anarchie, und daß der schwedische Außenminister *Sandler* 1937 die »Oslo-Staaten« von der Sanktionsverpflichtung des Artikels 16 loseisen[395] wollte, war lediglich ein Zeichen dafür, wie weit die Zersetzung des Völkerbundes damals schon gediehen war.
Fast alle »Oslo-Staaten« haben inzwischen schmerzvolle Lektionen lernen müssen, daß ihre Politik des »Rette sich, wer kann« zu ihrem eigenen wenigstens zeitweisen Untergang führte. Doch die prinzipielle Seite des Problems ist noch wichtiger. Völkerbund und Völkerrecht sind universale Normen, die jedes Glied der Völkerrechtsgemeinschaft, also jeden zivilisierten Staat, in Anspruch nehmen. Die überstaatliche Autorität mag in gewissen geschichtlich einzigartigen Fällen gewisse Ausnahmen gewähren; es ist festzustellen, daß die Schweiz ihre Sonderrechte nicht autonom in Anspruch nahm, sondern völlig korrekt vom obersten Organ des Völkerbunds nachsuchte. Allein niemand kann aus eigener Macht, ohne den Bund irgendwie zu befragen, sich von irgendwelcher Norm oder Mitgliedschaft lösen, die von der Mehrheit der Völkerrechtsstaaten aufgestellt worden ist. »Souveränität« wird unter diesen Umständen, was sie nie hätte aufhören dürfen zu sein: **Zuständigkeit**. Jeder Staat ist – wie der Jurist sagt – kompetent, gewisse Dinge zu tun, gewisse Rechte zu setzen und zu realisieren; diese Kompetenz ist heute

---

[395] Sandler, Rickard, schwed. Politiker, Sozialist; Torsåker 29.1.1884–12.11. 1964 Hägersten.

sogar sehr groß. Allein sie kann nie eine absolute Gewalt einschließen, weder über die äußeren noch über die inneren Verpflichtungen eines Staats. So wenig es im Ermessen eines Staats steht, Giftgase anzuwenden oder die Uniformen seiner militärischen Gegner zu benützen oder die Auslieferung gemeiner Verbrecher zu verweigern, so wenig steht es in seinem Ermessen, seinen Gemeinden ein natürliches Maß von Selbstverwaltung vorzuenthalten, oder den Eltern die freie religiöse Erziehung ihrer Kinder zu verbieten. Der Staat hat weder nach innen noch nach außen absolute Souveränität, wo immer ihm **Naturrechte** gegenübertreten. Selbstverständlich gibt es auch im Völkerrecht ein weites Gebiet der **kontingenten Rechte**, das durch vertragliche Bestimmungen ausgefüllt ist. Dazu zählt hauptsächlich das sogenannte internationale Privatrecht, obwohl auch hier ein ständig wachsendes Mindestmaß von Naturrecht vorhanden ist. Es ist zum Beispiel heut unmöglich, daß Staaten jede Art der internationalen Schuldverfolgung oder des Patentschutzes ablehnen. Nicht alle vertraglich stipulierten Verpflichtungen im eigentlichen Völkerrecht sind kontingent, häufig handelt es sich um klare Naturrechte, die lediglich in vertraglicher Form zum Ausdruck kommen.

Das war nicht zuletzt beim Völkerbund selbst so und bei der internationalen Gerichtsbarkeit, die er einsetzte. Das Individuum und jede notwendige soziale Gruppe haben eigene, vom Staat unabhängige Rechte. Mögen sie vom Staat formuliert, mögen sie in staatliche Verpflichtungen gekleidet sein, der Staat vermag sie niemals zu alterieren. *Kelsen*[396] hat in der Selbstverpflichtung des Staats einen Theologisierung der Rechtswissenschaft gesehen, eine Parallele zur theologischen Selbstverpflichtung

[396] Kelsen, Hans, Rechtsphilosoph; Prag 11.10.1881–19.4.1973 Berkelay (Calif.)

Gottes. Möglich, daß hier ideengeschichtliche Zusammenhänge bestehen; in Wirklichkeit liegt natürlich ein tiefer Unterschied vor. Die Normen, die Gottes Handeln zu bestimmen scheinen, sind lediglich Abstraktionen seines eigenen Wesens. Die Normen, die der Staat anerkennt, sind im Wesen des Menschen begründet, mit denen er es zu tun hat, und sie sind Normen unabhängig davon, ob der Staat sie anerkannt hat oder nicht.

Der Grundsatz der »**Nichtintervention**« war dem Denken des 19. Jahrhunderts teuer, begreiflicherweise; denn es war ja das Jahrhundert des laissez faire. *Pius IX.*,[397] der in vielen Dingen eine überaus moderne Haltung eingenommen hat, hat ihn im »Syllabus« feierlich verurteilt und sich damit zu einer übernationalen Ordnung im Sinn des Suarez bekannt, wie es ja dem katholischen Denken nicht anders möglich war. Tatsächlich vertritt dieser Grundsatz, wenn er mehr als eine diplomatische Formel sein will, das Recht der Übermacht und der Vergewaltigung. Mit ihm war Polen hoffnungslos der russischen Übermacht preisgegeben, und hätten ihn die europäischen Mächte befolgt, so wäre die Sache der Griechen gegen die Türken ebenso hoffnungslos gewesen.[398] Das Risorgimento[399] lehnte die Intervention ab, weil sie die Waffe der österreichischen Politik gegen seine Sache war. Wir denken heut über das Risorgimento nüchtern, weil es mit einer ähnlichen Logik im Faschismus ausgemündet ist wie Bismarck in Hitler. Jedenfalls war die österreichische Intervention nicht schlechter als die Napoleons III. Im-

---

[397] Pius IX., Papst, siehe Vorbemerkung 16.

[398] Der griechische Befreiungskampf gegen die türkische Besetzung dauerte insgesamt von 1503–1830. Erster König des befreiten Griechenland wurde Otto I. von Wittelsbach, Sohn König Ludwigs I. von Bayern.

[399] Risorgimento, seit Anfang des 19. Jahrhunderts Bezeichnung für die italienischen Einigungsbestrebungen (Soden: »Risorgimento mündete in Faschismus wie Bismarck in Hitler«).

merhin war die Welt *Mazzinis*[400] und *Cavours* der Nichtintervention noch günstiger als unsere heutige. Dieser Krieg[401] ist tatsächlich nichts anderes als eine große Intervention, die *Polen* vor der Vergewaltigung durch Hitler retten wollte; niemand kann vernünftigerweise etwas dagegen einwenden als höchstens, daß diese Intervention schon anderthalb Jahre früher hätte einsetzen müssen, als Österreich und die Tschechoslowakei vergewaltigt wurden.

Wer in Deutschland selbst noch irgendetwas dachte und dabei die Außenpolitik des »Dritten Reichs« rechtfertigen wollte, sah in diesem Krieg die deutsche Intervention, die einsetzte, nachdem die Signaturmächte von Versailles die deutschen Forderungen nicht anerkannten. Das war zwar falsch; denn der Korridor war schon 1913 von einer polnischen Mehrheit bewohnt gewesen und die oberschlesische Grenze ist 1922 vom Völkerbund genau nach den Ergebnisssen der Volksabstimmung gezogen worden. Wenn man sich auf den Boden des Nationalstaats stellte, war gegen die polnische Westgrenze nichts Wesentliches einzuwenden. Man konnte mit den Polen zu durchaus günstigen Vereinbarungen über die Minderheitenpolitik gegen die Deutschen kommen; man hätte zweifelsohne auch eine Anzahl von wirtschaftlichen Unsinnigkeiten der oberschlesischen Grenze mit ihnen überbrücken können, wenn man ernstlich darauf aus war, diese Dinge zu verbessern und nicht Minderheiten sowie Wirtschaftspolitik als Sprengpulver gegen den polnischen Staat zu benutzen. Ich habe immer die Ansicht vertreten, daß jede Verbesserung im Los der deutschen Minderheit möglich war, sobald die Polen deutlich sahen, daß diese Minderheit nicht als

---

[400] Mazzini, Guiseppe, geistiger Führer der radikalen Richtung des Risorgimento; Genua 22.6.1805–10.3.1872 Pisa.

[401] Der Krieg 1939–1945.

Waffe gegen ihren Staat und seine Grenzen eingesetzt werden sollte.
Als ich im Herbst 1925 nach Polen kam, habe ich sehr bald verstanden, daß es Krieg bedeute, die Grenzfrage aufzurollen, daß aber über alle anderen Streitpunkte des deutsch-polnischen Verhältnisses freundschaftliche Lösungen möglich waren; leider wollten die offiziellen Vertreter der deutschen Diplomatie und der deutschen Parteipolitik nicht auf diese Wahrheit hören; wahrscheinlich haben die ersteren bis zum Morgen des 1. September 1939 geglaubt, die Polen würden in der Grenzfrage nachgeben, und nicht bloß der in Phantasien lebende Ribbentrop, sondern fast alle Diplomaten, die im Dienst des »Dritten Reichs« verblieben waren, sahen sich aufs Höchste überrascht, daß die Engländer und Franzosen gleichzeitig für Polen intervenierten.
Und Hitlers Intervention gegen das bolschewistische **Rußland** vom Sommer 1941? Sie ist im Innersten unehrlich gewesen, weil Hitler nie die unterdrückten Minderheiten in Rußland stützen und in keiner Weise verletztes Recht dort wiederherstellen wollte, sondern mit dem Angriff auf Rußland lediglich seine engen imperialistischen Ziele zu verfolgen gedachte.[402] Die Ukrainer haben sehr früh erfahren, daß Hitler sie ausschließlich als Stein in seinem Schachspiel benützt hatte und tatsächlich ihren nationalen Wünschen mindestens ebenso ablehnend gegenüberstand wie *Stalin*. Die russische *Kirche*, die am ehesten Grund hatte, über den Bolschewismus Klage zu führen, hat die Verlogenheit der Hitler'schen Politik sofort deutlich erkannt und sich geschlossen auf die Seite der Verteidiger Rußlands gestellt, ein Beweis für ihr tiefes politisches Verständnis. Auch die *Polen*

---

[402] Er sah in der Ukraine **die** erstrebenswerte deutsche Kolonie (Anmerkung von Georg Graf von Soden-Fraunhofen).

haben sich, indem sie rückhaltlos für Rußland zu kämpfen bereit waren, einen gleichen Beweis geliefert. Das »Dritte Reich« war nicht imstand, einen einzigen russischen Praetendenten aufzutreiben. Bloß die politischen Streber, die Abenteurer und die Gezwungenen sind aus den übrigen europäischen Ländern auf der Seite der Nationalsozialisten gegen Rußland gezogen. Die große Mehrheit der europäischen Völker hat die nationalsozialistische Phrase von der »europäischen Intervention« in Rußland oder die Blasphemie vom »Kreuzzug« rückhaltlos abgelehnt, nicht, weil sie dem Prinzip der Intervention feindlich gegenüberstand, sondern weil sie in diesem Angriff gegen Rußland keine Intervention und erst recht keinen Kreuzzug zu sehen vermochte.

Wirklich war auch kaum ein Mann zu einer solchen Intervention weniger legitimiert als *Hitler*, der im August 1939 den berühmten Nichtangriffspakt mit *Stalin* abgeschlossen hatte; Hitlers ganze Strategie gegen Polen, Frankreich und den Westen war auf diesem Pakt aufgebaut; den Rücken gegen Rußland gedeckt zu haben, war eine unvermeidliche Voraussetzung seiner ganzen Politik. Es ist unmöglich, einem Menschen mit solcher Vergangenheit das Recht zur Intervention zuzugestehen. Übrigens mußte er zuerst in Deutschland selbst all das gutmachen, was er in Rußland verbessern wollte; unterdrückte Minderheiten – wahrscheinlich sogar Mehrheiten –, halb ausgerottete Kirchen, mit Füßen getretenes Recht – all das gab es auch in Deutschland, und all das wartete darauf, im Inneren Deutschlands seine Freiheit wiederzufinden, bevor der Beherrscher Deutschlands berufen war, im Haus des russischen Nachbarn Ordnung zu machen. Denn niemand kann für Freiheit, Recht, Kultur, Religion intervenieren, solange er diese Güter im eigenen Machtbereich niedertrampelt. Übrigens muß man leider gestehen, daß – ganz abgesehen von Hitler – Deutschland an letzter Stelle unter allen europäischen Mächten zur Intervention in Rußland berufen war. Walther *Rathenau*[403] hatte als deutscher Außenminister an Ostern 1922 seinen verhängnisvollen Ausflug von Genua nach Rapallo gemacht zu einer Zeit, als wirklich niemand etwas mit den Bolschewiken zu tun haben wollte und als ihr blutiger Rekord noch im Ansteigen war. *Brockdorff-Rantzau,*[404] der voller Revanchegedanken vom Versailler Verhandlungstisch zum Moskauer Botschafterposten aufgebrochen war, spielte darauf den bösen Engel der deutschen Außenpolitik und zeichnete den Weg ab, auf dem in einem späteren Stadium Herr *von Ribbentrop* seltsame Erfolge ernten sollte. Unter *Stresemanns* Regierung wurde der Vertrag im Frühjahr 1926 erneuert; die Aufregung, die beide Abschlüsse in der Welt hervorriefen, die feindselige Stimmung gegen Deutschland, die namentlich Rapallo erzeugte, waren gänzlich überflüssige Belastungen der deutschen Politik.

Die deutsche Diplomatie, die seit Herrn *von Holstein*[405] die komplizierten Wege liebte, glaubte sehr schlau zu sein, indem sie die »russische Karte« spielte. Hitler, der auch hier nur auf ausgetretenen Wegen gewandert ist, bildete sich ein, im August 1939 mit ihr einen Meisterstreich zu tun. In Wahrheit hat die »russische Karte« der deutschen Diplomatie nur den **einen** Ruf eingetragen, den das Preußentum von jeher mit Recht besaß, ein Spieler, ein »Hazardeur« zu sein. Sie hat das **eine** verhindert, was für jede nüchterne Betrachtung der deutschen Außenpolitik

---

[403] Rathenau, Walther von, als Reichsaußenminister schloß er den Rapallo-Vertrag ab. Fruchtbarer Schriftsteller; Berlin 29.9.1867–24.6.1922 Berlin (ermordet).

[404] Brockdorff-Rantzau, Ulrich, Graf von, 1919 Reichsaußenminister, führte die deutsche Friedensdelegation in Versailles; Schleswig 29.5.1869–8.9.1928 Berlin.

[405] Holstein, Friedrich von, Diplomat; Schwedt 24.4.1837–8.5.1909 Berlin.

vor allem anderen notwendig war, die vertrauensvolle Aussöhnung mit England und Frankreich. Sie hat Deutschland nichts eingebracht außer der Möglichkeit, Rußland und den Westen gegeneinander auszuspielen. Und dafür, daß sie den deutschen Spielern der Weimarer Zeit und schließlich Hitler diese Möglichkeit gegeben haben, sind die Bolschewiken zu tadeln. Wir wissen heute, wie sehr sie durch die schlechte Politik der französischen und englischen Regierungen 1938 und 1939 in das Lager Hitlers gedrängt wurden. Das mag eine große Entschuldigung für sie sein, eine volle ist es nicht. *Churchill*[406] hatte schon vor zehn Jahren die Formel geprägt, der europäische Friede ruhe auf einer dreiseitigen Verständigung zwischen Deutschland, England und Frankreich. Das war unbedingt richtig, und dem Weimarer Deutschland stand der Weg offen, zu dieser Verständigung zu gelangen, wenn es die außenpolitischen Fragen befreit von dem innenpolitischen Gesichtspunkt, »nationale Erfolge« zu erringen, sachlich zu behandeln anfing. Das bedeutete den Verzicht auf die »russische Karte« und ebenso den Verzicht auf die spätere angebliche russische Intervention.
Es gibt auf der weiten Welt keinen Staat, der einer Intervention größere Schwierigkeiten entgegenstellt als Rußland. Vielleicht ist es nicht überflüssig daran zu erinnern, daß England die erste Intervention gegen den Bolschewismus unternommen hat; dieser Versuch ist gescheitert. Nachdem *Lenin*[407] seine neue ökonomische Politik begonnen hatte, war es wahrscheinlich für jede In-

---

[406] Churchill, Sir Winston Leonard, Spencer; brit. Staatsmann, bekleidete fast alle ministeriellen Posten von Bedeutung, trat auch als Maler hervor, war ein Meister der englischen Sprache. Plante für die Nach-Hitler-Zeit gegen Roosevelt und Stalin eine Donauföderation aus Bayern, Österreich und Ungarn; Blenheim Palace 30.11.1874–24.1.1965 London.

[407] Lenin, eigtl. Uljanow, Wladimir Iljitsch, russischer Revolutionär und Staatsmann; Simbirsk 22.4.1870–21.1.1924 Gorki.

tervention zu spät. Es blieb dann nur der einzige Weg offen, die **Zeit** intervenieren zu lassen. Auch in Rußland tat die Zeit ihr Werk. Naturgemäß arbeitet sie in diesem ungeheuren Körper langsamer als in den kleineren Staaten des Westens, doch sie arbeitet hier nicht minder und bringt staunenswerte Ergebnisse hervor. Rußland, sich selbst überlassen, ohne ins politische Spiel des Westens einbezogen zu sein, ohne jede »Intervention« diplomatischer oder militärischer Art, würde vermutlich heute bereits anders aussehen. Eigentümlich, daß der Bolschewismus in allen seinen Stadien ein Produkt der preußischen Militärkaste ist! Lenin ist 1917 von *Ludendorff*[408] nach Rußland gebracht worden, weil der General annahm, er würde mit den Bolschewisten schneller zu einem Frieden im Osten gelangen. Die Diplomatie der Weimarer Regierung und ihrer Verträge hat die Bolschewisten, von 1922 angefangen, am Leben erhalten. Und nichts hat ihnen soviel geholfen als Hitlers antibolschewistische Tiraden. Der nationalsozialistische und der bolschewistische Radikalismus haben sich gegenseitig aufgeblasen. Hitlers Russenpakt von 1939 und Hitlers Angriff von 1941 haben beide dem Bolschewismus ungeheuer genützt. Nun sind die Bolschewisten gezwungen, gegen das »Dritte Reich« zu fechten und den Kurs auf den Sturz Hitlers festzuhalten. Sehr möglich, daß das Verschwinden des Nationalsozialismus in Deutschland den Bolschewismus in Rußland von Grund auf modifizieren wird. Auf alle Fälle steht Rußland heut auf der Seite des Westens; es hat sich durch seinen Kampf gegen den Nationalsozialismus dem echten Europa wieder eingegliedert; das ist der Platz, auf den es gehört und von dem es die unglückliche Politik der deutschen Russenverträge und die Ideologie der »Eurasiaten« verdrängen

---

[408] Ludendorff, Erich, siehe »Das Reich« 318.

wollte. Noch einmal hat sich *Solowjews*[409] Betrachtungsweise in Rußland durchgesetzt.

Der **Krieg** wird in jeder wahren internationalen Ordnung zur **Intervention**. Das ist die große Wandlung, die er durchmacht, sobald eine überstaatliche Autorität bestellt und durch die er zum »**gerechten Krieg**« wird. Daß der Krieg ein Greuel ist und zum Vater ungeheurer neuer Greuel wird, braucht man uns Christen und uns Kindern dieses Jahrhunderts großer und schreckhafter Kriege nicht zu sagen. Christentum ist seinem Wesen nach pazifistisch. Es ist wahrscheinlich viel christlicher, Unrecht zu dulden, ohne Widerstand zu leisten, als einen Krieg zu entfachen, um dieses Unrecht zu brechen. Nur wird ein Staatsmann diesen Heroismus des Nichtwiderstehens von seinem Volk nicht verlangen, weil er kein Recht hat, sein ganzes Volk zum christlichen Heroismus zu zwingen. Der Staatsmann, dem die Sorge für ein Volk obliegt, muß mit dem moralischen Durchschnitt rechnen und daher Vorkehrungen treffen, das Übel zu brechen, wo er es antrifft. Das heißt, er muß seine Polizei haben, um den Verbrecher unschädlich zu machen, und er muß auch sein Militär besitzen, um den Verbrecher dort zu unterdrücken, wo er bloß mit Militär unterdrückt werden kann. Der Richter muß die Macht haben, seine Rechtssprüche zu realisieren. Das ist eine Norm alles staatlichen Zusammenlebens. Staat bedeutet, daß Recht gesetzt und ausgeführt wird, sei es selbst mit Blut. Das Nichtwiderstehen ist eine Sache, zu der sich der **Einzelne** aus persönlicher Gewissensentscheidung entschließen wird, zu der er nie andere autoritativ nötigen darf. Wenn ich für niemand zu sorgen habe, ist es eine heroische Tat meines christlichen Ge-

---

[409] Solowjew 1) Sergej, russ. Geschichtsschreiber; Moskau 18.5.1820–16.10. 1879 Moskau.
2) Solowjew 2) Wladimir, russ. Philosoph und Dichter, Sohn von 1); Moskau 28.1.1853–13.8.1900 Uskoje.

wissens, mich von den Räubern ohne Widerstand abschlachten zu lassen. Habe ich aber für den Unterhalt meiner Familie zu sorgen, dann muß ich mich wehren, so gut ich dazu imstande bin. Wehrt sich ein Volk in derartiger gerechter Verteidigung, dann ist das ein gerechter Krieg.
Die Geschichte kennt eine Reihe von Fällen, wo der Tatbestand des gerechten Kriegs zweifellos vorliegt. Daß sich die europäischen Völker gegen die Angriffe der Türken, Mongolen, Araber, daß sich die Griechen gegen den persischen, die Juden gegen den assyrischen König verteidigt haben, war ihr klares und unabstreitbares Recht. Umgekehrt sind die Kriege *Hitlers* ungerecht, und der Verteidigungskrieg, den seine Opfer gegen ihn führen, ist gerecht, auch dort, wo er mit offensiver Strategie betrieben wird. Der Interventionscharakter dieser Kriege liegt offen zutag. *Pius V.*[410]*, Johann Sobieski, Prinz Eugen* waren zu schwach, um in Asien zu intervenieren. Allein sie intervenierten, um Italien oder Österreich nicht von den Türken erobern zu lassen oder um ihnen Ungarn und Belgrad[411] wieder abzunehmen. Viel schwerer ist es, Angriffskriege, die unternommen wurden, um einen unerträglichen Zustand zu brechen, als gerecht zu charakterisieren; ich persönlich möchte den Koalitionskrieg der europäischen Mächte, der zum Sturz *Napoleons* führte, hierher rechnen; natürlich kann man ihn einen Verteidigungskrieg nennen; denn es ist in Rußland, im englischen Kanal, in Spanien, im Grund genommen auch in Tirol und Schlesien eine Verteidigung gegen den Angriff *Napoleons* herausgewachsen. Die Moral der katholischen Naturrechtsschulen kennt jedenfalls außer gewissen schwerwiegenden Modifikationen auch einen »gerechten

---

[410] Pius V., Papst (1566–72) Michele Chislieri. Sieg gegen die Türken bei Lepanto; Bosco Marengo (bei Alessandria) 17.1.1504–1.5.1572 Rom.
[411] 1683 und 1718.

Angriffskrieg«. Dabei ist allerdings zu berücksichtigen, daß der Krieg seit *Thomas von Aquino* seinen Charakter stark verändert hat. Der Krieg unserer Generation begnügt sich nicht mehr damit, einzelne Dörfer niederzubrennen, die Ernte einen Jahres in den Boden zu stampfen, einige Tausend Waffenträger zu töten und vielleicht eine Stadt auszuhungern. Der Krieg unserer Zeit ist viel grausamer geworden und verlangt daher eine weit strengere und engere Auslegung der moralischen Normen. Vielleicht wäre es am richtigsten zu sagen, daß einzig der wirkliche Interventionskrieg, der sich der überstaatlichen Autorität als letztes Mittel aufzwingt, gerecht genannt werden kann. Das ist der gleiche Fall, wie wenn der Richter die Ausführung seines Spruchs der bewaffneten Gewalt der Polizei übertragen muß. Aller andere Krieg ist unter getauften Christen ein ungeheurer Skandal, unter allen die das Menschenantlitz tragen ein widerlicher Greuel, und es ist die oberste moralische Pflicht jedes Individuums, alles zu tun, um ihn zu verhindern und ihn zum schnellsten gerechten Ende zu bringen. Doch hören wir, was der eben zitierte Thomas über den gerechten Krieg zu sagen hat. Es ist, obwohl bald 700 Jahre alt, außerordentlich zeitgemäß.

Thomas von Aquin kennt drei Forderungen, die erfüllt sein müssen, wenn der Krieg ein »gerechter Krieg« sein soll. Der Krieg muß einen gerechten Grund haben; er muß also entweder in Verteidigung gegen einen ungerechten Angriff unternommen sein oder er muß geführt werden, um einen nicht anders zu behebenden Zustand der krassen Ungerechtigkeit zu beseitigen. Er muß gerecht, d.h. entsprechend den Gesetzen der internationalen Moral – des Völkerrechts, würden wir heute sagen –, ausgefochten werden. Endlich muß ihn die *zuständige Autorität*, niemand anderes, beginnen. Diese letztere Forderung ist für uns die wichtigste. Thomas zeigt sich in ihr als Feind des Faustrechts, das in seiner Zeit noch eine wirkliche Rolle spielte. Sobald ich mein Recht durch den Appell an eine höhere Autorität erwirken kann, habe ich keine Legitimation mehr Krieg zu führen; mein Krieg wird dann zum ungerechten. Daraus folgt, daß kein gerechter Krieg denkbar ist, sobald und solang eine derartige Autorität das Recht ohne Krieg zu realisieren imstande ist und daß nur sie und sie allein zum gerechten Krieg zu schreiten vermag, wenn sie keinen anderen Weg mehr sieht, das von ihr gesprochene Recht zur Geltung zu bringen. Ich glaube kaum, daß Thomas auf das Kaisertum als derartige Autorität noch viel Hoffnungen setzte; denn seine Wirksamkeit fiel fast völlig in die kaiserlose Zeit. Doch er hatte die glänzende Rolle in Erinnerung, die das Kaisertum in Deutschland und Italien, ja im ganzen übrigen christlichen Europa in der vorhergehenden Epoche gespielt hatte. Und er sah, wie in seiner eigenen Zeit eine Unmenge von Schiedsgerichten, zum Teil aus Bischöfen oder Vertretern des Papstes zusammengesetzt, Recht sprachen und den kriegerischen Austrag einer Streitigkeit verhinderten. Vielleicht hat er daraus die Vermutung geschöpft, derartige Schiedsgerichte könnten zu einer universalen Einrichtung werden, die den Krieg aller ihnen untergeordneten Instanzen allmählich ausschließe. Glaublich, daß er auf diese oberste Instanz hoffte, die für die ganze Christenheit effektiv Recht sprechen und so den Krieg der Christen untereinander abschaffen werde. Das wäre zwar noch nicht alles, aber immerhin reichlich viel gewesen. Man kann nicht leugnen, daß die Menschheit, wie auf wissenschaftlichem und technischem Gebiet, so auch in ihrer politischen Organisation einen gewissen Fortschritt aufweist, der, von schweren und langen Rückschlägen unterbrochen, doch die allgemeine Richtung besitzt, nach oben zu gehen. Man darf nicht übersehen, daß Kriege wie der letzte und der jetzige um den sehr hohen Preis einer die ganze Menschheit umfassenden Rechts-

und Friedensorganisation, an die frühere Jahrhunderte kaum zu denken wagten, ausgefochten werden. Es ist möglich, daß der Mann, der mit der Rezeption des *Aristoteles*[412] einen der größten wissenschaftlichen Fortschritte aller Zeiten durchgesetzt hat, das heiß ersehnte Ziel des politischen Fortschritts ins Auge faßte. Thomas hat sehr weit gedacht; warum sollte er nicht an Dinge gedacht haben, die für uns heut noch wichtiger sind als die Vervollkommnung des Flugzeugs und des Autos? Für den Augenblick hatte er bloß dem Fehdewesen und allem Faustrecht die Möglichkeit entzogen, ihren Krieg »gerecht« zu heißen. Übrigens hatte sich diese seine Haltung bereits im katholischen Denken seines Zeitalters völlig durchgesetzt, wie eine Generation vorher etwa die Haltung der Heiligen *Elisabeth* zu den Fehden ihres Mannes und ihres Schwagers beweist.[413] Für die fernere Zukunft ist Thomas der Anwalt einer überstaatlichen Autorität geworden, die einzig zu einem gerechten Krieg greifen kann. Seine Zielsetzung ist für die katholische Ethik der Zukunft verbindlich geblieben, wie Viktoria und Suarez beweisen. In unserer Zeit haben vor allem *Benedikt XV.*[414] und *Pius XI.*[415] darauf hingewiesen, daß allein die »überstaatliche Gewalt des Rechts« mit der Zuständigkeit ausgestattet sei, die Waffen zu führen. Es ist unterhaltend und bezeichnend, daß die deutsche Reichsregierung als einen Grund für die Fortdauer des Jesuitengesetzes an

---

412 Aristoteles, griech. Philosoph; Stagira 384 v. Chr. – 322 v. Chr. Chalkis.

413 Elisabeth, Heilige, Landgräfin, Tochter König Andreas' II. von Ungarn und seiner Gemahlin Gertrud von Andechs-Meranien; Preßburg 1207–17.11.1231 Marburg/Lahn. Landgraf Ludwig IV. starb im Kreuzzug 1227, ihr Schwager Heinrich Raspe vertrieb sie von der Wartburg.

414 Benedikt XV., Papst (1914–22), Marchese della Chiesa; Genua 21.11. 1854–22.11.1922 Rom.

415 Pius XI., Papst (1922–39), Achille Ratti; Desio 31.5.1857–10.2.1939 Rom.

der Jahrhundertwende die Moraltheologie des deutschen Jesuiten *Lehmkuhl*[416] zitierte, in der offen gesagt war, es sei Sünde, an einem ungerechten Krieg teilzunehmen, wobei die letzte Entscheidung darüber, ob der Krieg gerecht oder ungerecht sei, in das Gewissen des Individuums gelegt wurde. Natürlich haben die katholischen Moralisten nie etwas anderes gelehrt, doch nicht alle haben so laut und vernehmlich gebellt wie der gewissenhafte und weitsichtige Lehmkuhl. Selbstverständlich ist es nicht leicht, Menschen für eine solche Entscheidung zu gewinnen, insbesondere, wenn eine schießfreudige Gestapo hinter ihnen steht, die jeder Weigerung, für die ungerechte Sache zu kämpfen, mit der sofortigen Erschießung antwortet. Ganz unmöglich ist das übrigens nicht, und außerdem kann die Schwierigkeit der Praxis niemals die Norm verändern. Sonst wäre der katholische Beichtstuhl eine sehr einfache Arbeit.

Diese Doktrin ist von *Fénélon*[417] mutig einem mächtigen und oft rücksichtslosen König gegenüber vertreten worden. In einem offenen Brief an Ludwig XIV., der gegen 1694 geschrieben worden ist, qualifiziert er dessen Krieg als ungerecht: »Dieser Krieg... hat zu seinem Grundmotiv nichts als Ruhm und Vergeltung, die niemals einen gerechten Krieg hervorbringen können; woraus folgt, daß alle die Grenzen, die Sie durch diesen Krieg hinzugewonnen haben, ungerechterweise erworben wurden. ... Die Notwendigkeit, unsere Sicherheit zu bewachen, gibt uns niemals das Recht, den Boden unseres Nachbarn uns anzu-

---

[416] Lehmkuhl, Augustinus, kath. Theologe; Hagen 23.9.1834–23.6.1918 Valkenburg.

[417] Fénélon, François de Salignac, frz. Theologe, Schloß F. 6.8.1651–7.1. 1715 Combrai.

eignen.«[418] Sogar Friedensverträge vermögen niemals territoriale Gewinne zu legitimieren, die aus einem ungerechten Krieg hervorgegangen sind, da die Friedensverträge gleichfalls erzwungen sind.
Heutzutag ist wenigstens ein Teil von Fénélons Rolle auf andere Menschen übertragen worden; das Manifest, das von *Jacques Maritain*[419] und seinen Freunden 1942 über den Krieg veröffentlicht wurde, über Totalitarismus und andere damit zusammenhängende Fragen, verdient Erwähnung, denn es enthält eine klare Darstellung der Ansicht, daß Hitlers Krieg ungerecht ist und daß alle Verteidigungsmittel, die gegen ihn Verwendung finden, gerecht und gut sind. Hitler besitzt nicht die Autorität, einen Krieg zu führen. Niemand hat heute noch das Recht, von einem Einzelstaat aus, die Welt in einen Krieg zu stürzen, und aus diesem Grund ist jeder Krieg, gleichgültig, wie wohl er auch begründet sein mag, eine ungeheuerliche und ungerechte Kom-

---

418 »Cette guerre... n'a eu pour fondement qu'un motif de gloire et de vengeance, ce qui ne peut jamais rendre une guerre juste; d'ou il s'ensuit, que toutes les frontières que vous avez étendues par cette guerre sont injustement acquisés dans l'origine ... Le besoin de veiller à notre sûreté ne nous donne jamais un titre de prendre la terre de notre voisin.«
Hier beginnt die erwähnte Rückübersetzung aus der englischen Übertragung. Dieser Teil des Originals war bei der Abschrift verloren gegangen. Die Korrekturen berichtigten nur die wichtigsten Fehler gegenüber einem Originaltext, der mit einer früheren Abschrift wiedergefunden wurde. (Anmerkung Georg Graf von Soden-Fraunhofen) Weitere aus dem Vergleich mit dem deutschen Original hervorgegangene Berichtigungen stammen vom Herausgeber, der dieser bereinigten und verbesserten Rückübersetzung – wegen ihrer Homogenität mit der gesamten übrigen Abschrift – den Vorzug gegeben hat. Die später aufgefundene, mit einer amerikanischen Schreibmaschine besorgte Ur-Abschrift dieses Teils des Kapitels über den Völkerbund ist als Anhang beigegeben.

419 Maritain, Jacques, frz. Philosoph, bedeutender Thomist; Paris 18.11. 1882–28.4.1973 Toulouse.

petenzüberschreitung; alles was zu seiner Beendigung unternommen wird, ist gut.[420] Dies ist durchaus nicht nur die Auffassung der katholischen Schulen, sondern aller, die sich zur christlichen Gemeinschaft bekennen. Karl *Barth*[421] erklärte im Sommer 1941, daß die Christen diesen Krieg nicht als unvermeidbares Übel, sondern als einen gerechten Krieg billigten.[422]
In seiner Pressekonferenz vom 4. Oktober 1941 sagte Staatssekretär *Hull*,[423] daß das internationale Recht oft zu regionalen Kriegen mit echter Neutralität führte. Jedoch der gegenwärtige Krieg wäre ein »ungewöhnlicher und beinahe unpräzedentierter Fall«,[424] da alle Mitglieder der Völkergemeinschaft daran beteiligt seien und es, wenigstens der Gesinnung nach, keine Neutralen mehr gäbe. In diesem Sinne hat auch das Völkerrecht seine Bedeutung gewechselt; dieser Krieg ist kein Krieg mehr im alten Sinne, sondern vielmehr eine internationale Polizeiaktion.
Es ist kein Zweifel, daß das Genfer Abkommen sich allmählich in eine Kooperation verwandelte und daß diese Entwicklung ganz gut und richtig war. Gewiß war es eine der besten und am meisten Erfolg verheißenden Entwicklungen des Bundes für die Zukunft, daß der Rat nicht nur ohne die Zustimmung aller Mitglieder handeln konnte, sondern sogar ohne eine Mitgliederversammlung. Im Winter 1926, als Krieg zwischen Bulgarien und Griechenland drohte, wurde er durch Telegramme des Ratspräsidenten verhütet.

---

[420] Das sagte der Verfasser vor den Zerstörungen von Dresden und Hiroshima (Georg Graf von Soden-Fraunhofen).

[421] Barth, Karl, schweiz. reform. Theologe; Basel 10.5.1886–10.12.1968 Basel.

[422] Time 8/9/41 (Gerecht von Seiten der Alliierten, nicht allerdings so, als ob diese keine Mitschuld an seinem ursprünglichen Zustandekommen trügen. Georg Graf von Soden-Frauenhofen).

[423] Hull, Cordell, amerik. Politiker; Overton County 2.10.1871–23.7.1955 Bethesda.

[424] »... ein ungewöhnlicher Fall«: Der Zweite Weltkrieg.

Als der Rat sich freilich mit den größeren Mächten Deutschland und Japan zu befassen hatte, wurde sein Aufgabengebiet schwieriger. Doch bis dahin war alles gut bestellt um den Völkerbund. Es ist wichtig, das einmal mit Nachdruck zu sagen. Die Umgestaltung des Völkerbundes in eine Korporation ging den Franzosen zu langsam voran, was nicht weiter verwunderlich ist, wenn man bedenkt, daß sie den größten Teil dieser Maßnahme zu tragen hatten. Aus diesem Grunde waren es auch sie, die den Versuch unternahmen, den Bund durch das sogenannte *Genfer Protokoll* zu ergänzen. Dieser Versuch war juristisch vollkommen klar durchdacht und in seinem Grundkonzept unanfechtbar. Seine Ablehnung – und dies durch eine Labor Regierung – ist ewig bedauerlich und war sicher eine der verborgenen Ursachen des Zweiten Weltkrieges. Das Pflästerchen, das Frankreich dann in Gestalt des *Kellogg-Paktes* erhielt, war gut, aber völlig unzureichend, von rein moralischer Bedeutung; in unserer Welt müssen Staatsmänner aber durch Gesetze und Normen der Macht gebunden werden. Das ausschließlich moralische Band ist zu geringfügig für den Politiker. Dem Genfer Protokoll folgte der sogenannte *Generalakt*, ein ausgezeichnetes Gebilde im Hinblick auf seine internationalen rechtlichen Gesichtspunkte, jedoch schwach, weil es ausschließlich auf der Freiwilligkeit beruhte.

Die englische Politik in Genf war immer stark durch innenpolitische Aspekte beeinflußt worden, und das war nicht gut; denn während der ganzen Zeit von 1919 bis 1933 und sogar noch später hatte London ständig die Deutschen gegen Frankreich ermutigt, und das war falsch; denn irgendeine Ordnung auf dem Festland war ohne Frankreich unmöglich. Lord *d'Abernon*[425], der nach dem Weltkrieg als englischer Gesandter nach Berlin

[425] d'Abernon, Lord Edgar Vincent, brit. Diplomat, einer der Urheber des Locarno-Pakts; Slinfold 19.8.1857–1.11.1941 Hove.

ging, eröffnete die Reihe der Botschafter, die ihre Arbeit auf der Basis der alten englischen Machtpolitik »divide et impera« leisten wollten; und Sir Neville *Henderson*[426], mit dem die Reihe schloß, unterschied sich im Grunde nicht um Haaresbreite davon. Es gab einflußreiche Leute, die bereit waren, den konstruktiven Wünschen der Franzosen im Außenministerium nachzukommen, aber niemals in der Öffentlichkeit. Die Sabotage der französischen Neigung, die im Genfer Protokoll zum Ausdruck kam, war so übel, daß sie im Gedächtnis vieler Engländer zugleich mit dem Lärm des »Blitzes« vom Sommer 1940 wieder erwachte[427]; Neville Chamberlain und seine Politik – sehr volkstümlich in der Londoner City – waren von der Annahme Englands als eines Ganzen nicht so weit entfernt. *Austen Chamberlain*[428] war ungleich weitsichtiger als sein Bruder, aber das Außenministerium blieb ständig einer ziemlich hartnäckigen Pro-Berlin-Linie verhaftet, die in ihren Grundlagen niemals wechselte; Männer wie *Tyrrell*[429] und *Vansittart*[430] mögen ihre Fehler in manchen Details gemacht haben, jedoch im allgemeinen erkannten sie immer, wo der wahre Feind stand. Die Politik Amerikas war in Genf überhaupt nicht und die französische nur in unbedeutendem Maße vertreten. Kein Wunder, daß in der zweiten Hälfte der zwanziger Jahre die Deutschen und die Japaner

---

426 Henderson, Sir Neville Meyrick, brit. Diplomat; Sedgewick Park 18.6. 1882–30.12.1942 London.

427 Gemeint ist die »blitzartige« Niederwerfung Frankreichs im Juni 1940, von Hitler als Voraussetzung für ein Arrangement mit Großbritannien gedacht.

428 Chamberlain, Sir Joseph Austen. Brit. Staatsmann; Birmingham 16.10. 1863–16.3.1937 London.

429 Tyrrell, George, ir. kath. Theologe; Dublin 6.2.1861–15.7.1909 Storrington.

430 Vansittart, Robert, Lord, brit. Diplomat; Farnham 25.6.1881–14.2.1957 Denham.

auf den Weg subversiver Tendenzen gedrängt wurden. Erst im Mai 1939 haben die Engländer die Notwendigkeit der kollektiven Sicherheit eingesehen und eine Garantie für Polen gegeben, aber das war für Hitlers Verstand zu spät.

Soviel ist gewiß, daß keine internationale Organisation ohne eine starke überstaatliche Militärmacht bestehen kann, daß die Verfügung über diese Macht in den Händen der Exekutiven der internationalen Organisation liegen muß; ob dies nun irische oder amerikanische Söldner sind, ist eine völlig andere Frage.[431] Die Macht, die für Europa da ist, muß durchaus nicht dieselbe sein, die für Odessa oder New Orleans eingesetzt wird. Die Organisation der Welt zwischen Gibraltar und Constantinopel mag durchaus verschieden sein von der zwischen Alaska und dem Feuerland, aber sie muß irgendwie organisiert werden. Sie kann weder in politischer Anarchie verbleiben, noch kann sie mit einem Zug auswischen, was nahezu sechzehn Jahrhunderte nationale Desintegration aufgebaut haben. Eine Synthese beider Elemente muß gefunden werden, und der Föderalismus wird mehr als alles andere in der Welt helfen, dieses Ziel zu erreichen. Niemand kann verlangen, daß Winterthur der gleichen politischen Organisation angehört wie etwa Madison, Wisconsin, aber es ist klar, daß Winterthur einer ordentlichen überstaatlichen Garantie unterstellt werden muß, wenn die ausgezeichnete und wertvolle Garantie der Schweiz nicht mehr ausreicht.[432]

Diese internationale politische Organisation wird auch einen *Gerichtshof* benötigen. Es gibt bereits eine sehr ausgedehnte und weitverzweigte internationale Zivilrechtsprechung. Warum sollten nicht auch gewisse Elemente der Kriminalgesetzgebung ins

---

[431] Vorweggenommener Gedanke der UNO.

[432] Der Einmarsch Hitlers in die Schweiz drohte 1939/40 unmittelbar, als der Verfasser sich nach seiner Flucht dort aufhielt. Deshalb setzte er sich weiter ab (Gg. G. v. S. F.).

internationale Recht eingefügt werden? Es wäre gut, die Zuständigkeit der internationalen Gerichtshöfe zu erweitern, obwohl damit noch durchaus nicht das wichtigste bewirkt wäre. Außerdem könnten die Staaten mit sofortiger Wirkung Währungs- und Postwesen den Händen der internationalen Autorität übergeben; der Zoll könnte dort eingesetzt werden; wenigstens in Europa selbst sollten völlig freie Handelsbeziehungen herrschen. Dies ist eine komplizierte Angelegenheit, die nicht in zwei Jahren erledigt sein kann; aber an einem Wendepunkt der Weltentwicklung wie dem derzeitigen müssen große und schwierige Veränderungen durchgesetzt werden. Auf jeden Fall würde es keine stichhaltige Grundlage mehr für Schutzzölle in Deutschland geben; die Zollmaßnahmen für Eisen und die eisenverarbeitenden Industriebetriebe müßten ausgeschaltet werden. Es wäre im höchsten Grade wünschenswert, wenn auch die amerikanischen Staaten sich diesem Ideal des freien Handels zuwenden wollten. Es würde sehr zur Vereinfachung in der Behandlung politischer und wirtschaftlicher Probleme führen.

Der alte Völkerbund hatte natürlich Fehler, einige davon ernster Natur, und sie sollten nicht wieder gemacht werden. Darüber hinaus war es, wie ein hervorragender Diplomat eines Nationalstaates gesagt hat, allzu bedauerlich, daß man dem Bund nur durch Erklärung des nationalen Souveräns beitreten konnte. Dies verurteilte die Amerikaner in Wilsons Zeit zum Ausschluß, und diese Abwesenheit der Vereinigten Staaten war zweifellos der größte Fehler des alten Völkerbundes.

Jeder neue Völkerbund, gleichviel, wie er organisiert sein mag, muß universal sein. In dieser Zeit kann kein Staat abseits stehen, wenn er die Hoffnung hegt, das für seine Bürger möglich zu machen, was unzweifelhaftt hundertfünfzig Jahre früher und vielleicht vor dreißig Jahren noch ohne Überstaat möglich war, jetzt aber in keinem Fall ohne einen Weltstaat mehr möglich ist.

An diesem Punkt enthüllt sich das ganze Problem des *Isolationismus*. Es erscheint unmöglich, ein Isolationist zu sein und doch an das zu glauben, was die »founding fathers« – die Gründerväter – über die Menschenrechte in die Verfassung der Vereinigten Staaten hineingeschrieben haben. Tatsächlich ist die Welt im letzten Vierteljahrhundert so klein geworden, daß eine Großmacht nichts anderes mehr tun kann als an Probleme ihrer Verbündeten, auch wenn sie wenig erfreulich sein mögen, mutig heranzugehen. Entsprechend kann es der Entscheidung eines Staates nicht mehr überlassen bleiben, ob er dem Völkerbund beitreten möchte, denn schon durch seine bloße Existenz als ein Staat wird er *eo ipso* ein Mitglied des Bundes. Wie er im Rahmen des Bundes seine nationale Politik gestaltet, ist seiner eigenen Entscheidung überlassen. In dieser Hinsicht müssen die nationalen Organe ihren guten Verstand gebrauchen, jedoch muß die Mitgliedschaft selbst eine objektive Sache sein, unabhängig von einer subjektiven Anerkennung.
Ein anderer Umstand, der dem Völkerbund oft vorgeworfen wird, betrifft die Durchführung von Artikel 16[433]. Dies ist kein triftiger Tadel, denn ein Völkerbund ohne diesen Artikel wäre wie eine Suppe ohne Salz. Die Anstrengungen, ihn für die Mehrzahl der kleinen und mittleren Staaten wirkungslos zu machen, die etwa zwei Jahre vor Kriegsausbruch einsetzten, waren nichts anderes als hoffnungslose Versuche, Hitler zu entrinnen. Ein europäischer Staatsmann hat einmal sehr richtig bemerkt, daß ein Angriff auf Artikel 16 dem Vorwurf gleichzusetzen sei, den man irgendeinem Staat daraus mache, daß die Aufrechterhaltung seiner Gesetze so viel Geld und so viele ausgezeichnete Polizisten das Leben koste; außerdem schwäche die strikte Auf-

[433] Artikel 16 (Völkerbund) betrifft die Legitimität und Moral aller Staatlichkeit.

rechterhaltung der Gesetze die Einheit des Staates, da ein Teil der Bürger auf Seiten der Verbrecher stehe. Es sei von Seiten des Staates genug, den Verkehr zu gewährleisten und mit Sicherheit dafür zu sorgen, daß Epidemien unter Kontrolle blieben. Man solle Artikel 16 fallen lassen, das würde den Eintritt der Vereinigten Staaten in den Völkerbund beschleunigen.

Ein weiterer, ebenfalls viel diskutierter Umstand ist die vorgeschriebene Einstimmigkeit, die zwar für die Entscheidungen der Mitgliederversammlung, nicht aber für jene des Rats galt. Es kann kein Zweifel sein, daß der Völkerbund die Vorschrift der Einstimmigkeit aufgeben und statt dessen die der Mehrheitsentscheidung einführen muß, weil er nur so zur unabhängigen Korporation werden kann. Die erzwungene Einstimmigkeit hat, wie David H. *Popper*[434] in seinem Buch über die Pan-Amerikanische Konferenz in Rio de Janeiro[435] sagt, eine lähmende Wirkung auf viele Entscheidungen und muß überwunden werden. Dann kann die Pan-Amerikanische Konferenz Grundlage einer regionalen Organisation werden – ein ungewöhnlich wichtiger Schritt, weil der bisherige Völkerbund in regionale Organisationen aufgelöst werden muß.

Endlich besaß der alte Bund noch einen Mechanismus zur Revision veralteter Verträge. Situationen können entstehen, in denen einer neuen Individuation der Rechtssetzung Rechnung getragen werden muß, und es gibt Änderungen des bestehenden positiven Vertragsrechts, die nach Aussage des Bundes nicht mehr anwendbar sind. Solche Veränderungen waren früher nur durch

---

[434] Popper, David H. Die Rede ist von der 3. Panamerikanischen Konferenz 1906 in Rio de Janeiro. (Pan-Amerikanische Union: Vorbild der Pan-Europa-Union). 1. Washington, 2. Mexico, 3. Rio de Janeiro, 4. Buenos Aires, 5. Santiago, 6. Habana, 7. Buenos Aires, 8. Lima.

[435] Rio de Janeiro Konferenz 1942, veröffentlicht von (published by) Foreign Policy Association 1942.

einstimmigen Beschluß möglich. Keine übernationale Instanz konnte solche Veränderungen beschließen. Niemand riß sich um die Einhaltung der Bestimmungen des Artikels 19; dies war insofern eine berechtigte Haltung, als sie der Furcht vor ungerechten und nicht wieder gutzumachenden Entscheidungen entsprungen war.

Die Entscheidungen einer internationalen Macht müssen vor allem dadurch Vertrauen gewinnen, daß sie sich als gerecht erweisen. Ihre Rechtsprechung muß frei von politischen Kompromissen sein, so daß der Schwächere nicht geopfert werden darf, wie die Tschechoslowakei im Herbst 1938 geopfert worden ist. Es ist verständlich, daß niemand auf diese Weise geopfert zu werden wünscht. Außerdem war die Entscheidung vom Herbst 1938 sehr töricht. Zum ersten Mal in der Geschichte eines mehr als tausend Jahre umfassenden Zeitraumes wurde ein zusammenhängendes Gebiet auseinandergerissen; ein Akt bemerkenswerter Ungeschicklichkeit, der nur Leuten möglich war, die gar nichts verstanden, wie *Neville Chamberlain*, oder die mehr Angst vor dem Tod als vor dem Unrecht hatten, wie *Daladier*.

Das Recht

Recht zu schaffen ist die innerste Kraft aller Sozialbildung. Ohne den Willen zum Recht ist der Staat wertlos und alle seine Entscheidungen verlieren ihren Sinn. Das Recht ist die letzte sämtlicher Normen, von denen wir bisher gesprochen haben. Unsere Studie über die Normen der Sozialbildung ist bloß dann vollständig, wenn wir nach dem Recht fragen und ein wenig tiefer in das Wesen dieser letzten Norm eindringen.
Recht bedeutet selbstverständlich **»richtiges«** Recht. Das Wort spricht für sich selbst. Wir werden noch davon zu reden haben, daß **»unrichtiges«** Recht, falsches Recht gar kein Recht ist. Recht ist eben das »Rechte«, und es kann nie das »Unrechte« sein. Im Leben entspricht das Wahre sehr oft nicht der Norm, im normativen Bereich ist allein die Norm wahr. Freilich ist das Rechte für die einzelnen Menschen, in ihren einzelnen Situationen, verschieden. Im Grund genommen ist es für alle Menschen ständig verschieden. Wie die Menschen individuiert sind und sich je nach ihrer augenblicklichen Lage individuieren, so ist auch das Rechte für sie dauernd individuell. Recht ist danach die **individuelle** Norm, die einer Situation zwischen zwei oder mehreren Menschen hier und jetzt entspringt. Das habe ich an anderer Stelle ausführlich dargelegt und darf mich hier darauf beziehen (Hochland, München 1935, März-Heft). Recht ist also seinem innersten Wesen nach nie abstrakt, sondern immer ganz individuell; tatsächlich ändert es sich von Situation zu Situation. Aber aus einer Anzahl von Situationen wird mit Grund ein universaler Satz abstrahiert. In den großen grundlegenden Fragen des Menschengeschlechts, die der Entscheidung des Rechts unterliegen, sind das die berühmten Sätze des **Naturrechts**. Sie sind wahr und sie sind infolgedessen zwingend, weil sie als echte Abstraktionen in allen individuellen Situationen, auf die

sie sich beziehen wollen, enthalten sind. Weil die menschliche Natur universal ist, kehren sie in den Individuationen dieser Natur genau so wieder, wie diese menschliche Natur selbst. Doch letzten Endes besteht der Anspruch jedes individuellen Falles, aus seinem individuellen Wesen heraus beurteilt zu werden. Er will auf seine individuelle Norm hin untersucht sein, unabhängig von aller Abstraktion und von jeder allgemeinen Norm. »Each case on its own merits.«[436] – Das ist das Ideal aller Rechtsprechung.

Allein das ist nur eine Seite der Sache. Der Mensch ist **nicht fähig, die Individualität** eines Falls und die daraus fließende Norm adäquat zu **erkennen**. Er hat lediglich die Kraft zur stückweisen Erkenntnis der Individualität, und oft sind diese Stücke sehr gering. Über unsere Fähigkeit zur Erkenntnis des Individuellen wird heftig gestritten. Theoretisch ist nicht recht einzusehen, warum wir dieser Fähigkeit bar sein sollten, praktisch geht sie uns weitgehend ab. Die Psychologen leugnen jedenfalls, daß wir uns selbst als Individualität zu erkennen vermögen. Immerhin kennen wir uns besser als die meisten Menschen, die über uns urteilen; wahrscheinlich ist gerade der unberechtigte Anspruch zu urteilen die Fehlerquelle, die sich hier einschleicht. Wieweit wir andere Individuen als solche zu erkennen imstande sind, ist fraglich. Wohl bloß aufgrund sehr tiefer Erfahrungen, mit sehr großer Achtung und Liebe darf sich jemand in ein solches Wagnis begeben. *Scheler*[437] meint, es sei uns verliehen, eine Person unmittelbar ohne Vermittlung von Einfühlung, Analogieschlüssen und anderem zu »schauen«, indessen: diese Wesensschau ist sicher einzig die Gabe besonders

---

[436] Each case on its own merits. Jeder Fall nach seinem eigenen Gesichtspunkt.

[437] Scheler, Max, Philosoph; München 22.8.1874–19.5.1928 Frankfurt am Main.

hervorragender Persönlichkeiten. Wir – die große Masse der durchschnittlichen Seelsorger, Pädagogen, Richter, Ärzte, Psychologen – sind **nicht** dazu geschaffen, die Individuation weit zu treiben und werden deshalb in der Beurteilung anderer Menschen dauernd unsere großen Fehler machen. Der sogenannte »Mangel an Menschenkenntnis« ist ja fast stets der Mangel an Fähigkeit zur Individuation. Wir können nichts anderes tun als aus mühsam gewonnenen Einzelerkenntnissen eine Summe ziehen und mit Hilfe der Einfühlung einen Teil des individuellen Gesamtbildes erreichen. Deshalb ist das rechte Rechtsprechen, das Rechtsprechen aufgrund der individualen Norm, so überaus schwer.

Wahrscheinlich wäre es für uns Menschen **kaum tragbar,** die Gabe der individuellen Erkenntnis in größerem Ausmaß unser eigen zu nennen. »Schmerz ist ja Wissen. Wer am meisten weiß, beklagt am tiefsten die unselige Wahrheit.« Diese Erkenntnis des Dichters ist für den natürlichen Bereich der Welt sicher richtig. Deshalb haben die Russen sich den allwissenden Gott in unserem Aeon als leidenden Gott gedacht. Das ist eine sehr ernste Sache, über die man sich nicht lächelnd hinwegsetzen kann, solang man von der Wirklichkeit dieser Welt einen annähernden Begriff hat. Ich glaube allerdings nicht, daß der Mensch jetzt noch Gott leiden machen kann; Gott hat an der Welt gelitten, solang er als Mensch auf ihr gelebt hat. Diese Zeit ist vorbei, wir stehen jetzt schon in der Epoche des Gerichts über die Welt. Soviel scheint jedenfalls gewiß, daß wir als Menschen nur eine sehr begrenzte Einsicht in die Dinge dieser Welt und in die Menschen aushalten. Das erklärt auf der anderen Seite, weshalb wir so selten wahrhaft gerecht zu urteilen imstande sind.

Das große Mittel, das sich die Menschen schufen, um dem Ziel des richtigen Rechts näher zu kommen, ist die **Positivierung**. Das Recht wird aufgezeichnet, um die Rechtsprechung zu binden, aber eben, um sie an die richtige Entscheidung einer möglichst individuierten Normsetzung zu binden. Ist das Gewohnheitsrecht aufgezeichnet, so ist es auch eine Art von positivem Recht geworden. Die Positivierung, die diesem Ziel dienen soll, ist sicher ein sehr berechtigtes Streben. Ohne Positivierung würde alle Rechtsprechung an den großen Mann als Richter gebunden sein, und da dieser uns Menschen für gewöhnlich fehlt, würde sie der Beschränktheit, oft sogar der Dummheit, der Willkür und der Bosheit der Menschen ausgeliefert sein. Darum sind die großen Positivisten immer auch als Wohltäter ihres Volks angesehen worden. Erst die Positivierung macht unter uns Durchschnittsmenschen das Recht lebensfähig. Der Wille zur Positivierung ist ein echtes Stück Recht. Daß der Richter durch die Positivierung gebunden wird, ist berechtigt. Sich von aller Positivierung lösen zu wollen, endet stets in Anarchie und endlosem Rechtsbruch. Gesetzgebung ist also zum guten Teil vorweggenommene Rechtsprechung, wie umgekehrt jede Rechtsprechung, weil sie wenigstens Gewohnheitsrecht bildet, Positivierung, Gesetzgebung ist.

Erst dort wird die Wohltat der Positivierung zur Plage, wo sie zum *Positivismus* ausartet, weil sie gegen die Instanz des positiven geschriebenen Rechts kein anderes Gesetz mehr anerkennt. Weil die Positivierung nichts anderes will als zum richtigen Recht zu verhelfen, darum muß sie in dem Augenblick zurücktreten, wo sie im individuellen Fall zum falschen Recht führt. Thomas von Aquin lehrt, das schlechte Gesetz sei überhaupt kein Recht. Auf dem europäischen Festland ist das heut eine von den »überholten Doktrinen«. »Der Federalist«[438] hingegen weiß im 78. Stück, daß ein legislativer Akt ungültig ist, wenn er dem Auftrag widerspricht, den der Gesetzgeber empfangen hat; er

[438] Federalist (siehe »Staat« 81: Alexander Hamilton).

folgert daraus die Ungültigkeit aller Akte, die der Verfassung zuwider sind; wir möchten einen Schritt weiter gehen und alle Gesetze für ungültig ansehen, die das richtige Recht irgendwie verkehren; denn mit keiner anderen Vollmacht hat der Gesetzgeber – und der Richter – sein Amt empfangen, als mit jener, richtiges Recht zu schreiben oder zu sprechen. Immer gibt es den Appell vom positiven Recht zum Naturrecht, immer hat sich der Richter die Frage vorzulegen, ob die wirkliche Individuation des Falls nicht zu anderen Normen gelangt als die Individuation der positiven Normen. Wilhelm Tell nach dem Strafgesetzbuch wegen Mordes zum Tod oder zu lebenslänglichem Zuchthaus zu verurteilen, wäre ein schwerer Fehler der Rechtsprechung, gegen den das Recht bloß Schutz bietet, wenn wir die Wirklichkeit des individuellen Falls sprechen lassen.

Kann man das Verhältnis von Naturrecht und positivem Recht auf eine juristische Formel bringen? Sicher; diese Formel existiert längst, sie ist im römischen Recht zu einer hohen Kunst entwickelt worden und hat in alle unsere modernen Rechte Eingang gefunden: die **Präsumption**. Die Vermutung spricht für das positive Recht, aber das Naturrecht hat die Möglichkeit zu beweisen, daß die wahre Norm anders lautet als es der Individuation des positiven Rechts zu entsprechen scheint. »Das Gesetz ist eine menschliche Einrichtung für menschliche Bedürfnisse; es ist alles andere als statisch«, sagt der gegenwärtige Chief-Justice der Vereinigten Staaten, *Stone*[439].

Suchen wir das noch etwas klarer zu machen! Der Richter ist solang an das **positive Recht gebunden, bis ihm anderes bewiesen wird**. Das bedeutet eine gewisse **Stabilität** des Rechts. Sie gehört zum Wesen des Rechts, sie soll sein. Das Recht soll

---

[439] Stone, oberster Richter der Vereinigten Staaten von Amerika zur Zeit von Sodens Anwesenheit in New York 1941/43.

gesicherte Dauerverhältnisse schaffen. Der Mensch soll sich auf eine gewisse Dauer des Zustands verlassen können, den das Recht gewährleistet. Die Einwände, die hier gemacht werden, sind bekannt. Man sagt, das Recht werde zu einer Arena, auf der der schlaue, ja verbrecherische Mensch seinen Kampf leicht siegreich ausficht, während andere, der Staat vor allem, mit gebundenen Händen diesem Treiben zusehen müssen. Das ist nicht richtig; Menschen und Staaten, die sich ihres Werts bewußt sind, werden an das Naturrecht appellieren und somit alle Netze der bösartigen Eigensucht oder des Verbrechens zerreißen. Doch nicht jede Geschicklichkeit des Einzelnen in der Art, das Recht zu handhaben, bedeutet bösartige Eigensucht. Nicht alle Dummheit oder plumpe Ungeschicklichkeit ist schutzwürdig. Nicht jeder gerissene jüdische Rechtsanwalt, der die Reichsabgabenordnung bis zum letzten i-Punkt auswertet, begründet schon die Unfähigkeit alles positiven Rechts oder den Appell an das Naturrecht. Natürlich werden die Menschen immer dem gewandteren Rechtsanwalt nachlaufen, genau so wie sie niemand daran hindern kann, zu dem Arzt zu gehen, den sie für den besseren halten. Ich habe Einiges von der Praxis der deutschen Gerichte vor 1933 gesehen und glaube nicht, daß ein echter Verbrecher unserer Strafjustiz entwischt ist, weil wir den Grundsatz *»Nulla poena sine lege«* hochhielten. In Zivilsachen hat der normale Richter seine Rechtsanwälte sehr wohl gekannt und ihre Schriftsätze auf strenge Weise zu sieben gewußt. Es ist eine Propagandalüge, daß in Zivilsachen das Mehr an Schlauheit und an Geld triumphierte; unsere Zivilrichter haben genau gewußt, was sie taten und was sie zu tun hatten, erst recht, nachdem der Eid im Zivilprozeß eine Art von Offizialcharakter bekommen hatte.

Der Grundsatz *»Nulla poena sine lege«*[440], der durch das Verbot eines ex-port-facto-law in Art. 1, sect. 9 der Verfassung der Vereinigten Staaten gesichert ist, und das *»Ne bis in idem«*[441], das im fünften Amendment durch die Bill of Rights hinzukam, sind keine bloßen Positivismen. Die Auffassung, die in diesem Buch über das Verhältnis von positivem und Naturrecht entwickelt ist, verlangt eine positive Norm als Grundlage jeder Bestrafung. Daß sie fehlt, berechtigt noch lange nicht dazu, sich auf das Naturrecht zu berufen. Umgekehrt hat gerade das Naturrecht mit diesen zwei Sätzen Schranken aufgebaut, die von keiner Strafjustiz übersprungen werden sollen. Das hat seinen guten Grund. Die Übermacht des Staates mit seiner polizeilichen und richterlichen Gewalt ist gegenüber dem Einzelindividuum so groß, daß sie gewisser sicherer Grenzen bedarf. Das ist auch notwendig, um jene Stabilität zu gewährleisten, die – wie wir sahen – zum Wesen alles Rechts gehört. Die Konstruktion der sogenannten subjetiv-öffentlichen Rechte wird uns im folgenden Abschnitt noch beschäftigen. Das Verhältnis des Individuums zu den einzelnen politischen Körperschaften und ihr gegenseitiges Verhältnis bedingt die Festlegung bestimmter Grenzen. Im allgemeinen ist es der Beruf des Naturrechts, dem Schwachen zu helfen, und im allgemeinen ist das, was wir heut den Staat nennen, nicht der schwache Teil. Individuum, Familie und die Reihe der politischen Körperschaften sollen innerhalb ihrer Grenzen in einem Gleichgewichtsverhältnis stehen. Der Staat als der mächtigste unter ihnen ist am meisten in Gefahr, dieses Gleichgewicht zu stören. Deshalb hat das positive Recht ihm gegenüber mehr Zuständigkeit als gegenüber dem Individuum oder der Familie oder den politischen Körpern unter oder über ihm. Die

---

[440] Keine Strafe ohne Gesetz.
[441] Nicht zweimal für dasselbe.

Sätze, die das Naturrecht schon in der Römerzeit aufgestellt hat, um ihn zu großer Achtung vor dem positiven Recht anzuhalten, werden immer für ihn in Geltung bleiben, solang er die mächtigste Organisation im politischen Bereich bildet.
Allein die Stabilität des Rechts, die das Geschenk der Positivierung ist, wird dauernd in Gefahr schweben, wenn der Appell ans Naturrecht erlaubt ist. Das war einer der Gesichtspunkte, die ordnungsliebende Denker, wie sie vor allem die deutschen Positivisten darstellten, dazu veranlaßt haben, das Naturrecht abzuschaffen. Leider ist die Ordnung dieser Welt eine sehr komplexe Angelegenheit, die nicht mit einer einfachen Denkoperation abgetan wird. Aus den Vereinigten Staaten wird berichtet, einer der Haupteinwände gegen das New Deal[442] sei die gramerfüllte Feststellung gewesen, niemand wisse jetzt mehr, was rechtens sei. Vielleicht wächst diese Ungewißheit immer dann, wenn lange Perioden der Rechtsprechung oder auch der Verwaltung den Appell an das Naturrecht vernachlässigt haben. Dann brechen seine Fluten mit angstgebietender Macht über eine Gesellschaft herein, die es nicht hatte kennen wollen. Das ist meistens in den Revolutionen so, und niemand kann das verurteilen; nur, daß häufig im Gefolge dieser Überschwemmung der Positivismus mit verstärkter Kraft zurückkehrt. Außerdem ist unsere Welt nun einmal von der Art, daß Zeiten einer sehr gleichmäßigen Rechtsindividuation von Zeiten abgelöst werden, in der diese Individuation heftig **schwankt**. Nicht die Rechtsordnung ist daran schuld, sondern der unregelmäßige Rhythmus dieser Zeiten. Der Wechsel der Dinge fließt aus einer Sphäre, die nicht vom Recht beherrscht wird. Technische und wirtschaftliche Umstellungen werden nicht von Rechtsnormen gelenkt; den Menschen kommt

[442] New Deal, die von Präsident F. D. Roosevelt 1933 eingeleiteten Reformen zur Überwindung der Wirtschaftskrise.

es zwar zu, diese Umstellungen nach Normen zu vollziehen, doch sie nehmen diese Aufgabe meist gar nicht wahr. Auch auf dem engeren Gebiet der Politik sind die Menschen zu einem großen Teil nicht von Normen beherrscht. Deshalb wirkt sich der Vorgang der Veränderung, sowohl im individuellen wie im sozialen Leben, gewöhnlich gegen das Recht aus, und die natürliche Stabilität des Rechts verstärkt diese Strömung. Der Richter hat hier eine große Sendung. Er muß die Norm zu erhalten suchen, indem er bei ihrer Individuierung alle Momente kennt, anerkennt und abwägt. Dann ist allerdings nicht mehr die Stabilität des Rechts der maßgebende Gesichtspunkt, sondern daß überhaupt Recht lebt und gilt. Die Stabilität mag unter dem Wechsel der Individuation leiden, und wir alle leiden zu solchen Zeiten mit. Doch daß Normen noch Kraft haben, ist eine große Wohltat, die alle Leiden aufwiegt.

Also schaffen die **Tatsachen** Recht? Das wäre ein großes Mißverständnis der hier vertretenen Auffassungen. Selbstverständlich wirken die Tatsachen auf die Individuierung ein. Jede materielle Auffassung des Rechts hat diesem Umstand Rechnung zu tragen.

Und Recht ist genau wie die mit ihm nah verwandte Moral ein durchaus materiales Ding. Das richtige Recht ist alles andere als eine bloß formale Norm. Es schwebt auch nicht über den Dingen, sondern es liegt in ihnen. Doch die Tatsachen vermögen nichts weiter als Normen zu aktualisieren, niemals können sie in unserer Lehre vom Naturrecht Normen verdrängen oder ersetzen. Jede neue Situation, von Tatsachen geschaffen und getragen, führt neue Normen herauf, die es zu begreifen und zu verwirklichen gilt. Die Kunst besteht gerade darin, in der Situation die echten Normen zu sehen und sie dann zur Geltung zu bringen. Die tiefste Norm, die alle anderen festzustellen hilft, ist nach alter ethischer Lehre die Fülle des menschlichen Lebens und der Persönlichkeit. Sie ist eine völlig materiale Norm, mag sie sich auch nach der verschiedenen Individualität der Menschen verschieden individuieren. Das kann im Rahmen dieser Arbeit nicht eingehender gezeigt werden. Bei einem Menschen mag die Persönlichkeit mehr in der naturwissenschaftlichen, beim anderen mehr in der künstlerischen Entwicklung zur Vollreife gelangen, bei einem Menschen mehr durch Treue, Fleiß, Gerechtigkeit, beim anderen mehr durch Enthaltung von sexuellen Ausschweifungen und Demut. **Immer** sind Hochmut, Unkeuschheit, Trägkeit, Treulosigkeit, Neid, Geiz, Unmäßigkeit Haltungen, die von jeder noch so individuierten Norm absolut und ohne jegliches Schwanken abgelehnt werden; immer sind Handlungen und Haltungen dieser Art ungerecht. Immer sprechen Moral und Recht gegen sie. Das Sollen wird weitgehend aus dem Sein gefolgert, doch es ist eine von allem Sein völlig verschiedene Kategorie. »Signatum est super nos lumen vultus tui, Domine.«[443] *Thomas von Aquin* hat diese Psalmstelle als Zeugnis dafür angesehen, daß die Norm des göttlichen Willens aus den Verhältnissen und Dingen spricht, in denen wir stehen. Wir lesen das Recht aus der Natur. Allein wer das will, muß lesen können. Das Wirkliche und das Gute sind auf dieser kleinen Welt nicht identisch.

Kehren wir wieder zur Betrachtung dessen zurück, was die Positivierung leistet. Wenn alle Rechtsprechung eine Art von Gesetzgebung ist, dann ist der Richter im letzten Grund ein Gesetzgeber, ebenso der Verwaltungsbeamte, der durch seine Verfügung Recht herstellt; Verwaltung im Rechtsstaat kann nichts anderes als die Schaffung von Ordnung, also Recht zwi-

---

443 Signatum est super nos lumen vultus tui, Domine. Erschienen ist über uns das Licht deines Antlitzes, Herr – Erhebe über uns das Licht deines Antlitzes, Herr. Psalm 4,7.

schen den Menschen im Staat sein. August *Lay*[444] hat die rechtssetzende Funktion von Rechtsprechung und Exekutive klar erkannt (Federalist Nr. 64). Rechtssetzung ist das ganze Leben des Staats, und wo es nicht so ist, liegt zweifellos Krankheit vor. Am wenigsten können die Parteimänner den Grundsatz von der Rechtmäßigkeit der Verwaltung bestreiten, die die sogenannte Formalität des positiven Rechts durch reichliche Rückgriffe auf ein Naturrecht ganz eigener Art überwinden möchten. Der **Staat** als Ganzes **ist Richter**, Ordner der Angelegenheiten der in ihm verbundenen Menschen, nichts weiter. Die Lehre von der Gewaltenteilung ist ein geistvolles politisches Programmstück. Aber ihre innere Wahrheit ist nicht größer als die jeder zu weit getriebenen Unterscheidung. Noch die bayerische Verfassung von 1818, die formell genau hundert Jahre in Kraft war, sah im König die Fülle und einzige Quelle aller Staatsgewalt, mit ihr die meisten festlandeuropäischen monarchisch-konstitutionellen Verfassungen. Die historische Rolle des Königs war vor allem, Richter zu sein; auch im Fall Englands, wo das Oberhaus für die wichtigsten Materien die letzte richterliche Instanz ist, kann man streiten, ob König oder Parlament die höchste Gewalt in der Rechtsprechung haben. Jedenfalls wird der Lord-Kanzler vom König ernannt. Sonst ist ganz allgemein der oberste Richter vom Haupt der Exekutive in sein Amt eingesetzt. Deshalb sollte ein Abglanz der königlichen Gewalt auf jedem Richter ruhen, wenigstens auf dem obersten Richter eines Lands. Die Präsidenten oberster Gerichte allerdings, die ich in Europa kannte, machten keinen königlichen Eindruck; sie sahen aus wie tüchtige, aber harmlose Fachleute auszusehen pflegen; manchmal schienen sie sogar mit eifersüchtiger Strebsamkeit über ihre Zuständigkeit zu wachen. An den mittleren und unteren Gerichten habe ich eine

---

[444] August Lay, Pädagoge; Bötzingen 30.7.1862–9.5.1926 Karlsruhe.

ganze Anzahl von Männern gefunden, die entschlossen und mit einem vollen Sinn für Recht und Wirklichkeit begabt waren. Unbestechlichkeit war selbstverständlich.
Vielleicht hätte der nationalsozialistische Angriff auf das Recht und das Richtertum sich nie so stark ausgewachsen, wenn die obersten Richter anderen mehr imponiert hätten. Im Grund genommen war dieser Angriff wie so viele Äußerungen der nationalsozialistischen Mentalität nichts als die Frechheit der vor der Durchschnittlichkeit respektlos Gewordenen. Selbstverständlich waren die Anzeichen von Schwäche und Parteilichkeit, wie sie etwa im Münchener Hitlerprozeß[445] von 1924 oder vor dem Leipziger Staatsgerichtshof 1932 durchbrachen, nicht geeignet, die wankende Achtung vor der Justiz wiederherzustellen. Allein der völlige Mangel an Größe, der von den obersten Vertretern der Justiz ausstrahlte, ist der Hauptschuldige dafür, daß die deutsche Justiz, nachdem sie zuerst die menschliche Achtung verloren hatte, so krasse Zumutungen erleiden mußte.
Die **Unabhängigkeit der Justiz von der Exekutive** war vor Hitler so gut als nur möglich gesichert; daß sie gefehlt hätte, ist unwahr und kann als Grund für dieses menschliche Versagen nicht angeführt werden. Selbstverständlich ist diese Unabhängigkeit, wie gesagt, nie völlig zu erreichen. Ehrgeizige junge Juristen, die nach der Staatsanwaltskarriere ausschauten, haben auch in Deutschland vor 1933 ihre Meinungen darnach eingerichtet, wie der Wind von den amtlichen Autoritäten ging; sie haben es darin den ehrgeizigen jungen Verwaltungsbeamten durchaus gleich getan. Ehrgeiz ist eben immer eine Gefahr für die Demokratie und noch mehr für den Rechtsstaat; man wird ihn so wenig ausschalten können wie die anderen menschlichen Schwächen. Selbst die beste Verwirklichung der Norm hat ein Loch, nämlich

[445] Der Hitlerprozeß 1924.

unsere eigene menschliche Unvollkommenheit, und da die »schwache Stunde« nach einem berühmten Wort »für jeden kommt«, gibt es keinen unfehlbaren Schutz, den Gesetze gegen menschliche Fehler zu gewährleisten vermöchten. Möglich, daß ein Richterschub[445a] ehrlicher ist, wie er sogar in der nordamerikanischen Demokratie vorzukommen pflegt, allerdings bloß, wenn der Tod die Türe für ihn aufmacht. Jedenfalls ist es ausgeschlossen, einen Zustand zu ersinnen, der jeden noch so indirekten Einfluß der Exekutive auf die Rechtsprechung ausschließt. Damit soll selbstverständlich kein Wort gegen die Trennung der Justiz von der Verwaltung gesagt sein, wie sie sich in Deutschland zwischen 1848 und 1870 durchgesetzt hat. Die Gewaltenteilung bleibt eine der größten Errungenschaften unseres Zeitalters, nur daß sie weder logisch noch tatsächlich als absoluter Grundsatz gelten kann. Und auch sie ist außerstande den Rechtsstaat zu verteidigen, wenn die höchsten Richter mit ihrer Berufsauffassung versagen. Ganz falsch wäre es schließlich, wollte man die Gewaltenteilung so auslegen, daß die Exekutive als gesonderter Bereich allen rechtsstaatlichen Normen entzogen wäre und ein unberührbares Gehege des politischen Ermessens bilde.

Der **Bund** will vor allem und zuerst, daß **Recht** gesetzt wird. Die Männer, die den ersten Bund schließen, tun das, damit zwischen ihnen beiden, oder zwischen ihnen und einem Dritten, Ordnung geschafft werde. Ihre Verhältnisse sollen nach der Norm gestaltet werden, die aus diesen Verhältnissen entspringt. Das ist das ganze Ziel des Bunds. Wahrscheinlich, daß sie dafür einen Dritten aufstellen und ihm den Auftrag geben, diese Ordnung zu stiften. Und weil kein Mensch in eigener Sache Richter sein kann, wird der Bund schwerlich ohne einen solchen »Drit-

[445a] Richterschub: Ungewöhnlich hohe Zahl von Neueinstellungen in der Richterschaft.

ten« auskommen. Für gewöhnlich ist niemand fähig, einen eigenen Rechtsfall zu individuieren; schon die autonome moralische Individuation ist schwierig genug. Die Gefahr, daß die persönlichen Interessen die wahre Individuation verdunkeln, liegt jedenfalls sehr nah. Außerdem ist die Reflexion kein sicheres Mittel zur Individuation; nur der Dritte wird die Objektivität des Gemeinwohls, die in jeder Individuation zur Geltung kommen soll, annähernd verstehen. Das ist der Ursprung alles Richtertums und mit ihm auch des königlichen Amts. Rechtsindividuation ist im Gegensatz zur moralischen Individuation stets nur zwischen mindestens zwei Menschen denkbar. Das ist der Grund, warum Recht und Bund sich gegenseitig bedingen. Der erste und kleinste Bund **»ist«** also und schafft zugleich das erste Recht. Der Bund ist die erste Unternehmung, um Recht zu individuieren und Recht zu setzen. Alles, was der Bund weiter unternimmt, alle seine Lebensäußerungen und Funktionen, sind Recht; sind sie es nicht, so haben sie auch keine Kraft, irgendwen zu binden. Sind sie innerhalb eines gewissen Zeitraums nie Recht, so ist das ein Zeichen, daß wir es überhaupt mit keinem echten Bund zu tun haben.

Die Individuation des Rechts zwischen den einzelnen Gliedern des Bunds kann einzig auf der Grundlage ihrer vollkommenen **Gleichheit** geschehen. Ist einer von ihnen rechtlich oder tatsächlich stärker als der andere, so liegt bereits ein Herrschaftsverhältnis vor, das jede wirkliche Rechtsindividuation im höchsten Maß gefährdet, wenn nicht ausschließt. Natürlich ist mit einem solchen Mehr nicht das eines größeren Grundbesitzers gegenüber anderen großen Grundbesitzern oder das eines reicheren unter zwei ansehnlich Begüterten gemeint. Es muß ein einseitiges Übergewicht vorliegen, wie etwa das des Sklavenhalters zu seinem Sklaven oder das des Grundherrn zu seinen Leibeigenen. Auch das Verhältnis zwischen dem Unternehmer und seinen Arbeitern, solang sie ohne alle Organisation dastehen, des Trustes zur Masse der Verbraucher, der Großmacht gegenüber einem oder mehreren Mittelstaaten gehört hierher. In einem solchen Fall handelt es sich um kein echtes Bundesverhältnis, und die sogenannte Rechtssetzung ist hier lediglich Anwendung und Ausbreitung der Herrschaft des einen über den anderen. Jedenfalls gibt es keine Garantie, daß sie es nicht sei, außer wenn die ungleichen Brüder durch eine höhere, ihnen völlig überlegene Autorität beherrscht werden. Die heftige Verschiedenheit in der Größe und Macht unserer Staaten schreit also nach einer starken internationalen Gewalt. Wenn man »Kapital«, wie es wohl am richtigsten ist, als gesellschaftliche Macht versteht, dann bedarf die kapitalistische Gesellschaftsordnung einer sehr ansehnlichen, völlig unabhängigen Staatsgewalt, soll sie nicht zum Klassenstaat ausarten, wie *Marx* und *Lenin* gefürchtet hatten. Das Weimarer Deutschland von 1919 bis 1932 war trotz all seiner Fehler kein Klassenstaat; die Schlüsselstellung, die die Sozialdemokraten und das über alle Klassengegensätze hinweg geeinte katholische Zentrum in ihm einnahmen, schützte es vor einem Abgleiten nach der Richtung des Klassenstaats. Das größte Mißverständnis dieser sozialistischen und katholischen Politiker war, daß sie die Stärke ihrer Stellung überschätzten; staatsgläubig wie sie waren, sahen sie das Problem des »Reiches« nicht, von dem wir früher gesprochen haben. So sind sie überraschend schnell Herrn *von Papens* Intrigen und seinem Staatsstreich zum Opfer gefallen, die den Weg für Hitler freimachten.

Die Vereinigten Staaten *Roosevelts*[446] und das England *Churchills* und *Bevins*[447] sind erst recht keine Klassenstaaten. Die

---

[446] Roosevelt, Franklin Delano, 32. Präsident der Vereinigsten Staaten von Amerika; Hyde Park 30.1.1882 – Warm Springs 12.4.1945.

[447] Bevin, Ernest, brit. Staatsmann; Winsford 1.3.1881–14.4.1951 London.

Diktatoren haben ihren Gefolgsleuten das Mehr an Staatsmacht, das sie verlangten, dadurch schmackhaft zu machen versucht, daß sie behaupteten, nur durch sie und ihren mächtigen Staat sei der kapitalistische oder kommunistische Klassenstaat zu vermeiden. Das war natürlich eine Lüge; denn die Diktaturen sind nichts anderes als die letzte und in ihrer Art vollkommenste Form der kapitalistischen Klassenherrschaft. Doch man hätte auf ihre Behauptung antworten können, daß es ihrer starken Ausdehnung der Staatsmacht gar nicht bedürfe, wenn die schlimmen gesellschaftlichen Herrschaftsverhältnisse, die der Kapitalismus heraufbeschworen hatte, beseitigt und so die Gefahr vermieden würde, daß der Staat ein Werkzeug der Kapitalistenklasse werde. Bei einem gezähmten Kapitalismus würde das Übergewicht an Staatsmacht unnötig, das die Diktatoren für sich beanspruchten. Oder waren diese Herrschaftsverhältnisse bereits so erdrükkend, daß man eine unverhältnismäßig starke Staatsmacht aufzuwenden hatte, um die Ansätze zum kapitalistischen Klassenstaat zu zertrümmern? Die Vereinigten Staaten *Roosevelts* scheinen ein »Ja« auf diese Frage nahezulegen. Ist das aber so, dann wird das ganze Maß von Mißbrauch erst klar, mit dem die Diktatoren ihre Macht ausübten; sie haben bloß ihren kapitalistischen Gönnern und Geldgebern ihre Gewalt über Menschen erhalten, statt das einzig Gute zu tun, das eine Überfülle an Staatsmacht rechtfertigen könnte.
Wirkliche Rechtsindividuation ist sonach von der Existenz eines **wirklichen Bundes** abhängig. Nur für sie lebt der Bund. Natürlich gilt es zu verstehen, daß Übermacht, also Herrschaftsverhältnisse lediglich dann die Individuation hindern, wenn sie ihr vorausgehen und sie auf diese Weise beeinflussen. Es ist denkbar, daß die Individuation selbst ein Herrschaftsverhältnis aufrichtet, etwa die normale Beziehung des Gläubigers zum Schuldner oder die Regierung des Staats durch eins Aristokratie

wie in Venedig oder durch Monarchie wie im ersten Reich der Deutschen mit seinem erblichen Stammesherzogen und seinem Wahlkaisertum; dann liegt die Sache anders. Hier ist das Herrschaftsverhältnis von einer richtigen und echten Rechtsindividuation getragen, und niemand wird ihm seinen Rechtscharakter absprechen. Allerdings ist die Frage sehr genau und gewissenhaft zu prüfen, ob tatsächlich eine echte Individuation gegeben ist; häufig genug ist das nicht der Fall; bestehende Herrschaftsverhältnisse werden lediglich benützt, um eine rechtliche Form für neue Herrschaftsverhältnisse zu gewinnen. Auch kann unmöglich geleugnet werden, daß die zunehmende Gleichheit der Bildung die Individuation von Herrschaftsverhältnissen heute viel seltener macht als etwa im Mittelalter oder noch vor zweihundert Jahren. Immerhin ist der Fall denkbar und im Bereich des sogenannten bürgerlichen Rechts auch jetzt noch häufig.
Sieht man das menschliche Zusammenleben von der Seite seines rechtlichen Sinnes aus an, so findet man in allen notwendigen sozialen Bildungen nur das eine Streben: Recht zu schaffen. Dann kann es keine andere Kategorie dieses Zusammenlebens geben als eben den Bund, der allein solche Rechtsschöpfung möglich macht. Betrachtet man die sozialen Bildungen soziologisch, dann trifft man auch wieder überall auf den Willen zum Bund als dem ersten und sichersten Mittel, zum Recht zu gelangen. Selbstverständlich ist der **kleinste Bund**, der Recht setzen und tatsächlich machen kann, der beste. Um meine verletzte Ehre wiederherzustellen, wird häufig der Sühne-Versuch vor dem Dorfbürgermeister genügen. Den Schadensersatz, den mir das Landgericht Landshut und der bayerische Staat zu verschaffen vermögen, werde ich nicht beim Reichsgericht in Leipzig anstreben; ich werde seinetwegen nicht die Mittel des Deutschen Reichs in Bewegung setzen. Doch es gibt Fälle, wo mir bloß dieses Reichsgericht oder gar der Haager Schiedsgerichtshof zu

meinem Recht zu verhelfen imstande sind. Und dieser Haager Schiedsgerichtshof oder der Internationale Gerichtshof des Völkerbunds in Genf sind einzig dann wahre Rechtssetzer, wenn sie als die Organe eines Bunds arbeiten, der dieses Recht in Niederbayern genau so wie in Hongkong durchzusetzen die Kraft hat. Wir dürfen uns hier auf das beziehen, was im 3. Kapitel dieses Buches über die Subsidiarität der notwendigen sozialen Bildungen und gegen alle soziale Hypertrophie gesagt worden ist.
Das 18. Jahrhundert hat die **Universalität** des Naturrechts wohl gekannt, nicht aber seine Individuation. Es hat die Universalität seiner Normen gelehrt, indessen das war nur die eine Seite des Naturrechts. Der Gedanke der Normindividuation blieb dieser Naturrechtsschule fremd. Das ist uns heut unverständlich; denn niemand hat die Individualität höher gewertet als *Suarez*, der sie von allen materiellen Abhängigkeiten befreit und unmittelbar auf die göttliche Schöpfung zurückgeführt hat; etwas später hat *Leibniz* mit der praestabilierten Harmonie der Monaden eine ähnliche Doktrin vertreten. Wahrscheinlich mußten wir erst durch den Individualismus des frühen und den Historismus des späteren 19. Jahrhunderts durchgehen, um den Blick auf die Fülle des Naturrechts zu gewinnen, aus der wir zur Individuation gelangen. Die abstrakte Universalität des 18. Jahrhunderts war der Boden, auf dem das Naturrecht leicht überwunden werden konnte. Die Weimarer Republikaner als die Schüler dieses einseitigen Naturrechts hatten darin gefehlt, daß sie eine abstrakte Republik auf den Thron hoben, die ohne Kenntnis der deutschen Geschichte und ohne Rücksicht auf die deutsche Individualität nach den Begriffen eines schon überalterten Liberalismus gebaut war. Sie fingen einfach da an, wo die Frankfurter Paulskirche nicht fertig geworden war. Sie hatten vergessen, daß seitdem 70 Jahre verstrichen waren und daß auch die Paulskirche die deutsche Frage nicht hatte lösen können, weil sie den

Föderalismus nicht sah, der ihr unter dem Gewand eines überreichen, aber ängstlich gewordenen Dynastizismus verborgen blieb. Das 18. Jahrhundert kannte und achtete das Individuum, doch bloß als universale Persönlichkeit. Das Geheimnis der Individualität blieb ihm und seinen Schülern verschlossen.
Montesquieu hat zum ersten Mal die Individuation der Gesetze nach dem Volkscharakter gesehen; das war nur die halbe Wahrheit; denn von der Individuation nach der individuellen Persönlichkeit wußte er nichts. Aber es war ein wichtiger Fortschritt, der ihn weit über sein Jahrhundert hinaushob. *Voltaire*, der ihn nicht leiden konnte, hat ihm Oberflächlichkeit vorgeworfen, eine Anklage, von der im Licht moderner historischer Forschung wohl keiner der berühmten Denker des 19. Jahrhunderts freigesprochen werden könnte. In Deutschland hat erst *Savigny*[447a] den gleichen Weg gefunden. Er hat sehr gut begriffen, daß es Zeiten mit den Beruf zur Gesetzgebung gebe und solche ohne ihn. Zweifellos ist es das große Verdienst *Hegels*, der reichen und bunten Geschichte eine Straße in die Philosophie gebaut zu haben; er ist der eigentliche Vater unseres Historisrnus geworden. Er hat etwas von der Individuation der Logik gewußt, nur daß am Ende sein objektiver Geist doch zu klein und eng, zu sehr historisch gebunden blieb. *Goethe*, der in einem anderen Zeitalter anfing, hat die ganze Entwicklung zur Geschichte mitgemacht. Vielleicht, weil er ein Dichter war, blieb sein Denken erstaunlich offen; mit sechzig Jahren fing er an, der größte deutsche Romantiker zu werden. Er war das, was er übrigens mit Recht an *Byron*[448] liebte, die Vereinigung der Antike mit der Geschichte.

[447a] Savigny, Friedrich Carl von., Jurist, Rechtslehrer; Frankfurt am Main 21.2.1779–25.10.1861 Berlin. (Ab 1803 Professor in Marburg, 1808–1810 Professor in Landshut, seit 1810 in Berlin).

[448] Byron, George Gordon, Lord, engl. Dichter; London 22.1.1787–19.04. 1824 Missolunghi.

Dieses Buch wird kaum in den Verdacht kommen, als wollte es **die Grenzen des Historismus** verschleiern. Diese Grenzen sind so alt wie das Problem selbst. **Heraklit**[449] hat in der Fülle des Geschehens keine Norm mehr erkannt. Am Ende des 19. Jahrhunderts haben gerade die größten Historiker – fast möchte man sagen: verzweifelt – um die Norm gerungen. Das ganze Werk Otto *von Gierkes*[450] ist ein Bekenntnis zur Norm. *Troeltsch*[451] hat die Kritik der Normen, die ihm die Geschichte an die Hand gab, benutzt, um zu neuen – wie er dachte: besseren – Normen zu gelangen. Auch bei *Harnack*[452] läßt sich letztlich der Drang nach der Norm entdecken. Die klassischen Positivisten waren damit zufrieden, allein im Staat die Quelle aller Rechtsnormen zu finden; sie haben die Individuation hoch in Ehren gehalten, die die Kasuistik der staatlichen Gesetzgebung enthielt, sie achteten das Gewohnheitsrecht der Rechtsprechung. Weiter zur Individuation vorzudringen wagten sie nicht. Gerade die Geltung des Gewohnheitsrechts, ebenso die verpflichtende Kraft des Völkerrechts oder das Wesen der Nationalobligation blieben ungelöste Rätsel, und kein Ödypus fand sich, um der Sphynx die Stirne zu bieten. Jetzt wandert die Dialektik wieder einen Schritt weiter. Nach der Universalität des früheren Naturrechts und nach der nationalen Individuation des vergangenen Jahrhunderts stehen wir heut vor der persönlichen Individuation als der tiefsten Möglichkeit, Norm und Individualität zur gleichzeitigen Geltung zu bringen.

---

[449] Heraklit, Philosoph aus Ephesus; um 500 vor Chr.

[450] Gierke, Otto von, Jurist; Stettin 11.1.1841–10.10.1921 Charlottenburg.

[451] Troeltsch, Ernst, evang. Theologe und Philosoph; Haunstetten bei Augsburg 17.2.1865–1.2.1923 Berlin.

[452] Harnack, Adolf von, evang. Theologe; Dorpat 7.5.1851–10.6.1930 Heidelberg.

Vielleicht ist es nicht ganz überflüssig nochmals zu unterstreichen, daß die Individuation keine Feindin der Positivierung ist. Natürlich ist es völlig richtig, den Grundsatz »each case on its own merits« aufzustellen. Doch dieser Grundsatz zwingt nicht notwendig dazu, auf die Setzung von universaleren Rechtsregeln zu verzichten. Eine Positivierung ist ja schließlich im Gewohnheitsrecht des Richterspruchs auch über den individuellen Fall enthalten. Warum nicht ein Gesetz formulieren, das in jedem einzelnen Fall individuiert werden muß und das so weise abgefaßt ist, daß es unschwer individuiert werden kann? Die Kultur unseres Zeitalters wünscht nicht auf ihren Reichtum an positivem Recht zu verzichten. Die Kodifikationen des 18. und 19. Jahrhunderts sind gewiß sehr anfechtbar; schon der Grundsatz der Kodifikation enthält eine positivistische Überschätzung. Eine gewisse Angst vor der Fülle des positiven Rechts und vor der Weite seiner Möglichkeiten zur Individuation ist häufig eine der bestimmenden Ursachen, der die Kodifikation ihr Leben verdankt. in Wirklichkeit verdunkeln die Kodifikationen kulturelle Sendung und normative Bedeutung des positiven Rechts. Sich auf die Kodifikationen zu berufen, um das positive Recht anzugreifen, heißt also den Dichter kritisieren, weil die Gestalten seines Romans voll von Schwächen und Fehlern sind.
Die Auffassung des Rechts, die hier entwickelt wird, ist – wie schon früher gesagt – **dualistisch**. Sie ist die einzige, die logisch mit dem Weltbild eines Schöpfergottes und sittlich freier Menschen übereinstimmt. Das Recht hat eine notwendige und eine kontingente Sphäre. Theologen mögen auch die notwendige Sphäre kontingent nennen, weil sie zum Beweis der geschaffenen Dinge zählt, allein das ist nicht der Gesichtspunkt dieses Buches. In der kontingenten Sphäre werden die Normen vom Gesetzgeber geschaffen, also auch von den autonomen Parteien,

die im Bereich ihrer Zuständigkeit Gesetzgeber sind. In der notwendigen Sphäre stehen die Normen wie die Natur des Menschen und Dinge, aus der sie entspringen, fest. Das Verhältnis, in dem der Erblasser Frau und Kinder erben läßt, ist seine eigene Sache; nur kann er sie ohne bestimmte Gründe nicht völlig enterben. Er ist nicht imstand, ihnen den Pflichtteil zu nehmen, doch wie hoch dieser Pflichtteil sein soll, wird vom Gesetz bestimmt. Daß mir aus dem gebrochenen Vertrag Schadensersatzansprüche zustehen, ist Naturrecht; die Kriterien dieses Schadensersatzes finden sich im Gesetz oder im Vertrag, den ich eingegangen bin. Es gibt zweifellos naturrechtlich eine Grenze für den Zins. Das deutsche bürgerliche Gesetzbuch hatte ihre Festsetzung mit Grund einzig der Individuation durch den Richter überlassen; heut ist sie starr, ein Zugeständnis an den Positivismus, dessen bindende Kraft für den Richter zweifelhaft erscheint. Viel eher könnte man von einer Pflicht des Staates reden, den Geldmarkt zu beeinflussen und mit finanziellen Mitteln vor Ausartungen zu bewahren. Unterhalb der Höchstgrenze ist jedenfalls mein Partner frei, mit mir zu vereinbaren, wieviel Zins er mir zahlen will. Die Verjährung ist eine wirklich im Wesen des Rechts wurzelnde Einrichtung. Ihre Fristen anzugeben ist der Gesetzgeber berufen. Daß der Staat naturrechtlich in gewissen äußersten Fällen zur Todesstrafe greifen kann, möchte ich nicht bestreiten, obwohl auffallenderweise viele Juristen, die praktisch mit dem Vollzug dieser Todesstrafe zu tun hatten, zu ihren erklärten Gegnern geworden sind. Sicher ist die Todesstrafe, wenn sich überhaupt eine sozialethische Begründung findet, mehr dazu ausersehen, das Los des Hochverräters zu werden, der das Glück und das Leben von Millionen seiner Mitbürger vernichtet. Und sicher wird ihre Formulierung im positiven Strafrecht mit äußerster Sorgfalt, mit ehrfürchtiger Scheu vor allem Menschenrecht und mit soviel Weisheit zu geschehen ha-

ben, daß der kluge und gewissenhafte Richter alle Wege der Individuation offen und der enge oder leichtfertige Richter alle Tore der Individuation verschlossen findet. Sonst ist es besser, auf die Todesstrafe zu verzichten.
Daß die kontingente Sphäre der notwendigen insofern untergeordnet ist, als ich den **Beweis** gegen das Gesetz oder den Vertrag zu führen ermächtigt bin, wurde bereits gesagt. Ich habe das Recht zu zeigen, daß das positive Recht in einem bestimmten Fall zur falschen Individuation leitet und daß es infolgedessen vor den natürlichen Normen schwindet. Ein derartiger Beweis ist freilich keine Kleinigkeit; er steht bloß dann, wenn er schlagend ist. Darüber wäre selbstverständlich eingehender zu reden, aber das ist ein Gebiet, das über den Rahmen dieses Kapitels hinausgreift; nur die Grundlinien einer Rechtsphilosophie sollen hier gezogen werden.
Allein im normativen Bereich gibt es Rechtsdualismus; insofern das Recht mit den Tatsachen zu tun hat, ist seine kontingente ganz so wie seine notwendige Sphäre an eben diese Tatsachen gebunden. Wer nichts hinterläßt, kann über das Verhältnis, in dem er zu beerben ist, keine Vorschriften erlassen. Wo Geld weder geliehen noch ausgeliehen wird, braucht sich niemand über den Höchstzins den Kopf zu zerbrechen. Mit zehn Jahren ist der Mensch minderjährig, gleichviel wie das Volljährigkeitsalter festgesetzt wird. Der gefährliche Geisteskranke kommt in eine Anstalt, mag er mit dem Strafgesetz in Konflikt sein oder nicht. »Wo nichts ist, hat der Kaiser sein Recht verloren«, dieser alte Rechtssatz beleuchtet einen Umstand, der aller Norm den Grund entzieht. Doch die Autonomie des Gesetzgebers und der Parteien ist noch mehr eingeschränkt. *Reinach*[453] hat mit phae-

[453] Reinach, Salomon, frz. Archäologe, Kunsthistoriker und Religionswissenschaftler; St. Germain-en-Laye 29.8.1858–4.11.1932 Paris.

nomenologischen Mitteln darauf aufmerksam gemacht, daß gewisse Rechtsgebilde eine fertige und abgeschlossene Natur haben, deren Wesen keiner Änderung unterworfen ist. Keine positive Gesetzgebung, weder die des Staats noch der Vertragswille der Parteien ist imstande, das Wesen z. B. des Kaufs, der Miete, des Pfandrechts, des Wechsels umzustürzen. Sie müssen von der Gesetzgebung als Gegebenheiten hingenommen werden. Die Gesetzgebung erläßt Vorschriften über die Mindesterfordernisse, denen der Wechsel unterliegt, aber sie ist außerstand, etwa eine Schuldverschreibung zu einem Wechsel zu machen. Kein Gesetzgeber hat die Macht, die Miete zur Pacht zu erklären. Will man einen Schritt weiter gehen als Reinach, so wird man finden, daß die Situation, die zwischen zwei Menschen besteht, die Norm der Pacht aktualisiert, zwischen zwei anderen Menschen die Norm des Kaufs. Die Tatsachen geben keine andere Norm her als die, die in ihnen liegt. Will ich von der Pacht zur Miete übergehen, so muß ich die Tatsachen wechseln. Zwischen Tatsachen und Norm besteht ein unabänderlicher Zusammenhang. Es ist möglich, von hier aus zum Naturrecht zu gelangen, was sich Reinach nach Methode und Zielsetzung versagt hat.

Gewiß, die Grenze zwischen notwendiger und kontingenter Rechtssphäre zu ziehen, ist nicht einfach. Das Problem, das hier liegt, erwächst jeden Tag neu. Doch die Einheit, die alles der Kontingenz der Gesetzgebung, der Autonomie des Staats und der Parteien überläßt, ist ärger als dieses Problem, sie ist eine Lüge. Der Mensch hat nicht die Gewalt, sein Wesen selbst zu bestimmen. Er **findet** seine Individualität **vor**. Die Normen, die aus dieser Individualität erwachsen, moralische oder juristische, sind unabänderlich. Natürlich ist der Mensch frei, ob er seine Individualität entwickeln will oder nicht, aber er kann sich keine andere Individualität geben; er kann über sich selbst nicht hinaus. Ich bin frei gewesen, für oder gegen Hitler Stellung zu neh-

men, indes war ich nicht frei, als Deutscher geboren zu werden. Der Rechtsdualismus ist im Wesen der menschlichen Natur begründet.
Der Mensch soll seine **Individualität** lieben. Zwar ist er frei sie zu entwickeln, aber er soll das tun. Die Norm fordert, daß er seine Individualität bejaht. Er soll aus ihr alles Mögliche herausholen, mag das noch so kostspielig und noch so schmerzhaft werden. Er soll sich nicht wünschen, ein anderer zu sein. Er soll das sein, was er ***ist***.

Personenregister

ANHANG

Verloren gegangener Abschnitt aus dem Kapitel DER VÖLKERBUND in der alten Abschrift

... ob der Krieg gerecht oder ungerecht sei, in das Gewissen des Individuums gelegt wurde. Natürlich haben die katholischen Moralisten nie etwas anderes gelehrt, doch nicht alle haben so laut und vernehmlich gebellt, wie der gewissenhafte und weitsichtige Lehmkuhl. Selbstverständlich ist es nicht leicht, Menschen für eine solche Entscheidung zu gewinnen, insbesondere wenn eine schießfreudige Gestapo hinter ihnen steht, die jede Weigerung, für die ungerechte Sache zu kämpfen, mit der sofortigen Erschießung beantwortet. Ganz unmöglich ist das übrigens nicht, und außerdem kann die Schwierigkeit der Praxis niemals die Norm verändern. Sonst wäre der katholische Beichtstuhl eine sehr einfache Arbeit.
Diese Doktrin ist von Fénélon mutig einem mächtigen und oft rücksichtslosen König gegenüber vertreten worden. In einem offenen Brief an Ludwig XIV., der gegen 1694 geschrieben worden ist, qualifiziert er dessen Krieg als ungerecht: »Cette guerre ... n'a eu pour fondement qu'un motif de gloire et de vengeance, ce qui ne peut jamais rendre une guerre juste; d'où il s'ensuit que toutes les frontières que vous avez étendues par cette guerre sont injustement acquisés dans l'origine ... Le besoin de veiller à notre sûreté ne nous donne jamais un title de prendre la terre de notre voisin.« Auch der folgende Friedensvertrag kann die im ungerechten Krieg erzwungenen territorialen Gewinne nicht gerecht machen, weil er ebenso wie diese Gewinne erzwungen ist.
Heutigentags ist wenigstens ein Teil von dieser Rolle Fénélons auf andere Leute übergegangen; das Manifest, das Jacques Maritain und seine Freunde im Lauf von 1942 über den Krieg, den Totalitarianismus und andere damit zusammenhängende Fragen veröffentlicht haben, verdient an dieser Stelle genannt zu werden. Wir haben darin ein ganz klares Bekenntnis, daß Hitlers Krieg ungerecht ist und daß demgemäss alle Anstalten, die zur Verteidigung gegen ihn ergriffen werden, gerecht und gut sind. Hitler hat nicht die staatliche Autorität, um Krieg zu führen; heutzutage ist niemand mehr berechtigt,

vom Einzelstaat Deutschland aus die Welt in Krieg zu stürzen; deshalb ist jeder Krieg, gleichviel wie er begründet sein mag, eine ungeheuerliche Kompetenzüberschreitung und ungerecht; alles, was unternommen wird, um ihn zu beendigen, ist gut. Das ist durchaus nicht bloß die Auffassung der katholischen Schulen, sondern aller, die überhaupt Anspruch darauf erheben, zur christlichen Gemeinshaft gezählt zu werden. Karl Barth hat im Sommer 1941 erklärt, die Christen nähmen diesen Krieg nicht als ein unvermeidliches Übel an, sondern billigten ihn als einen gerechten Krieg.[1] Ebenso ist es wenigstens sehr interessant, daß ein »conscientious objector« nach Pearl Harbor erklärte, er wolle in den »armed forces« dienen; seine vorige Haltung sei auf ein Missverständnis zurückzuführen. Staatssekretär Hull sagte in einer Pressekonferenz vom 4. Oktober 1941, daß das bisherige Völkerrecht oft regionale Kriege mit einer wirklichen Neutralität geschaffen habe. Doch im Fall des jetzigen Kriegs war das »an unusual and almost unprecedented case«; denn jetzt handelt es sich darum, daß alle Glieder der Völkergemeinschaft in diesen Krieg verwickelt sind und daß es wenigstens der Gesinnung nach keine Neutralen mehr gibt. In diesem Sinn hat natürlich auch das Völkerrecht seinen Sinn gewechselt; dieser Krieg ist kein »Krieg« mehr, sondern eine internationale Polizeiaktion.

Kein Zweifel, daß sich der Genfer Covenant langsam zu einer Korporation umbildete und daß diese Entwicklung ganz richtig und gut war. Daß der Rat ohne die Zustimmung aller Mitglieder, ja daß er allein ohne die Mitgliederversammlung handeln konnte, war sicher eine seiner besten und zukunftsreichsten Eigenschaften. Als im Winter 1926 der Krieg zwischen Bulgarien und Griechenland verhindert werden sollte, war das in wenig Tagen durch Telegramme des Ratspräsidenten geschehen. Bloß als es dann der Rat allmählich mit den Großmächten – Deutschland und Japan – zu tun bekam, wurde seine ganze Aufgabe schwieriger. Aber bis dahin ist es eigentlich mit dem Völkerbund sehr gut gegangen, und es ist wichtig, daß das einmal nachdrücklich gesagt wird.

Den Franzosen ging die Umgestaltung des Völkerbunds zu einer Korporation zu langsam, kein Wunder, wenn man bedenkt, daß sie vor allem die Last dieser Politik zu tragen hatten. Von ihnen ging daher der Versuch aus, den Covenant durch das sogenannte Genfer Protokoll zu ergänzen. Dieser Versuch

[1] Time 8.9.41.

war juristisch vollkommen klar gedacht und unanfechtbar in seiner Grundkonzeption. Daß er abgebaut wurde, und zwar vor allem von einer Labor-Regierung, ist ewig schad und zweifelsohne eine der verborgenen Ursachen des zweiten Weltkriegs. Das Pflästerchen, das Frankreich dann erhielt, der Kelloggpakt, ist eine gute aber völlig ungenügende Sache von rein moralischer Bedeutung gewesen; allein in unserer Welt müssen Staatsmänner durch Gesetze, durch Normen mit Macht, gebunden werden. Die rein moralische Bindung ist für den Politiker zu wenig. Nach dem Genfer Protokoll kam die sogenannte Generalakte, völkerrechtlich ein ausgezeichnetes Gebilde und sicher von grösstem Verdienst, aber schwach, weil sie vollkommen auf Freiwilligkeit beruhte.

In Genf war die englische Politik immer ganz stark vom Mutterland her bestimmt, das war nicht gut; denn London hat den Deutschen in der ganzen Periode von 1919 bis 1933 und vielleicht auch darnach noch ständig sehr starke Ermunterungen gegen Frankreich gegeben, das war falsch; denn eine Ordnung des Festlands ohne Frankreich war unmöglich. Lord d'Abernon, der nach dem Weltkrieg als englischer Botschafter nach Berlin kam, eröffnete die Reihe der Botschafter, die mit der alten englischen Machtpolitik des »divide et impera« Geschäfte machen wollten, und Sir Neville Henderson, mit dem die Reihe schloß, ist im Grund genommen um kein Haar anders gewesen. Den konstruktiven Wünschen der Franzosen nachzukommen, fanden sich wohl an der Zentrale, nie aber an den Außenstellen die maßgebenden Leute bereit. Die Sabotage der französischen Exekutivtendenz, die im Genfer Protokoll zum Ausdruck kam, war so schlimm, daß sie sogar einigen Engländern im Lärm des »Blitzes« vom Sommer 1940 zur Erinnerung gekommen sein muß; Neville Chamberlain und seine Politik, die in der Londoner City sehr populär war, waren damals nicht so sehr weit von England weg. Austin Chamberlain war ungleich weitsichtiger als sein Bruder; erst recht hat das Foreign-Office immer an einer klaren, nie wesentlich veränderten Linie festgehalten; Leute wie Tyrrell und Vansittart mögen im Einzelnen ihre Fehler gehabt haben, im großen Ganzen haben sie doch immer erkannt, wo der wahre Feind steht. Die amerikanische Politik war in Genf überhaupt nicht vertreten, die französische so bedeutungslos, wie eben geschildert; kein Wunder, daß bereits in der zweiten Hälfte der zwanziger Jahre die deutsche und japanische auf den Weg subversiver Tendenzen gedrängt wurden. Erst im Mai 1939 haben die Engländer die Notwendigkeit der kollektiven Sicherheit eingesehen und eine Garantie für Polen gegeben, aber das war für Hitlers Ver-

stand zu spät. soviel ist sicher, daß keine internationale Organisation ohne eine starke übernationale Macht bestehen kann, daß die Verfügung über diese Macht – eine Militärmacht natürlich – zu den Leitern der internationalen Organisation gehören muß; ob das nun irische oder amerikanische Söldner sind, das ist eine ganze andere Frage. Diese Macht über Europa braucht auch keineswegs die gleiche wie die über Odessa oder New-Orleans zu sein. Ich kann mir sehr wohl vorstellen, daß die Welt zwischen Gibraltar und Konstantinopel anders organisiert wird als zwischen Alaska und dem Feuerland, allein sie muß irgendwie organisiert werden, sie kann nicht in der jetzigen politischen Anarchie zurückbleiben, sie kann auch nicht mit einem Zug auswischen, was fast 16 Jahrhunderte an nationaler Desintegration dort aufgebaut haben, es muß eine Synthese zwischen beiden Elementen gefunden werden, und der Foederalismus wird alles tun, was er kann, um dieses Ziel zu erreichen. Niemand kann verlangen, daß Winterthur zur gleichen politischen Organisation gehört wie etwa Madison. Aber daß Winterthur unter eine entsprechende übernationale Garantie gestellt werden muß, nachdem die ausgezeichnete und überaus wertvolle Garantie der Schweiz allein nicht mehr genügt, ist klar.
Selbstverständlich wird diese internationale politische Organisation auch einen Gerichtshof nötig haben. Schon haben wir eine ausgedehnte und komplizierte internationale Zivilgerichtsbarkeit; warum sollen gewisse Elemente der Strafgerichtsbarkeit im internationalen Recht fehlen? Es ist gut, die Zuständigkeit der internationalen Gerichte zu vermehren, obwohl damit natürlicherweise noch lang nicht das Wichtigste bewirkt ist. Ausserdem könnten die Staaten das Währungs- und Postwesen sofort in die Hände der übernationalen Instanz abtreten; auch die Zölle könnten sofort dorthin gegeben werden; wenigstens in Europa selbst sollte völliger Freihandel herrschen; das ist unsere Überzeugung nach langen ausführlichen Besprechungen mit Vertretern der bayerischen Landwirtschaft. Natürlich wird die bayerische Landwirtschaft sich alsdann in ihrem Getreidebau völlig umstellen müssen. Das ist eine sehr komplizierte Sache und vielleicht auch eine, die nicht in zwei Jahren erledigt sein kann, aber an einer Wende wie der jetzigen müssen selbst so große und schwere Änderungen unternommen werden. Jedenfalls gibt es dann keinen stichhaltigen Grund für irgendeinen Schutzzoll in Deutschland mehr, und damit sind auch alle Zölle für Eisen und eisenverarbeitende Industrien ausgeschaltet. Selbstverständlich wäre es im höchsten Grad erwünscht, wenn auch die amerikanischen Staaten sich möglichst zu diesem Ideal des Freihandels

hinwenden wollten. Das würde politische und wirtschaftliche Probleme in hervorragendem Maß zu leichterer Behandlung führen.
Natürlich hat der alte Völkerbund seine großen Fehler gehabt, die nicht wiederholt werden sollen. Vor allem war es – wie ein hervorragender nationalstaatlicher Politiker sagte – schad, daß es nur durch eine Erklärung des nationalen Souveräns möglich war beizutreten. Das hat in Wilsons Zeit die Amerikaner zum Ausschluß verurteilt, und dieses Beiseitestehen der Vereinigten Staaten ist ganz zweifellos der größte Fehler des alten Völkerbunds. Jeder neue Völkerbund, wie er auch gegliedert sein mag, muß universal sein. Es ist nicht mehr Zeit für einen Staat, daneben zu stehen, wenn dieser Staat seinen Bürgern möglich machen will, was vor 150 Jahren zweifellos, vor 30 Jahren villeicht noch ohne Überstaat möglich war, aber jedenfalls jetzt nicht mehr im geringsten ohne Weltstaat möglich ist. Das ganze Problem des Isolationismus tut sich hier auf. Ich glaube, es ist unmöglich, zugleich isolationistisch zu sein und alles das zu glauben, was die »founding fathers« über die Menschenrechte in die Verfassung der USA hineingeschrieben haben. Die Welt ist tatsächlich im letzten Vierteljahrhundert so klein geworden, daß für eine Großmacht nichts anderes mehr übrig bleibt als mutig an die Probleme der anderen heranzugehen, so wenig erfreulich auch diese Probleme sein mögen. Demgemäß ist es gar nicht mehr der Entscheidung eines Staates vorbehalten, ob er dem Völkerbund beitreten will oder nicht. Er ist eo ipso dadurch, daß er als Staat besteht, Mitglied diese Völkerbunds. Wie er dann seine nationale Politik im Rahmen dieses Völkerbunds gestalten will, ist Sache seiner eigenen Entscheidung; hier ist der Ort, wo die nationalen obersten Organe zeigen können, ob sie Verstand haben oder nicht; allein die Migliedschaft selbst ist eine objektive, von keiner subjektiven Erklärung abhängige Sache.
Eine andere Angelegenheit, die dem Völkerbund oft vorgeworfen wird, die aber gar kein wahrer Vorwurf ist, betrifft den Exekutionsartikel 16. Ein Völkerbund ohne ihn ist gleichsam ohne alles Salz. Die Bestrebungen, ihn für die Mehrzahl der Klein- und Mittelstaaten unwirksam zu machen, die schon zwei Jahre vor Ausbruch des Kriegs einsetzten, waren nichts anderes als ein hoffnungsloses Davonlaufen vor Hitler. Ein europäischer Politiker hat mit Recht gesagt, Art. 16 anzugreifen sei ganz dasselbe wie einem Einzelstaat vorzuwerfen, er lasse sich die Verfolgung des Rechts so viel Geld und die Leben so vieler ausgezeichneter Polizeileute kosten; außerdem schwäche das die Einheit des Staats, da ein Teil der Bürger auf der Seite der Gangster stehe. Es sei genug, wenn der Staat für die Aufrechterhaltung des Verkehrs sorge und da-

für, daß gewisse Epidemien nicht überhand nähmen. Man solle Art. 16 fallen lassen, das würde auch den Eintritt der Vereinigten Staaten in den Völkerbund beschleunigen.
Eine Angelegenheit, über die gleichfalls viel gesprochen wird, ist die der Einstimmigkeit, die den Beschlüssen der Mitgliederversammlung, nicht aber denen des Rats auferlegt war. Es besteht kein Zweifel, daß der Völkerbund langsam von der Einstimmigkeit los und zur Mehrheitsentscheidung hinübermuß, weil er nur so zur selbständigen Korporation werden kann. Das Verlangen nach der Einstimmigkeit, sagt David H. Popper in seinem Buch über die Panamerikanische Konferenz in Rio de Janeiro[2], ist lähmend in so vielen Entscheidungen und muß langsam überwunden werden. Dann kann diese Panamerikanische Konferenz wirklich der Anfang für eine regionale Organisation werden, die so ungemein wichtig ist, weil klarer Weise der bisherige Völkerbund in regionale Organisationen aufgelöst werden muß.
Endlich hat der alte Covenant in seinem Art. 19 noch einen Mechanismus zur Revision unanwendbar gewordener Verträge besessen. Dazu möchte ich folgendes sagen: Es gibt Situationen, denen durch eine neue Individuation der Rechtssetzung Rechnung getragen werden muß, und es gibt Änderungen bestehenden positiven Rechts von Verträgen, die – wie der Covenant sagte – unanwendbar geworden seien. Bisher waren solche Veränderungen nur unter allseitiger Zustimmung möglich; es gab keine übernationale Instanz, um solche Veränderungen zu beschließen. Niemand wollte sich der Bestimmung fügen. Soweit das aus Angst vor ungerechter Rechtsprechung erwuchs, war es berechtigt. Die Rechtsprechung der internationalen Körper hat sich ihr Vertrauen erst zu erwerben. Daß ihre Rechtsprechung von politischen Kompromissen frei ist, daß der Schwächere nicht geopfert werden darf, so wie die CSR im Herbst 1938 geopfert woren ist, ist völlig klar. Es ist sehr begreiflich, daß niemand auf ähnliche Weise geopfert werden will. Noch dazu war die Entscheidung vom Herbst 1938 sehr töricht; denn zum erstenmal in einer Geschichte von über 1000 Jahren ist ein zusammenhängendes Gebiet auseinandergerissen worden, und das war nur für Leute möglich, die gar nichts davon verstanden, wie Neville Chamberlain, oder mehr Angst vor dem Tod als vor dem Unrecht hatten wie Daladier.

---

[2] The Rio de Janeiro Conference of 1942, published by the Foreign Policy Association, 1942.

Brief an Georg Graf von Soden-Fraunhofen zum Kapitel »Das Recht«

Oberverwaltungsgerichtsrat Ernst Proksch

München, den 20.8.1971

Sehr verehrter Herr v. Soden!

Nach meinen Aufzeichnungen über den seinerzeit gehaltenen Vortrag war die von Ihnen angesprochene Definition des Rechts zitiert im »Klerusblatt« vom 15.9.1970. Sie lautete wie folgt:

> »Recht ist nicht in die Willkür des einzelnen gelegt, nicht in die Machtfülle der Gemeinschaft. Recht kann nicht daran erkannt werden, ob eine Handlung Nutzen bringt oder nicht. Das Recht des einzelnen wie der Gemeinschaft hat seine Grenzen im ewigen Recht.«

Wie recht doch der Bischof hat (Cardinal Konrad, Graf Preying, Carl Oskar Sodens Freund)! In diesen Worten ist die ganze Lehre von der Volkssouveränität ad absurdum geführt, die seit den Tagen der Aufklärung unser ganzes Rechtsdenken vergiftet und der Willkür auf allen Gebieten Vorschub leistet. Leider erleben wir heute eine zweite Auflage dieser Aufklärung, die sich von der ersten nur dadurch unterscheidet, daß ein Teil unserer Theologen die rationalistischen Lehren als genuin katholisch verkündet. Noch sind diese Irrlehrer en vogue, jedoch wohl nicht mehr lange. Irgcndwie scheint sich eine Scheidung der Geister vorzubereiten. Einsichtige Menschen und hoffentlich auch unsere Bischöfe begreifen langsam, daß wir uns auf einem Irrweg befinden.

Mit freundlichen Grüßen
Ihr sehr ergebener
gez. Proksch

Mitteilung über Geneviève Tabouis

Geneviève Tabouis war Herausgeberin der Zeitschrift »L'Oeuvre«, eines politischen Magazins. Früh warnte sie vor den Kriegsplänen Hitler-Deutschlands und geriet dadurch auf die »Schwarze Liste« Hitlers. Sie hatte auch gute Kontakte zu Osteuropa, worauf das Erscheinen eines Buches in Prag, 1967, hinweist. Nach dem Fall Frankreichs flüchtete sie mit vielen anderen Intellektuellen nach New York und gab dort sofort eine Exilzeitschrift heraus: »Pour la Victoire«. Für deren Spalten schrieben Maritain und Bernanos. 1945 kehrte Tabouis nach Paris zurück und benannte ihre Zeitschrift um in »La Victoire«. Diese Zeitschrift ging dann in »Paris Match« auf.
Tabouis warb in Amerika für De Gaulle, war leidenschaftliche Anti-Nazi und Gaullistin. Sie muß auch mit dem amerikanischen Diplomaten Jefferson Caffery in Verbindung gestanden sein, einem Katholiken, der in der Zeit von 1940–1950 wichtige Missionen in Indochina innehatte. In Amerika ist das Buch »Sie nannten mich Cassandra« von G. Tabouis noch erhältlich. In Bezug auf Carl Oskar von Soden ist auch die Verbindung zu Tokarzewski – Karaszewcz (1885–1954 in London) beachtenswert. T-K entstammte polnischem Adel, war hoher ukrainischer Politiker, polyglott, 1922 in Wien, ab 1936 in Rom am Vatikanarchiv.

Über die französische Kolonie in New York, die traditionsgemäß engen Kontakt zur Bayerischen Kolonie hatte, schreibt übrigens Jacques Habert »Sénateur des Fançais d' Etranger, ancien directeur de France-Amérique«: »Dans cette communauté ... toutes les opinions sont représentées... tous sont antinazis. Mais les clivages devennient profonds, violents, quand il s'agit de l'attitude à tenir vis-à-vis du Maréchal Pétain et de la politique de vichy. En fait, la colonie française de New York ne fait à cet égard que suivre l'exemple de la france: en grande majorité »pétainiste« en 1940, elle va peu à peu devenier de plus en plus gaulliste.«